尚裕良 张勰 杨丽 著

人口行政行为与行政程序监督

POPULATION AND FAMILY PLANNING

ADMINISTRATIVE BEHAVIOR,
ADMINISTRATIVE PROCEDURES
AND LEGAL SUPERVISION

社会科学文献出版社
SOCIAL SCIENCES ACADEMIC PRESS (CHINA)

序

　　人口问题始终是制约中国全面协调可持续发展的重大问题，是影响经济社会发展的关键因素。中国实行计划生育政策以来，全国少生4亿多人，提前实现了人口再生产类型的历史性转变，有效地缓解了人口对资源环境的压力，有力地促进了经济发展和社会进步。实践证明，中国坚持不懈地实行计划生育基本国策，对建设中国特色社会主义，实现国家富强和民族振兴产生了重大影响，为促进世界人口发展质量的提升发挥了重要作用。

　　《人口行政行为与行政程序监督》一书，将人口社会学与行政法学等相关理论有机结合，将行政法学理论研究与人口行政实践有机结合，将法治、平等、公平、公开、服务等核心价值理念和方法，融入我国人口和计划生育工作，探索通过思想观念、管理方式的创新，改变各级人口和计划生育工作者审视问题、解决问题的传统工作思路，丰富、拓展他们分析问题、解决问题的方法和手段，以提高人口和计划生育工作管理行为及其过程的文明化程度，促进人口与计划生育工作行政管理思路和方法的变革，具有一定的创新性、理论指导意义和实践应用价值。

　　该书在系统介绍人口行政行为、人口行政程序与法制监督理论一般原理的基础上，结合人口和计划生育行政实践，较详尽地阐述了人口行政的概念、人口行政法的渊源、人口行政主体、行政相对人、人口行政立法、人口行政处理、人口行政强制、人口行政处罚、人口行政合同与行政指导、人口行政程序、人口行政法制监督，以及人口行政合同、人口行政补偿、生育间隔控制等人口和计划生育工作领域的理论和实践，并对人口行政行为与行政程序及法制监督实例进行了研究。

此专著的出版，是各位作者在漫长学术道路上取得的又一阶段性成果。"百尺竿头，更进一步"，期待他们能够持之以恒，不懈探索和耕耘，在学术研究的道路上再续辉煌。

甘肃中医学院党委书记　王海燕
2014 年 3 月于甘肃兰州

前　言

　　党的十五大提出"依法治国，建设社会主义法治国家"的基本方略和目标，党的十六大、十七大、十八大都对推进依法治国作出重要部署。推进依法治国、坚持依法行政、建设法治政府，是事关国家全局和长远发展的上层建筑领域的重大系统工程。

　　各级卫生和计划生育等行政机关的执法活动，是全面推进依法行政、建设法治政府的重要环节。规范各级卫生和计划生育等行政主体，提高各级卫生和计划生育等行政执法人员的法律素质，是依法行政工作的重要内容，也是建设法治政府、推进依法治国进程的一项基础性事业。

　　目前，卫生和计划生育法制建设的目标是全面推进卫生和计划生育科学立法，严格卫生和计划生育行政执法，坚持依法治国、依法行政共同推进，坚持法治国家、法治政府、法治社会一体建设。换言之，就是坚持法律面前人人平等，尊重和保障人权，维护社会公平正义，依法保护行政相对人的程序权利和实体权益，保证公民依法享有卫生和计划生育等权益，保障公民人身权、财产权等各项权利不受侵犯，做到有法必依、执法必严、违法必究，也使受到侵害的卫生和计划生育等权利依法得到保护与救济。

　　20世纪70年代以来，我国卫生和计划生育行政管理开始步入了规范化轨道。进入21世纪以后，随着国家卫生和计划生育等政策法规的健全、完善，卫生和计划生育宣传教育等活动的广泛深入开展，各级卫生和计划生育干部法制观念的普遍增强，我国卫生和计划生育事业进入了依法管理、依法行政新阶段。

全文共分四编，具体包含 13 章和 4 篇实例研究。

第一编为人口行政导论，共 4 章。其中包括人口行政概述、人口行政法的渊源、人口行政主体、行政相对人。

第二编为人口行政行为，共 7 章。其中包括人口行政行为概述、人口行政立法、人口行政处理、人口行政强制、人口行政调查、人口行政处罚、人口行政合同与行政指导。

第三编为人口行政程序与法制监督，共 2 章。其中包括人口行政程序、人口行政法制监督。

第四编为人口行政行为与行政程序监督实例研究，共 4 篇论文。涉及人口行政合同、人口行政补偿、生育间隔控制、出生人口性别比治理等。

本书由尚裕良、张飔负责全书的修改和定稿，杨丽对最后的修改提出了许多宝贵意见和建议。全书共四编，参加著作的人员分工如下：第一编、第二编与第三编尚裕良、张飔、杨丽；第四编尚裕良、张飔。

由于受著者能力水平的限制，本书难免有所疏漏与不足，恳请读者批评指正。

编者

2014 年 2 月于甘肃兰州

目 录
CONTENTS

第一编　人口行政导论

第一章　人口行政概述 …………………………………………… 003
　第一节　人口行政的基本概念 ………………………………… 003
　第二节　人口行政法律关系 …………………………………… 013

第二章　人口行政法的渊源 ……………………………………… 019
　第一节　人口行政法的基本渊源 ……………………………… 019
　第二节　人口行政法的渊源的效力等级 ……………………… 024

第三章　人口行政主体 …………………………………………… 027
　第一节　人口行政主体概述 …………………………………… 027
　第二节　人口行政机关 ………………………………………… 029
　第三节　其他行使人口行政职权的组织 ……………………… 034

第四章　行政相对人 ……………………………………………… 039
　第一节　行政相对人概述 ……………………………………… 039
　第二节　行政相对人的权利与义务 …………………………… 042

第二编　人口行政行为

第五章　人口行政行为概述 ········· 049
第一节　人口行政行为的概念与特征 ········· 049
第二节　人口行政行为的内容与分类 ········· 052
第三节　人口行政行为的成立与合法要件 ········· 061
第四节　人口行政行为的效力 ········· 070

第六章　人口行政立法 ········· 077
第一节　人口行政立法概述 ········· 077
第二节　人口行政立法主体 ········· 082
第三节　人口行政立法程序 ········· 085
第四节　人口行政立法效力 ········· 089

第七章　人口行政处理 ········· 094
第一节　人口行政处理概述 ········· 094
第二节　人口行政许可 ········· 098
第三节　人口行政征收 ········· 104
第四节　人口行政给付 ········· 107

第八章　人口行政强制 ········· 111
第一节　人口行政强制概述 ········· 111
第二节　人口行政强制执行 ········· 114
第三节　人口行政即时强制 ········· 125
第四节　人口行政强制的法律性质及法律救济 ········· 127

第九章　人口行政调查 ········· 129
第一节　人口行政调查概述 ········· 129
第二节　人口行政调查的特征和程序规则 ········· 130

第十章　人口行政处罚 ································· 133
　第一节　人口行政处罚概述 ························· 133
　第二节　人口行政处罚的种类与设定 ············· 136
　第三节　责令当事人改正违法行为 ················ 147
　第四节　人口行政处罚的原则 ······················ 147
　第五节　人口行政处罚的管辖 ······················ 152

第十一章　人口行政合同与行政指导 ················ 155
　第一节　人口行政合同 ······························ 155
　第二节　人口行政指导 ······························ 165

第三编　人口行政程序与法制监督

第十二章　人口行政程序 ······························ 175
　第一节　人口行政程序概述 ························· 175
　第二节　人口行政程序的基本原则 ················ 180
　第三节　人口行政程序的基本制度 ················ 183
　第四节　人口行政处罚程序 ························· 189

第十三章　人口行政法制监督 ························· 202
　第一节　人口行政法制监督概述 ··················· 202
　第二节　人口行政法制监督体系 ··················· 207

第四编　人口行政行为与行政程序监督实例研究

农村计划生育行政合同研究 ··························· 215
人口和计划生育补偿制度研究 ························ 281
取消生育间隔控制的原因及对策研究 ··············· 292
基于 AHP 方法的平衡出生人口性别结构的研究 ··· 300

后　记 ·· 308

第一编　人口行政导论

第一章 人口行政概述

第一节 人口行政的基本概念

一 人口行政

（一）人口行政的概念

行政（administration/administer），约等于管理、执行、实施等。作为行政法学研究对象的行政，其主要为国家行政、形式行政，不仅含国家行政机关的执行、管理等活动，也含国家行政机关的准立法和准司法活动。而人口行政作为国家行政的重要组成部分，指人口和计划生育等公共行政。

人口行政指人口和计划生育行政管理等部门，执行、管理人口和计划生育等公共事务及实现其人口数量控制、人口出生素质提高、出生人口性别结构平衡、流动人口服务、生殖健康服务等职能。其中，执行是指实施国家有关人口和计划生育等方面的法律法规、政策及这些法律法规、政策所确定的人口和计划生育等事业发展的中长期及短期目标、规划；管理则是对国家的人口和计划生育等事务的组织、指挥、协调与监督。

国家作为人口和计划生育等公共行政的主要承担者，国家行政机关即政府有权实施人口和计划生育等公共事务的强制性和支配性管理，国家还设置人口和计划生育科学技术研究机构、计划生育药具管理中心等国有事业单位和优生优育、生殖健康等方面的企业单位，来履行人口和计划生育等公共服务及其他公共职能。

随着"公共治理"程度的逐步深入，公共行政呈现多元化趋势。通过承包等法律形式，优生优育、生殖健康产业等民营部门与人口和计划生育等公共部门，合作履行人口和计划生育等公共职能，改善和提高人口和计划生育等公共行政的效率。

（二）人口行政的分类

根据不同的分类标准，我们将人口和计划生育国家行政分为人口形式行政与人口实质行政、人口负担行政与人口授益行政、人口秩序行政与人口给付行政、人口静态行政与人口动态行政等。

1. 人口形式行政与人口实质行政

人口形式行政是指以人口和计划生育行政管理机关作为划分行政的依据，只要是人口和计划生育行政机关从事的职能活动均归类于人口和计划生育行政管理活动，不论其是制定人口和计划生育行政管理规则的、处理人口和计划生育具体事项的，还是裁决人口和计划生育争议案件等。

人口实质行政是指以人口和计划生育等行政管理机关的活动功能作为划分行政的依据，制定人口和计划生育管理规则、裁决具体人口和计划生育争议案件以外的人口与计划生育执行性活动，均被认为属于人口行政管理活动，不论其由哪一层级的人口和计划生育机构组织实施。

人口形式行政是以人口和计划生育行政主体来界定行政的，而人口实质行政是以行政的人口和计划生育实质内容来界定行政的。

2. 人口负担行政与人口授益行政

人口负担行政又称干涉或不利益行政，对相对人形成人口和计划生育等负担，即为了国家社会经济利益，而剥夺公民某些私权益或课加义务、负担等。例如，公民有实行计划生育的义务、接受传染病强制治疗义务等。

人口授益行政是赋予公民某种人口和计划生育等方面的权益或免除其一些义务，即人口和计划生育行政管理机关为执行基本国策的公民，提供人口和计划生育奖励优惠政策等利益，赋予人口和计划生育等相关权利的行为。例如，颁发给公民生育保健服务证等。

人口负担行政与人口授益行政的分类，对于确定人口和计划生育行政管理活动的法律后果作用十分重要。例如，在符合信赖保护原则情形下，对于有法律瑕疵的人口和计划生育奖励优惠政策等授益行为一般不得撤销或者撤回。

3. 人口秩序行政与人口给付行政

人口秩序行政与人口给付行政是以公民的人口和计划生育权益等内容为中心划分的。其中，为防止公民滥用生育性别偏好、数量追求偏好等个体自由权导致危害而实施的人口和计划生育等秩序性管理是人口秩序行政，为消除、减少过度自由竞争而提供的人口和计划生育领域维护社会公平等方面的公共服务是人口给付行政。

根据社会对人口和计划生育等政府职能的需求程度，来决定人口行政法的性质、功能和类型——如果人口秩序行政主导行政职能，人口行政法就属于秩序行政法；如果人口给付行政主导行政职能，人口行政法就属于公共服务行政法或者社会行政法。换言之，人口行政法经历了从初始阶段的人口秩序行政法到目前的人口公共服务行政法的过程。

4. 人口静态行政与人口动态行政

人口静态行政是指行使人口和计划生育等行政职能的机关——人口和计划生育行政机关；人口动态行政指行使人口和计划生育行政职能的行为，即人口行政行为。

人口行政法学研究的行政，既包括人口静态行政，又包括人口动态行政，但主要是人口动态行政。

二 人口行政行为

(一) 人口行政行为的概念及其特征

1. 人口行政行为的概念

人口行政行为是指作为行政主体的人口和计划生育等行政管理机关与法律、法规授权的组织,因行使人口和计划生育行政管理职权或接受人口和计划生育方面法制监督而与其他国家机关、组织、公民个人发生的各种关系,以及人口和计划生育等行政主体与其他行政主体之间,人口和计划生育行政机关与所属国家公务员及被委托的组织、公民个人之间,人口和计划生育法律、法规授权的组织与其工作人员之间发生的内部关系。

2. 人口行政行为的基本特征

人口行政行为基本特征主要有:

①存在双方或两方以上的当事人;

②其中必有一方是人口行政主体或其工作人员;

③相应关系是因人口行政主体行使人口和计划生育职权或接受人口和计划生育方面法制监督而发生的。

只要某种社会关系具备上述三个基本特征,其就属于人口行政关系。此外,人口行政关系还带有特定的某种个性。例如,人口和计划生育行政管理关系的一方当事人是人口行政主体,而另一方当事人必须是作为人口行政相对人的公民个人、组织,而不能是行使人口和计划生育行政职权的行政机关或法律法规授权的组织。

人口行政法制监督关系的一方当事人是人口和计划生育等行政主体及其公务员,另一方是作为行政法制监督主体的国家机关、公民个人或组织。与人口行政法制监督主体(处于监督主体地位)相比较,人口行政主体是被监督对象,人口行政法制监督主体具有主导权。

(二) 人口行政行为的基本分类

根据其发生领域的异同,人口行政关系可分为外部人口行政关系和内部人口行政关系。

1. 外部人口行政关系和内部人口行政关系的概念及其关系

（1）外部人口行政关系和内部人口行政关系的概念

外部人口行政关系指行政主体因行使人口和计划生育等行政职权和接受人口领域行政法制监督而与其他国家机关、个人、组织所发生的关系。

内部人口行政关系指人口和计划生育等行政主体内部相互之间的关系，包括上下级人口和计划生育行政机关（国家为卫生和计划生育委员会）之间，平行人口和计划生育行政机关之间；人口和计划生育行政机关与所属直属机构及其公务员之间，人口和计划生育行政机关首长与工作人员之间；人口和计划生育行政机关与受其委托行使人口和计划生育某种职能的组织、个人之间，以及人口与计划生育等法律法规授权的组织内部相互之间，人口与计划生育等法律法规授权组织与其执法人员之间发生的关系。

（2）外部人口行政关系和内部人口行政关系之间的关系

外部人口行政关系为基本行政关系，内部人口行政关系为从属关系。内部人口行政服务于外部人口行政。行政主体存在的目的在于对外部的社会实施人口和计划生育等行政管理，确保国家人口与计划生育等法律法规及其政策的实施，此即外部人口行政关系存在的基础。因而，人口行政法学主要研究外部人口行政关系。

行政主体对外部的社会实施人口和计划生育等行政管理，与外部社会环境相互作用，前提是须建立有序、有效运转的人口行政系统，协调人口和计划生育系统内部的各种相互关系。事实证明，人口和计划生育行政系统内部发生的各种各类关系与外部人口行政关系互相依存，因此，在研究外部人口行政关系的同时，必须研究内部人口行政关系。

2. 人口行政管理关系和人口行政法制监督关系的概念

根据性质，外部人口行政关系可分为人口行政管理关系和人口行政法制监督关系。

人口行政管理关系是指行政主体因对外部行使人口和计划生育等行政管理职能而与作为行政相对人的个人、组织发生的关系。例如，县级人口和计划生育行政机关或者县级人口和计划生育行政机关委托组织（乡镇政府或者街道办事处）因特定当事人违反人口和计划生育法规（一般为省级人口与计划生育条例）的规定，而对违法生育的相对人征收社会抚养费的关系，就是人口行政管理关系。

人口行政法制监督关系是指行政主体因接受人口和计划生育等法制监督，而与作为监督主体的国家权力机关、司法机关、专门行政监督机关以及社会组织、公民个人而发生的关系。例如，人口和计划生育行政机关作出的具体人口行政行为因违法或者显失公平，而被法院撤销、变更该具体行政行为的关系。人口和计划生育行政机关的公务员的行为，被公民个人、组织认为侵犯其合法的计划生育等权益，向有权机关申诉、控告、检举而发生的关系等。

总之，人口行政法调整的人口行政关系是特定的，是一定范围内的人口行政关系，其既包括外部人口行政关系，也包括内部人口行政关系，既包括人口行政管理关系，也包括人口行政法制监督关系。但是，某些人口行政关系，特别是某些内部人口行政关系，往往由人口和计划生育行政机关内部的制度、纪律、职业道德等去调整。

（三）人口行政管理关系与人口行政法制监督关系的比较

人口行政管理关系是基本的、第一层级的行政关系，人口行政法制监督关系为前者基础上产生的第二层级的行政关系。实施人口和计划生育等行政管理是行政主体存在的目的，而接受社会监督并非其存在的目的。只有人口和计划生育等行政管理存在，才有监督的必要。只有在人口行政管理基础上，才可能产生人口行政法制监督关系——监督人口行政的关系。

对于人口行政管理而言，人口行政法制监督必不可少，必须对人口行政进行必要的监督，否则人口行政权力有可能被滥用，廉政、勤政无保障，行政管理效率低下。因此，人口行政法制监督关系是人口行政管理关系发展的必然结果，是在人口行政管理关系基础上产生的一种制约人口行政管理关系的关系。

三　人口行政法

人口行政法是规范国家行政主体的组织、职权、行使职权的方式、程序以及对行使人口和计划生育等行政职权机构的法制监督，是调整人口行政关系的法律规范系统。

人口行政法是"调整人口和计划生育等行政关系的法律规范系统"，是由各种分散的单行人口和计划生育法律文件构成的法律系统，其法律形式包括人口和计划生育等法律、行政法规、地方性法规、自治条例、单行条例以及规章等，尤以行政法规和规章为多。

1. 人口行政法的基本组成

①人口行政组织法，主要规定人口和计划生育等行政主体的组织、性质、地位和职权。

②人口行政行为法，主要规定人口和计划生育等行政主体行使人口和计划生育职权的方式、程序。

③人口行政法制监督法，主要规定对行政主体行使人口和计划生育等职权行为怎样实施法制监督。

④人口行政救济法，规定对受到违法人口行政行为侵犯的行政相对人怎样实施法律救济。

⑤人口行政责任法，规定人口和计划生育等行政主体及其工作人员对其违法失职行为应如何承担法律责任。

2. 人口行政法组成部分之间的关系

人口行政法的各个组成部分，调整着不同的人口行政关系。其中，人口行政组织法主要调整内部人口行政关系，人口行政行为法主要调整人口行政管理关系，人口行政法制监督法、人口行政救济法、人口行政责任法主要调整人口行政法制监督关系。

但是，对不同人口行政关系的调整——作为不同组成部分的人口行政法的划分并不绝对。例如，人口行政行为法不仅调整人口行政管理关系，在一定条件下，它也调整内部人口行政关系（内部、外部人口行政程序区分难度较大）和人口行政法制监督关系；人口行政法制监督法、人口行政救济法、人口行政责任法不仅调整人口行政法制监督关系，在一定条件下，它们也调整人口行政管理关系和内部人口行政关系（特别是人口行政监察监督，其虽属于人口行政法制监督的范畴，但同时也是人口行政系统的一种内部监督）。

3. 人口行政法的功能

①建立人口和计划生育等行政主体组织，赋予其人口和计划生育等行政职权，确定其行使职权的方式、程序，使之有效地对社会实施人口和计划生育等行政管理，保证国家人口与计划生育等法律法规及政策确立的管理目标的实现，保障人口和计划生育等公共秩序，促进人口与经济、社会、资源、环境的协调发展与可持续发展。

②建立人口行政法制监督机制，控制人口和计划生育等行政权力，防止行政主体滥用人口和计划生育等职权，以维护国家人口和计划生育等社会公益与保护其他公民个人、组织的合法权益。

总之，人口行政法在重视人口和计划生育等行政效率、发挥控权功能的同时，应重视公民个人权利、公民个人自由，发挥维护人口行政权有效行使的功能。

四　人口行政法的基本原则

（一）人口行政法基本原则的概念

人口行政法基本原则是指导、规范人口和计划生育等行政法立法、执法，以及指导、规范人口和计划生育等行政行为的实施，人口和计划生育等行政争议处理的基础性法则，其既贯穿于人口行政法具体规范之中，又高于人口行政法具体规范，体现人口行政法基本价值观念的准则。

（二）人口行政法基本原则的重要性

行政法基本原则是一定历史时期、一定国家或地区关于行政法普遍价值观念的集中反映，人口行政法基本原则是制定人口和计划生育等法律法规具体规定的一种更高层次的准则。

由于无统一的法典，行政法法律规范散见于各种不同形式的法律规范文件之中。因而，行政法基本原则的意义异常重要。

人口行政法基本原则的重要性主要表现在以下几方面。

①立足保障立法主体制定的不同人口和计划生育等法律文件立法精神的统一，防止其相互矛盾和冲突；

②补充和协调制定法，规范人口行政执法、人口行政裁决、人口行政复议和行政审判行为。

③在制定法没有涵盖或疏漏之处，人口行政法基本原则可起补充调整作用。

（三）人口行政法的基本原则

人口行政法的基本原则主要有四项：人口行政的法治原则，人口行政的公正原则，人口行政的公开原则，人口行政的效率原则。

1. 人口行政的法治原则

（1）依法行政

依法行政指人口和计划生育行政管理部门等行政主体实施维护计划生育公益的行政行为均要遵循法定权限、法定实体规则和法定程序规则。任何违反法定权限、法定实体规则或法定程序规则而实施的人口行政行为均为无效或可撤销的行政行为。

无效或可撤销的人口行政行为从一开始就不产生法律效力，或根据行政相对人的请求，由有权机关终止其法律效力。

（2）控制人口和计划生育等自由裁量权滥用

控制自由裁量权滥用指通过法律机制将人口和计划生育行政管理部门等行政主体实施的自由裁量行政行为控制在适度、合理的范围内，防止被滥用。

为保证人口和计划生育行政管理部门等行政主体对行政自由裁量权的适度、合理行使，法律为之设定了事前控制、事中控制和事后控制机制。其中，事前控制主要是授权控制，对自由裁量权设定明确的界限；事中控制主要是程序控制，自由裁量行为应遵循必要的法定程序规则；事后控制主要是行政复议和司法审查，即接受相应的行政和司法监督。

（3）人口和计划生育行政管理等部门对侵权行为承担法律责任

行政法治要求人口和计划生育行政管理等部门和普通公民一样，如其行为违法侵犯行政相对人合法权益，则应依法承担侵权赔偿责任。

（4）维护公民的合法权益

人口和计划生育行政管理等部门实施人口行政行为，均应尊重和保护公民的人权，包括尊重和保护公民的人身自由、人格尊严，维护公民的其他人身权利和财产权利。

2. 人口行政的公正原则

（1）办事公道，不徇私情。

（2）平等对待不同身份、民族、性别和不同宗教信仰的行政相对人。

（3）合理考虑相关因素，不专横武断。

（4）在处理与自己或自己近亲属有利害关系的事务时，应予回避。

（5）在处理涉及两个或两个以上相对人利害关系的事务时，不得在一方当事人不在场的情况下单独与另一方当事人接触。

（6）不在事先未通知和听取相对人申辩意见的情况下做出对其不利的人口行政行为。

3. 人口行政的公开原则

（1）人口和计划生育等行政法规、地方政府规章以及其他规范性文件的制定，应采取一定方式让公众参与，听取公众的意见，必要时公开举行听证会，听取有关利害关系人的意见、建议。

（2）已制定的人口和计划生育等行政法规、政府规章及其他规范性文件应通过公开的政府刊物公布，让公众知晓。

（3）人口和计划生育行政管理等行政机关收集、保存的涉及相对人有关信息的文件、资料，除法律、法规规定应予保密的以外，应允许相对人查阅、复制。

（4）有关人口和计划生育等行政执法行为的条件、标准、手续等应通过一定方式公布，使相对人事先知悉。

（5）对人口和计划生育等行政机关及其工作人员遵纪守法、廉政、勤政的情况，应允许新闻媒介在真实、准确的前提下予以公开报道，使之接受群众和舆论监督。

4. 人口行政的效率原则

（1）人口和计划生育行政管理部门等行政主体实施任何人口行政行为，应严格遵循法定步骤、顺序和时限，不得违法增加手续，拖延耽搁。

（2）人口和计划生育等行政机关应严格遵循法定编制，保持机构精干，不得任意增人扩编。

（3）人口和计划生育行政管理部门等行政主体实施人口行政行为，应实施必要的成本——效益的测算和分析，从多个方案中选择最佳方案，以保障相应人口行政行为取得较好的经济和社会效益。

第二节 人口行政法律关系

一 人口行政法律关系的概念

人口行政法律关系指调整法律赋予关系双方当事人人口和计划生育等实体与程序权利的同时，规定双方人口和计划生育等实体与程序义务，使相互关系适应立法者意愿中的某种秩序状态。

人口行政法律关系主要指人口和计划生育行政管理部门等行政

主体，因行使人口和计划生育等行政职权、接受人口行政法制监督，而与行政相对人、行政法制监督主体相互作用，以及人口和计划生育行政管理部门等行政主体内部相互之间的关系。

绝大多数行政关系为行政法律关系（从其一开始就受法律调整）。但是，行政领域里的一些社会关系并非法律关系或并非一开始就是法律关系。例如，目前尚没有法律、法规调整的行政机关内部行为、事实等，只是行政关系而非行政法律关系。然而如果侵犯了某种内部或外部相对人有关权益，造成内部或外部行政争议，行政机关的相应内部行为、事实等就可能转化为法律关系。

典型的人口行政法律关系主要有：人口行政复核、人口行政复议和行政诉讼关系。

二　人口行政法律关系的种类

人口行政法律关系的种类主要有：人口行政管理法律关系；人口行政法制监督法律关系；内部人口行政法律关系。

（一）人口行政管理法律关系

1. 人口行政管理法律关系的概念

人口行政管理法律关系是作为行政主体的人口和计划生育等行政机关、法律法规授权的组织，因行使人口和计划生育等行政职权而与作为行政相对人的公民个人、组织所发生的关系。

2. 人口行政管理法律关系的主体

人口行政管理法律关系的主体为行政主体和行政相对人。

其中，行政主体主要是指人口和计划生育等行政机关、法律法规授权的组织（即被授权组织）。法律、法规授权组织行使人口和计划生育等管理职权的行为是通过其执法人员实施的，而行政机关行使人口和计划生育等管理职权的行为主要是通过国家公务员实施的。如果必要，人口和计划生育等行政机关也可依法将某些行政职权委托非国家机关的某些社会组织及非国家公务员的某些个人来行使（即被委托组织、个人）。

行政相对人则包括个人和组织。个人主要包括本国公民和外国人、无国籍人，组织既包括法人组织，也包括非法人的其他组织。

（二）人口行政法制监督法律关系

1. 人口行政法制监督法律关系的概念

人口行政法制监督法律关系是作为被监督对象的人口和计划生育行政机关等行政主体及其国家公务员，因其接受人口行政法制监督而与作为行政法制监督主体的国家权力机关、司法机关、专门行政监督机关以及公民、组织等产生的关系。

2. 人口行政法制监督法律关系的主体

人口行政法制监督法律关系的主体为监督主体和监督对象。

监督主体主要有权力机关、司法机关和行使法制监督职能的行政机关以及公民、组织。作为监督主体的权力机关、司法机关和行使法制监督职能的行政机关可对监督对象——人口和计划生育行政机关等行政主体及其国家公务员，采取具有法律效力的监督措施，但作为监督主体的公民、组织须通过作为国家机关的监督主体采取具有法律效力的监督措施，而不能直接对监督对象采取具有法律效力的监督措施。

人口行政法制监督的对象是人口和计划生育行政机关等行政主体及其国家公务员。在人口行政管理法律关系中，国家公务员是行政主体的代表，代表行政主体实施人口行政行为。

在人口行政法制监督法律关系中，国家公务员与行政主体作为法律关系的一方主体，构成人口行政法制监督的直接对象。例如，行政监察机关直接对本级公务员科处行政处分，权力机关也可对作为政府组成人员的公务员实施免职、罢免等方式的直接监督。

（三）内部人口行政法律关系

内部人口行政法律关系是指人口和计划生育行政机关等国家行政机关系统内部上下级行政机关，人口和计划生育行政机关等平行行政机关之间，人口和计划生育行政机关等行政机关与所属国家公务员之间，人口和计划生育行政机关等行政机关与被委托组织、个人之间以及被授权组织与所属执法人员之间相互产生的各种关系。

内部人口行政关系主要是指人口和计划生育行政机关内部的关系，各种级别、各种地域人口行政机关之间的相互关系以及人口行政机关与所属国家公务员的关系（含国家公务员因行使人口和计划生育等职权而与行政机关发生的工作关系，和国家公务员因工资、福利、休假、保险待遇等而与行政机关发生的特殊劳动关系）。

三　人口行政法律关系的发生、变更与消灭

（一）人口行政法律关系的发生

人口行政法律关系作为人口行政法调整的社会关系，其发生需取决于一定的法律条件和事实条件。

人口行政法律关系发生的条件主要有以下几个。

1. 具有明确的法律关系主体

人口行政管理法律关系的发生，须具有行政主体和行政相对人；人口行政法制监督法律关系的发生，须具有行政法制监督主体和被监督对象；内部人口行政法律关系的发生，须具有人口和计划生育行政机关和公务员等。

若行政相对人无法确定具体的行政主体侵犯了自身权益，则无法产生相应的人口行政法律关系，就无法提起申诉或申请行政复议。

2. 具有明确的法律规范根据

人口行政法律关系的发生，须以相应人口和计划生育等法律、法规或规章为根据。若无人口和计划生育等法律规范根据，则无法形成相应的人口行政法律关系，就难以产生预期的法律效果。例如，县级食品药品监督管理机关给予甘肃某医疗机构出售非医学需要选择性别的终止妊娠药品的，没收药品和违法所得，并处以9000元的罚款。若无《中华人民共和国人口与计划生育法》《计划生育技术服务管理条例》《关于禁止非医学需要的胎儿性别鉴定和

选择性别的人工终止妊娠的规定》和《甘肃省禁止非医学需要鉴定胎儿性别和选择性别终止妊娠规定》等法律规范根据，该行政处罚行为要么无效，要么随后被有权机关宣布无效。

3. 具有产生相应人口行政法律关系的法律事实

人口行政法律关系的发生，须产生一定的法律事实，其不能因关系主体和法律规范的存在而自动发生。

法律事实包括行为和事件，而引起人口行政法律关系发生的法律事实主要是行为，且主要为行政主体的行为。例如，县级人口和计划生育行政机关等行政主体对某行政相对人违反《甘肃省人口与计划生育条例》，而违法生育的行为，依据《社会抚养费征收管理办法》，实施社会抚养费征收的行为。当然，也有一些人口行政法律关系由行政相对人的行为引起。例如，相对人对社会抚养费的征收持有异议而申请的人口行政复议行为；相对人因自己年满60周岁、农村户籍、独生子女家庭等条件符合国家计划生育奖励扶助政策规定而申请的人口行政奖励行为。因事件产生人口行政法律关系的法律事实情形相对少量，主要有公民的出生、死亡等。

（二）人口行政法律关系的变更

在人口行政法律关系发生、发展过程中，可能因外部环境条件的变化而变更，或因其本身一定因素的变化而变更。

1. 外部环境条件变化的情形

主要情形包括以下几种。

（1）作为人口行政法律关系发生根据的法律、法规、规章或其他规范性法律文件已经改变，导致人口行政法律关系双方权利义务的变更。

（2）作为人口行政法律关系发生导因的法律事实变化，引起人口行政法律关系的主体或内容变更。

2. 人口行政法律关系本身主要因素变化情形

（1）人口行政法律关系主体变更。主要是人口和计划生育等行政机关或法律、法规授权的组织被撤销，继续行使其行政职权的机关、组织接替其参加相应人口行政法律关系，或作为一方当事的相对人死亡或丧失行为能力，由其近亲属接替或代理其参加相应人口行政法律关系。

（2）人口行政法律关系客体变更。人口行政法律关系的客体包括物、行为、智力成果等，其中主要是当事双方的行为。在人口行政法律关系发生、发展过程中，作为其客体的物、行为、智力成果等因素发生变化，自然会引起相应人口行政法律关系的变更。

（3）人口行政法律关系内容因其他因素的变化而变更。人口行政法律关系内容即当事双方的权利、义务。当事双方权利、义务可因法律规范的改变而变更，可依当事双方协商或第三者调解（协商和调解须有法律依据）而变更，也可因人口与计划生育等法律事实的变化而变更。

（三）人口行政法律关系的消灭

人口行政法律关系消灭的情况主要包括以下几种。

当事双方产生法律关系的目标实现，相应人口行政法律关系结束。

人口行政法律关系主体一方消失（如作为相对人的公民死亡等），并且承受人既无权利、又无义务接替参加相应人口行政法律关系。

作为行政相对人的公民丧失行为能力，且无法定代理人代其继续参加相应人口行政法律关系。

作为相应人口行政法律关系的客体消灭，该人口行政法律关系无继续存在和发展的意义。

根据最新颁布的人口和计划生育等法律、法规、规章或其他规范性法律文件，相应人口行政法律关系应予终止。

第二章 人口行政法的渊源

一般而言,人口行政法的渊源主要包括宪法、法律、行政法规、部门规章、地方性法规、自治条例、单行条例、地方政府规章等。

第一节 人口行政法的基本渊源

在人口行政法的各种渊源中,最高国家权力机关——全国人民代表大会及其常务委员会制定的宪法、法律,最高国家行政机关——国务院制定的行政法规,地方国家权力机关——省(自治区、直辖市)人民代表大会及其常务委员会和民族自治地方权力机关——自治区、自治州、自治县人民代表大会及其常务委员会制定的地方性法规、自治条例、单行条例,以及宪法、组织法授权的特定中央部门行政机关如国家卫生和计划生育委员会等和地方行政机关——省(自治区、直辖市)人民政府制定的规章是基本渊源。

一 宪法

宪法为国家根本大法,是行政法的渊源;由于宪法与行政法联系最为密切，因此，其包含着行政法规范和重要的行政法原则。人口行政法作为我国行政法的重要组成部分也不例外。

1. 人口行政管理活动基本原则。例如，法制统一、民族平等、行政首长负责制、行政机关工作人员接受人民监督和保障公民权利等规范原则，均为人口行政管理活动的基本原则。

2. 人口和计划生育等国家行政机关组织、基本工作制度和职权。例如，对国家卫生和计划生育委员会等组织、基本工作制度和基本职权的规范，对地方各级（含民族区域自治地区）卫生和计划生育委员会（局）或人口和计划生育委员会（局）等基本工作制度和基本职权的规范。

3. 公民涉及人口和计划生育等方面的基本权利和义务的规范。例如，关于公民对人口和计划生育等工作的批评权、建议权、申诉权，受到侵权后取得赔偿权，相应的社会保障权，以及遵守人口和计划生育等法律、社会公共秩序、尊重社会公德的义务等。

4. 国家发展医疗卫生、科学、教育、人口和计划生育等事业方针政策的规范；建设社会主义精神文明、推行人口和计划生育、保护环境、防治污染和其他公害的规范。

二 法律

法律作为人口行政法的渊源，主要包括以下几个。

1. 全国人民代表大会制定的基本法律。例如，《中华人民共和国国务院组织法》《中华人民共和国地方各级人民代表大会和地方各级人民政府组织法》《中华人民共和国行政诉讼法》《中华人民共和国行政处罚法》等。

2. 全国人民代表大会常务委员会制定的非基本法。例如，《中华人民共和国人口与计划生育法》《中华人民共和国执业医师法》《中华人民共和国母婴保健法》《中华人民共和国药品管理法》《中华人民共和国传染病防治法》及《中华人民共和国国家赔偿法》《中华人民共和国行政监察法》等。

其中,《中华人民共和国人口与计划生育法》为2001年12月29日第九届全国人民代表大会常务委员会第二十五次会议通过,2001年12月29日中华人民共和国主席令第63号公布,自2002年9月1日起施行。

三 行政法规

国务院依宪法授权制定的规范性法律文件即为行政法规。其作为行政法的主要渊源,数量相对庞大,调整着国家经济、社会、文化等广泛的行政社会关系。

行政法规作为人口行政法的渊源,不仅存在于行政法规和行政规章中,而且大多存在于法律和其他形式的法律文件当中。

目前,国务院颁布的人口和计划生育领域的行政法规,主要有:《社会抚养费征收管理办法》(2002年8月2日中华人民共和国国务院令第357号公布,自2002年9月1日起施行)、《计划生育技术服务管理条例》(2001年6月13日中华人民共和国国务院令第309号公布,根据2004年12月10日《国务院关于修改〈计划生育技术服务管理条例〉的决定》修订)、《流动人口计划生育工作条例》(2009年5月11日中华人民共和国国务院令第555号公布,自2009年10月1日起施行)等。

四 部门规章

部门规章主要指国家卫生和计划生育委员会等国务院部、委和某些其他工作部门发布的规章。

根据宪法和国务院组织法,只有国务院的部委才能发布规章。但是根据实际需要,通过行政法规或规范性文件授权,国务院的直属机构和某些其他工作部门也可发布规章。

部门规章作为人口行政法的渊源,相对行政法规,其数量较大,调整着人口和计划生育等领域的行政社会关系。

目前,国家卫生和计划生育委员会颁布的人口和计划生育领域的行政法规，主要有：《计划生育统计工作管理办法》《计划生育系统统计调查管理办法》《计划生育技术服务机构执业管理办法》《计划生育技术服务管理条例实施细则》《病残儿医学鉴定管理办法》《关于禁止非医学需要的胎儿性别鉴定和选择性别的人工终止妊娠的规定》《流动人口计划生育管理和服务工作若干规定》《计划生育药具工作管理办法（试行）》等。

五　地方性法规

在不与宪法、法律、行政法规相抵触的前提下，依据宪法，省、自治区、直辖市人民代表大会及其常务委员会可制定地方性法规，报全国人民代表大会常务委员会备案。

在不与宪法、法律、行政法规和本省、自治区地方性法规相抵触的前提下，依据地方组织法规定，省、自治区政府所在地的市和经国务院批准的"较大的市"（国务院先后批准唐山市、大同市、包头市、大连市、鞍山市、抚顺市、吉林市、齐齐哈尔市、青岛市、无锡市、淮南市、洛阳市、重庆市、宁波市、邯郸市、本溪市、淄博市等）的人民代表大会及其常务委员会，可制定地方性法规，报省、自治区人大常委会批准后施行，报全国人大常委会和国务院备案。

此外，经全国人民代表大会及其常务委员会特别授权，根据经济特区的具体情况和实际需要，深圳、厦门、汕头、珠海等经济特区市的人民代表大会及其常务委员会遵循宪法以及法律和行政法规的基本原则，制定地方性法规，报全国人大常委会、国务院和本省人大常委会备案。

地方性法规调整着人口和计划生育等领域的行政社会关系，是我国人口行政法的重要渊源之一。例如，各省、自治区、直辖市人大常委会均制定了一大批有关地方人口和计划生育等行政管理的地方性法规。

目前，甘肃省人大常委会颁布的人口和计划生育领域的地方性法规，主要有：《甘肃省人口与计划生育条例》（1989年11月28日省七届人大常委会第十一次会议通过，根据1997年9月29日省八届人大常委会第二十九次会议通过的《关于修改〈甘肃省计划生育条例〉的决定》修正。2002年9月27日省九届人大常委会第三十次会议修订，根据2005年11月25日省十届人大常委会第十九次会议通过的《关于修改〈甘肃省人口与计划生育条例〉的决定》修正）和《甘肃省禁止非医学需要鉴定胎儿性别和选择性终止妊娠规定》（2008年9月26日省十一届人大常委会第五次会议通过，自2009年1月1日起施行）等。

六　自治条例和单行条例

依据宪法，民族自治地方的人民代表大会有权依照当地民族的政治、经济和文化的特点，制定自治条例和单行条例。自治区的自治条例和单行条例，报全国人民代表大会常务委员会批准后生效。自治州、自治县的自治条例和单行条例，报省或者自治区的人民代表大会常务委员会批准后生效，并报全国人民代表大会常务委员会备案。

自治条例和单行条例不同于地方性法规。自治条例、单行条例依照当地民族的政治、经济和文化的特点制定，对某些法律和行政法规的规定报经上级国家机关批准后作某些变通；由省一级的自治区、省辖市一级的自治州以及县一级的自治县人民代表大会制定；自治区的自治条例和单行条例须报全国人大常委会批准，自治州、自治县的则须报省或自治区人大常委会批准和报全国人大常委会备案。

自治条例和单行条例作为人口行政法的渊源，既包括民族自治地方的自治机关的组织和工作，又包括地方行政管理事务。例如，《肃北蒙古族自治县〈甘肃省人口与计划生育条例〉的变通规定》《阿克塞哈萨克族自治县〈甘肃省人口与计划生育条例〉的变通规定》等。

七　地方政府规章

地方政府规章是指省、自治区、直辖市人民政府与省、自治区人民政府所在地的市和国务院批准的较大的市以及经济特区市的人民政府制定的规章。

地方政府规章作为人口行政法的渊源，其数量大大超过地方性法规。例如，甘肃省政府制定的《甘肃省流动人口计划生育工作办法》（经2011年9月16日甘肃省人民政府第89次常务会议讨论通过，自2011年11月1日起施行）等。

第二节　人口行政法的渊源的效力等级

依据《中华人民共和国立法法》的相关规定，人口行政法渊源的效力等级异同。

1. 宪法：宪法是国家的根本大法，具有最高法律地位和最高法律效力。

一般由全国人民代表大会制定，宪法是制定普通法律的依据，普通法律的内容都必须符合宪法的规定。一切法律、行政法规、地方性法规、自治条例和单行条例、政府规章等，都不得与宪法相抵触，与宪法内容相抵触的法律无效。

宪法集中反映各种政治力量的实际对比关系，规定国家的根本任务和根本制度，即社会制度、国家制度的原则和国家政权的组织以及公民的基本权利义务等内容。

2. 法律：指拥有立法权的国家权力机关依照立法程序制定的规范性文件。

通常由全国人民代表大会及其常务委员会制定，效力高于行政法规、地方性法规、自治条例和单行条例、政府规章等。

3. 行政法规：指国务院根据宪法和法律，按照法定程序制定的有关行使行政权力，履行行政职责的规范性文件的总称。

行政法规的制定主体是国务院，行政法规根据宪法和法律的授权制定，行政法规必须经过法定程序制定，行政法规具有法的效力。行政法规一般由条例、办法、实施细则、规定等形式构成。发布行政法规需要国务院总理签署国务院令。其效力高于地方性法规、自治条例和单行条例、政府规章等。

4. 部门规章：根据法律和行政法规的规定和国务院的决定，国家最高行政机关所属的各部门、委员会，在本部门的权限范围内制定和发布的调整本部门范围内的行政管理关系的，并不得与宪法、法律和行政法规相抵触的规范性文件。

部门规章的主要形式是命令、指示、规章等。

部门规章效力高于地方性法规、自治条例和单行条例、地方政府规章等。

5. 地方性法规：由省、自治区、直辖市和较大的市的人民代表大会及其常务委员会，根据本行政区域的具体情况和实际需要，在不与宪法、法律、行政法规相抵触的前提下制定，由大会主席团或者常务委员会用公告公布施行的文件。地方性法规在本行政区域内有效，其效力低于宪法、法律和行政法规。

省、自治区人民政府所在地的市和经国务院批准的较大的市的人民代表大会及其常务委员会，根据本市的具体情况和实际需要，在不与宪法、法律、行政法规和本省、自治区的地方性法规相抵触的前提下制定，报省、自治区人民代表大会常务委员会批准后施行，并由省、自治区的人民代表大会常务委员会报全国人民代表大会常务委员会和国务院备案的规范性文件。这些地方性法规在本市范围内有效，其效力低于宪法、法律、行政法规和本省、自治区的地方性法规，但效力高于本级或者下级政府规章。

6. 地方政府规章：指省、自治区、直辖市人民政府以及省、自治区、直辖市人民政府所在地的市、经济特区所在地的市和国务院批准的较大的市的人民政府，根据法律、行政法规所制定的规章，其效力低于宪法、法律、行政法规。

地方性法规与部门规章之间对同一事项的规定不一致，不能确定如何适用时，由国务院提出意见，国务院认为应当适用地方性法规的，应当决定在该地方适用地方性法规的规定；认为应当适用部门规章的，应当提请全国人民代表大会常务委员会裁决；部门规章之间、部门规章与地方政府规章之间对同一事项的规定不一致时，由国务院裁决。地方政府规章可以规定的事项包括：为执行法律、行政法规、地方性法规的规定需要制定规章的事项；属于本行政区域具体行政管理的事项。

第三章 人口行政主体

第一节 人口行政主体概述

一 人口行政主体的概念

人口行政主体是指能以自身名义行使人口和计划生育等行政管理职权，做出影响行政相对人人口与计划生育等相关权利及义务的行政行为，由其本身对外承担人口行政法律责任，在行政诉讼中能作为被告应诉的人口和计划生育等行政机关或法律、法规授权的组织。

1. 人口行政主体是行使人口和计划生育等行政职权，维护人口和计划生育等公共秩序的机关、组织。如果得到法律、法规的特别授权，企事业组织和社会团体可行使国家人口和计划生育等行政职权，实施人口和计划生育等行政行为。

2. 人口行政主体是能以自己的名义行使国家人口和计划生育等行政职权，实施人口和计划生育等行政行为的机关、组织。

由于在委托范围内，被委托组织可行使人口和计划生育等行政职权，实施人口和计划生育等行政行为，但是，其只能以委托行政机关的名义行使人口和计划生育等行政职权，实施人口和计划生育等行政行为。因而，被委托的组织不属于人口行政主体。

3. 人口行政主体是能由其本身就其人口和计划生育等职权行为对外承担行政法律责任，在行政诉讼中能作为被告应诉的机关、组织。

国家公务员实施的人口和计划生育等职权行为，只对行政机关负内部行政责任，而由其所在的人口和计划生育等行政机关对外承担行政法律责任。在行政诉讼中，由公务员所在卫生和计划生育行政机关或人口和计划生育等行政机关作为被告应诉。

4. 人口行政主体既包括人口和计划生育等行政机关，又包括法律、法规授权的组织。

二 人口行政主体与相关概念的区别

将人口行政主体与其他相关概念加以比较、区分，以明确人口行政主体概念。

1. 人口行政主体与人口行政法律关系主体

人口行政主体是人口行政法律关系主体的一种。在人口行政法律关系中，人口行政主体通常为一方主体，另一方主体可能是公民、法人或其他组织，可能是国家公务员或被委托行使人口和计划生育等行政职权的组织，也可能是国家行政法制监督机关（如国家权力机关、国家司法机关、专门行政监督机关等）。

相对于行政相对人而言，人口行政主体表明其在人口和计划生育等行政管理法律关系中所处的地位。人口行政法律关系主体相对于人口行政法律关系客体来讲，表明围绕相应客体而展开法律关系的各方当事人。

2. 人口行政主体与人口行政机关

人口和计划生育等行政机关是人口行政主体的一种。人口行政主体除了人口和计划生育等行政机关以外，还包括法律、法规授权的组织。

人口行政主体主要表明相应机关、组织在人口行政法律关系中的法律地位，即其具有对行政相对人的人口行政管理权，相对人则有服从行政主体管理的义务。人口行政机关表明相应国家机关的性质，即其行使国家人口和计划生育等行政权的机关，不同于国家立法机关（行使国家立法权）和国家司法机关（行使国家司法权）。

3. 人口行政主体与国家公务员

国家公务员是人口行政主体的代表。人口行政主体的职权通过国家公务员来实施。国家公务员是为国家人口和计划生育等公益服务的，人口行政主体是由国家授权专门行使国家行政职权的——各级卫生和计划生育委员会（局）或人口和计划生育委员会（局）。国家公务员直接从属于各级卫生和计划生育委员会（局）或人口和计划生育委员会（局）（行政主体），是国家和人民的"公仆"。

第二节 人口行政机关

一 人口行政机关的概念

人口行政机关是指依宪法或行政组织法的规定而设置的，行使国家人口和计划生育等行政职能的国家机关。

1. 人口行政机关是国家机关，其由国家设置，代表国家行使人口和计划生育等职能的机关。执政党等政党（包括参政党）虽能影响国家政治、经济的发展，甚至起决定作用，但其非国家机关。虽经法律、法规授权，社会组织、团体可行使国家人口和计划生育等行政职权，但其非国家设置，不属国家机关。

2. 人口行政机关是行使国家人口和计划生育等行政职能的国家机关。人口行政机关行使国家人口和计划生育等行政职能，执行国家人口和计划生育等法律法规，管理国家人口和计划生育等事务。同属国家行政机关，但由于行政职能的异同，与文化、民政、教育等其他行政机关有别。虽然立法机关、司法机关也为国家机关，但立法机关行使国家立法权，司法机关行使国家司法权。

3. 人口行政机关是依宪法或行政组织法的规定而设置的，行使国家人口和计划生育等行政职能的国家机关。人口行政机关是基本的行政主体，而法律、法规授权的组织非依宪法或行政组织法设置，其行使职权基于具体人口和计划生育等法律、法规的授权，即只有在行使其所授职权时才具有行政主体地位。

二　人口行政机关的特征

人口行政机关与其他国家机关相比较，其主要特征如下。

1. 行使国家人口和计划生育行政职权，管理国家人口和计划生育等行政事务

行使国家人口和计划生育等行政职权，管理人口和计划生育等行政事务是人口行政机关区别于其他国家机关的实质性特征。依据宪法，各级人民代表大会及其常务委员会行使国家立法权，对其他国家机关行使监督权。各级法院、检察院分别行使国家司法权（分别为审判权和检察权）。行政机关行使国家行政权（即执行法律、实施法律，对国家内政、外交等事务的管理权）。而行政机关执法权的行使，通过对国家内政、外交事务管理得以实现。司法机关通过裁决法律争议和实施法律监督来实现。

2. 在组织体系上，人口行政机关实行领导——从属制

人口行政机关行使人口和计划生育等行政管理职能，追求速度和效率，因而，在组织体系上实行领导——从属制，即上级政府（含人口行政机关）领导下级政府（含人口行政机关），下级政府（含人口行政机关）从属于上级政府（含人口行政机关），向上级政府（含人口行政机关）负责并报告工作。

但是，国家权力机关和国家审判机关有别于国家行政机关。对于下级国家权力机关制定的同宪法、法律、行政法规相抵触的地方性法规和决议，上级国家权力机关通过法律程序予以撤销；对于下级法院作出的错误的判决、裁定，上级法院通过审判监督程序予以纠正。

3. 在决策体制上，人口行政机关一般实行委员会制或首长负责制

由于代表国家，对公民、法人和其他组织实施人口和计划生育等领域管理，这些管理直接涉及公民的人身安全、自由、财产及其他权益，因此，要求人口行政机关权限清晰、责任明确，故在决策体制上一般实行委员会制或首长负责制。而国家权力机关（行使国家立法权和国家基本政策决定权）和国家审判机关（行使国家审判权）通常都采取合议制形式行使其职能，故有充足时间集体讨论和决定。

4. 行使人口和计划生育等行政管理职能，人口行政机关通常是主动的、经常的和不间断的

人口行政机关行使的是国家人口和计划生育等行政管理职能，故其职能行使须连续不间断，主动行使，不待人请求（个别特殊情况例外，例如，相对人请求颁发二孩生育保健服务证，申请计划生育家庭奖励扶助等）。而法院行使审判职能遵循不告不理，当事人不起诉，法院不主动立案；立法机关虽然主动行使职能，但通常通过有期限的会议行使职能。

5. 人口行政机关最经常、最直接、最广泛地与个人或组织打交道

由于与个人、组织有着最密切的联系，人口行政机关行使的各项职能，无论是人口和计划生育知识宣传、孕前优生健康检查、生殖健康服务、出生缺陷干预、营养素投服、避孕药具投送、流动人口计划生育健康服务等，均直接涉及个人或组织的权益。

在行使职能过程中，司法机关与个人、组织的联系仅限于诉讼过程。立法机关与个人、组织的联系亦非经常、广泛和直接，法律对个人、组织行为的调整往往要通过行政执法或司法途径实现。

三 人口行政机关的类别

根据不同标准，分别判断人口行政机关的类别。

1. 中央人口行政机关与地方人口行政机关

根据人口行政机关职权管辖的范围，人口行政机关分为中央人口行政机关与地方人口行政机关。中央人口行政机关的管辖范围及于全国，而地方人口行政机关管辖范围只及于相应地方行政区域。

中央人口行政机关即国务院所属的国家卫生和计划生育委员会。国家卫生和计划生育委员会是国务院的工作部门，该委员会的设立经总理提出，由全国人民代表大会决定，在全国人民代表大会闭会期间，由全国人大常委会决定。该委实行主任负责制，主任领导本部门的工作，召集、主持委务会议和委员会会议。委工作中的方针、政策、计划和重大行政措施，应向国务院请示、报告，由国务院决定。委上报国务院的重要请示、报告和下达的命令、指示由主任签署。

地方人口行政机关即地方各级人口和计划生育委员会（局），其为地方各级政府的工作部门。地方人口行政机关一般分为四级：省、自治区、直辖市的卫生和计划生育委员会（局）或人口和计划生育委员会（局）；自治州、设区的市和市管县的市的卫生和计划生育委员会（局）或人口和计划生育委员会（局）；县、自治县、县级卫生和计划生育委员会（局）或人口和计划生育委员会（局）；乡、民族乡、镇政府（设卫生和计划生育办公室或人口和计划生育办公室）。地方各级卫生和计划生育委员会（局）或人口和计划生育委员会（局）实行双重从属制：既从属本级人民代表大会和政府，对本级人民代表大会和政府负责并报告工作，同时又从属于上一级国家人口行政机关，对上一级国家人口行政机关负责并报告工作，并且接受国务院及国家卫生和计划生育委员会的统一领导，服从国务院及国家卫生和计划生育委员会。

地方各级卫生和计划生育委员会（局）或人口和计划生育委员会（局）均实行委员会制或首长负责制。地方各级卫生和计划生育委员会（局）或人口和计划生育委员会（局）的设立由本级政府决定，报上一级政府批准。地方各级卫生和计划生育委员会

（局）或人口和计划生育委员会（局）既受本级政府统一领导，同时受上一级卫生和计划生育委员会（局）或人口和计划生育委员会（局）的领导或业务指导。

2. **人口行政机关为部门权限行政机关与职能性行政机关**

根据行政机关权限性质和行政机关管理的客体、内容，人口行政机关既为部门权限行政机关，又为职能性行政机关。

人口行政机关为部门权限行政机关，其权限是局部性的，作为国务院部委和地方人民政府的工作部门，人口行政机关涉及特定的人口和计划生育等行政领域及特定行政事项。人口行政机关为独立的行政主体，能以自己的名义对外行使职权和由其本身承担相应职权行为的法律责任。

人口行政机关为职能性行政机关，管理的客体和内容是综合性的、跨部门、跨行业的。

3. **人口行政机关为专门执法行政机关和外部管理行政机关**

根据行政机关行使职能适用法律的情况以及与行政相对人的关系和行政机关的管理对象，人口行政机关既为专门执法行政机关，又为外部管理行政机关。

人口行政机关为专门执法行政机关，通常直接与行政相对人打交道，直接适用法律、法规、规章对相对人做出具体行政行为。一般地，各种行政机关在执法性质和手段上存在着区别。

人口行政机关为外部管理行政机关，因为其管理的对象是作为外部行政相对人的个人、组织。人口行政机关分为外部、内部机关是相对的，在外部行政机关内必然设有内部管理机构，在内部行政机关内也设有管理本机关外部事务的机构和管理本机关内部事务的机构。例如，人口行政机关同时设有管理内部人事、财务等事务的"内部"机构。

4. **人口行政机关为委员制行政机关和首长负责制行政机关**

根据行政机关的决策和负责体制，行政机关分为首长制行政机关和委员制行政机关。

委员制行政机关的决策权归于一个由若干委员组成的委员会，委员会对所有决策性的问题均集体讨论，根据少数服从多数的原则作出决策，并由集体共同对其决策负责。一般而言，县级人口行政机关大多实行首长负责制，省市两级人口行政机关大多实行委员制。

第三节 其他行使人口行政职权的组织

除由国家人口行政机关行使人口和计划生育等行政职权外，法律、法规授权行使人口和计划生育等行政职权的组织也具有人口行政主体的地位。受人口行政机关委托行使人口和计划生育等行政职权的组织，本身不具有人口行政主体的地位，其行使人口和计划生育等行政职权行为的责任归属于委托人口行政机关，委托人口行政机关是相应人口行政行为的行政主体。

一 法律、法规授权的组织

1. 法律、法规授权的组织的概念

法律、法规授权的组织是指依具体人口和计划生育等法律、法规授权，而行使人口和计划生育等特定行政职能的非国家机关组织。

法律、法规授权的组织是指非国家机关的组织。其不同于行政机关，不具有国家机关的地位。只有在行使人口和计划生育等法律、法规所授职权时，才享有国家权力和承担行政法律责任。在非行使法律、法规授权时，其只是一般民事主体，享有民事权利和承担民事义务。

法律、法规授权的组织行使的是人口和计划生育等特定行政职权（限于人口和计划生育等法律、法规明确规定的某项具体职权或具体事项，其范围通常有限），而非一般行政职权。人口行政机关则行使国家人口和计划生育的一般行政职权，不限于人口和计划

生育某种具体领域的某种具体事项。

法律、法规授权的组织其人口和计划生育等职权，为人口和计划生育等具体法律、法规所授，而非行政组织法所授。且人口和计划生育等具体法律、法规对相应组织的授权，通常有期限，限于办理某一具体人口和计划生育等行政事务；该人口和计划生育等行政事务完成，相应授权即结束。而行政组织法对人口行政机关的授权则具有相对稳定性，只要该人口行政机关存在，它就一直行使所授职权。

2. 法律、法规授权组织的种类

法律、法规授权组织的范围较广泛，且根据国家人口和计划生育等行政管理的需要，人口和计划生育等法律、法规对授权对象可能调整。目前，在我国人口和计划生育领域，法律、法规授权组织主要有以下几种。

一是社会组织、团体。社会组织、团体非行政机关，不属于人口行政系统，但是人口和计划生育等法律、法规往往授权其行使某些人口和计划生育等行政职能。例如，计划生育药具管理机构，往往依人口和计划生育等法律、法规授权管理计划生育药具领域行政事务。

二是企事业组织。企事业组织主要是人口和计划生育等行政管理的对象，但在特定情况下，人口和计划生育等法律、法规可授权其行使一定的人口和计划生育等行政职能。目前，诸如中国铁路总公司等一些全国性国有企业，在一定时期内仍具有一定行政性，故法律、法规往往授权其行使某些行政职能，国务院也往往会委托其处理某些行政事务。至于事业单位组织，人口和计划生育等法律、法规授权或人口行政机关委托其行使人口和计划生育等行政职能的情况更为普遍。

三是基层群众性自治组织。基层群众性自治组织是指城市和农村按居民居住的地区设立的居民委员会、村民委员会。基层群众性自治组织与国家基层政权有着密切联系。基层群众性自治组织的工作受基层政府或其派出机构指导：城市居民委员会受市或市辖区的派出机构——街道办事处的指导；村民委员会受乡、民族乡、镇政府的指导。除了根据相应组织法的授权，协助基层政府工作外，居民委员会、村民委员会还根据人口和计划生育等法律、法规的授权，行使某些人口行政职能和办理某些人口行政事务。例如，代表人口和计划生育行政机关发放本区域计划生育特殊困难家庭救助金，调查有关人口的统计信息事项等。

3. 被授权组织的法律地位

被授权组织的法律地位主要体现在以下几个方面。

被授权组织在行使人口和计划生育等法律、法规所授人口和计划生育等职权时，享有与人口行政机关相同的行政主体地位。

被授权组织以自己的名义行使人口和计划生育等法律、法规所授职权，并由其本身就行使人口和计划生育等职权的行为对外承担法律责任。

被授权组织在执行其本身的职能（非行政职能）时，不享有人口和计划生育等行政权，不具有行政主体的地位。

二 人口行政机关委托的组织

1. 人口行政机关委托的组织的概念

人口行政机关委托的组织是指受人口行政机关委托，行使一些人口和计划生育等行政职权的非国家机关的组织。

首先，被委托的组织不是人口行政机关或其他国家机关，其基本职能不是行使人口和计划生育等行政职权或其他国家职权，而是从事其他非国家职能性质的活动。例如，从事人口与经济社会发展科学研究活动的组织等。

人口行政机关可在本系统内相互委托，如上级人口行政机关委托下级人口行政机关行使某种人口行政许可职能，甲地人口行政机关委托乙地人口行政机关办理某种流动人口计划生育服务事项等。但这种委托是人口行政机关系统内的相互协作，不同于人口行政机关对非国家机关组织的委托。

其次,被委托的组织仅能根据委托,行使一定的人口和计划生育等行政职权,而不能行使一般的人口和计划生育等行政职权。有些人口和计划生育等行政职权,根据法理是不允许委托非行政机关的组织行使的。例如,人口行政立法权和颁发计划生育技术服务机构许可证或其他重要许可证照权。

最后,被委托的组织行使一定的人口和计划生育等行政职权,是基于人口行政机关的委托,而非基于人口和计划生育等法律、法规的授权。因此,其行使人口和计划生育等职权是以委托人口行政机关的名义,而不是以被委托组织自己的名义实施,其行为对外的法律责任也非本身承担,而是由委托人口行政机关承担。

2. 被委托组织的条件和范围

被委托组织的条件通常由人口和计划生育等具体法律、法规规定。例如,《中华人民共和国行政处罚法》规定,行政机关依照法律、法规或者规章的规定,可以在其法定权限内委托其他组织实施行政处罚,但受委托的组织必须符合以下条件。

(1) 属于依法成立的管理公共事务的事业组织。

(2) 具有熟悉有关法律、法规、规章和业务的工作人员。

(3) 对违法行为需要进行技术检查或者技术鉴定的,应当有条件组织进行相应的技术检查或者技术鉴定。

被委托组织的范围相当广泛。一般而言,被授权组织范围通常是受人口行政机关委托行使人口和计划生育等行政职权的组织的范围。当法律、法规授权这些组织行使人口和计划生育等行政职权时,其即为被授权组织;当法律、法规未授权,而是人口行政机关委托其行使一定人口和计划生育等行政职权时,其即为被委托的组织。

3. 被委托组织的主要权利、义务

(1) 被委托组织的主要权利有:

①取得履行人口和计划生育等职责所应有的权力、管理手段和

工作条件；

②依法行使被委托的人口和计划生育等职权和办理被委托的人口和计划生育等事项；

③取得履行人口和计划生育等职责所需要的经费和报酬；

④请求有关人口行政机关，协助排除其在履行人口和计划生育等职责中所遇到的障碍；

⑤向委托人口行政机关，提出变更委托范围和改进人口和计划生育等行政管理的建议。

（2）被委托组织的主要义务有：

①在委托人口行政机关委托的人口和计划生育等范围内行使职权，不超越委托权限；

②依法办事，不徇私舞弊、以权谋私；

③接受委托人口行政机关的监督、指导，向委托人口行政机关请示、汇报和报告工作；

④认真履行被委托的人口和计划生育等职责，热情为相对人服务，听取相对人的意见，接受相对人的监督。

第四章 行政相对人

第一节 行政相对人概述

一 行政相对人的概念

在人口和计划生育等行政管理领域，行政相对人是指在人口和计划生育等行政管理法律关系中，与人口行政主体相对应的另一方当事人，即人口行政主体的人口行政行为影响其权益的公民个人、组织。

在人口和计划生育等行政管理领域，行政相对人是指处在人口和计划生育等行政管理法律关系中的公民个人、组织。

人口行政管理法律关系包括整体人口行政管理法律关系和单个具体的人口行政管理法律关系。在整体人口行政管理法律关系中，所有处于国家行政管理之下的公民个人、组织均为行政相对人；而在单个的具体人口行政管理法律关系中，只有其权益受到行政主体相应人口行政行为影响的公民个人、组织，才在该人口行政法律关系中具有行政相对人的地位。

在人口和计划生育等行政管理领域，行政相对人是指人口行政管理法律关系中作为与行政主体相对应的另一方当事人的公民个人、组织。

人口行政管理法律关系双方当事人法律地位不平等：一方享有国家人口和计划生育等行政权，能依法对另一方当事人实施人口和计划生育管理，做出影响该当事人权益的人口行政行为；而另一方当事人则要服从人口和计划生育管理，依法履行相应人口行政行为确定的相关计划生育等方面的义务。有权实施人口行政管理行为的一方当事人为"行政主体"（行政机关和法律、法规授权的组织），而接受行政主体人口行政管理的一方当事人为"行政相对人"（公民个人、组织）。在整体人口行政管理法律关系中，人口行政机关和法律、法规授权的组织为行政主体。但在具体的法律关系中，有时也会处于被其他行政机关或法律、法规授权的组织管理的地位，成为行政相对人。

在人口和计划生育等行政管理领域，行政相对人是指在人口行政管理法律关系中，其权益受到行政主体人口行政行为影响的公民个人、组织。

行政主体人口行政行为对相对人权益的影响有时是直接的，如人口行政许可、人口行政征收等；有时是间接的，如行政主体确认公民甲收养公民乙孩子的行为无效，该确认行为对公民甲权益的影响是直接的，而对公民乙权益的影响是间接的。

二 作为行政相对人的公民个人

在人口和计划生育等行政管理领域，作为行政相对人的个人主要指公民。在人口行政管理领域，与行政主体发生人口和计划生育等领域法律关系的对方当事人均可能是公民个人。例如，人口行政许可、人口行政给付、人口行政裁决、人口行政奖励等，公民个人均可成为这些人口行政行为的直接或间接对象，从而作为人口行政管理法律关系的行政相对人。

在执行人口和计划生育等国家公务时，国家公务员是行政主体的代表，不具有行政相对人的地位。但其在非执行公务时则具有公民身份，同样要接受各种有关的行政管理，成为行政管理法律关系的行政相对人。

在人口行政管理法律关系中，作为行政相对人的公民个人，均享有人口和计划生育等相应法律、法规规定的权利，同时要承担相应法律、法规为之确定的义务。在人口行政行为过程中，行政主体如违法侵犯其生殖健康、计划生育等方面权利，其可依法申请行政复议或提起行政诉讼，以寻求相应的行政法律救济。相反，行政相对人如不履行计划生育等法定义务，违反人口和计划生育行政管理秩序，行政主体则可对之采取人口行政制裁等措施，追究其法律责任。

三 作为行政相对人的组织

在人口和计划生育等行政管理领域，作为行政相对人的组织主要指各种具有法人地位的企业组织、事业组织和社会团体，包括在我国取得法人资格的外国企业、事业组织。

行政主体依法对人口和计划生育等社会事业实施管理，其主要对象为各种法人组织。为实现其人口和计划生育等行政管理目标，行政主体要对各种法人组织实施人口行政行为。例如，人口行政许可、人口行政奖励、人口行政征收、人口行政给付、人口信息统计、人口行政检查等。在诸如这些人口行政行为所引起的人口行政管理法律关系中，法人组织均处于行政相对人地位。

除了法人组织外，非法人组织（经准许成立，能够实施某种业务活动，没有取得法人资格的社会团体或经济组织）也可成为人口行政管理法律关系中的行政相对人。非法人组织虽设有代表人或管理人，但不一定具有独立财产、营业机构和组织章程。其虽不具有法人资格，但须接受国家人口和计划生育等行政管理，行政主体可对其实施人口和计划生育等行政管理行为，对其采取人口行政措施，因而，非法人组织在人口行政管理法律关系中处于行政相对人地位。

国家机关（包括国家立法、司法、行政机关）在行使相应国家职权时，是国家职权行为的主体，不能成为行政相对人。但国家机关实施非职权行为或处在非行使职权的场合、领域时，要接受人口行政主体的管理，该行政主体可依法对之实施有关的人口行政行为。此时，国家机关作为行政相对人，而不是作为相应国家职权行为主体。

总之，在人口和计划生育等行政管理领域，组织作为行政相对人与行政主体打交道时，应由其法定代表人代表。组织的其他成员未取得组织法定代表人的授权，不能以组织的名义与行政主体发生人口行政法律关系。

第二节 行政相对人的权利与义务

一 行政相对人的权利

在人口行政管理法律关系中，根据人口和计划生育等有关法律、法规的规定，行政相对人依法享有如下权利。

1. 申请权

在人口和计划生育等行政管理领域，行政相对人有权依法向行政主体提出实现其人口和计划生育等方面法定权利的各种申请。例如，申请颁发二孩生育保健服务证，申请领取独生子女父母光荣证，申请领取计划生育技术服务机构执业许可证，申请领取计划生育特殊困难家庭奖励扶助金等。在合法的人口和计划生育等权益受到侵犯时，还可申请获得法律保护等。

2. 参与权

在人口和计划生育等行政管理领域，行政相对人有权依法参与人口和计划生育等行政管理事务。例如，参与人口和计划生育地方性法规、规章及人口政策执行等方面的制定（参加讨论、听证等），参与人口和计划生育等发展规划、发展计划的编制和实施，参与与自身有利害关系的具体人口行政行为的相应程序，参与计划生育群众自治等。

3. 了解权

在人口和计划生育等行政管理领域，行政相对人有权依法了解行政主体的各种人口和计划生育等方面的行政信息，包括各种规范性法律文件、会议决议、决定、制度、标准、程序规则，以及与行政相对人本人有关的各种档案材料。除法律、法规规定应予保密的外（如全员人口数据库中涉及的公民个人的隐私信息），相对人均有权查阅、复制。

4. 批评、建议权

在人口和计划生育等行政管理领域，行政相对人对行政主体及其工作人员实施的违法、不当的人口和计划生育等方面的行政行为有权提出批评，并有权就如何改善行政主体的工作、提高人口和计划生育等行政管理质量提出建议及意见。

5. 申诉、控告、检举权

在人口和计划生育等行政管理领域，行政相对人对行政主体及其工作人员做出的对其本身不公正的人口行政行为有权申诉，对行政主体及其工作人员的违法、失职的执法行为有权控告或检举。

6. 陈述、申辩权

在人口和计划生育等行政管理领域，在行政主体作出与自身人口和计划生育等权益有关，特别是对己不利的行为时，行政相对人有权陈述自己的意见、看法，提供相关证据证明材料，阐释说明和申辩。

7. 申请复议权

在人口和计划生育等行政管理领域，对行政主体作出的人口和计划生育等具体行政行为不服时，行政相对人有权依法申请复议。

8. 提起行政诉讼权

在人口和计划生育等行政管理领域，对行政主体作出的人口和计划生育等具体行政行为不服，行政相对人有权依法提起行政诉讼。

9. 请求行政赔偿权

在人口和计划生育等行政管理领域，在其人口和计划生育等合法权益被行政主体违法侵犯并造成损失时，行政相对人有权请求行政赔偿。

10. 抵制违法人口行政行为权

在人口和计划生育等行政管理领域，对于行政主体实施的明显违法或重大违法的人口和计划生育等行政行为，行政相对人有权依法予以抵制。例如，抵制没有法律依据的摊派和收费等。

二 行政相对人的义务

在人口和计划生育等行政管理领域，根据有关法律、法规的规定，行政相对人应依法履行如下义务。

1. 服从人口和计划生育等行政管理的义务

在人口和计划生育等行政管理领域，行政相对人的首要义务是服从人口和计划生育等行政管理：遵守行政机关发布的有关人口和计划生育等行政法规、规章与其他规范性文件；执行人口和计划生育等方面行政命令、行政决定；履行人口和计划生育等法律规定的各项义务。

2. 协助人口和计划生育等公务的义务

在人口和计划生育等行政管理领域，行政相对人对行政主体及其工作人员执行人口和计划生育等公务的行为，有主动予以协助的义务。例如，配合人口和计划生育等行政机关维持人口和计划生育等社会秩序，必要时为公务人员提供交通工具或执行公务所需的其他设施等。

3. 维护人口和计划生育等公益的义务

在人口和计划生育等行政管理领域，行政相对人有义务维护国家人口和计划生育等社会公共利益。在国家人口和计划生育等社会公共利益正受到或可能受到损害或威胁时，行政相对人应采取措施，尽可能防止或减少损害的发生。行政相对人因维护人口和计划生育等公益致使本人财产或人身受到损失或伤害，事后可请求国家予以适当补偿。

4. 接受人口行政监督的义务

在人口和计划生育等行政管理法律关系中，行政相对人要接受行政主体依法实施的监督，包括人口行政检查、计划生育技术服务资格审查、孕前优生健康检查检验、病残儿鉴定、人口信息登记、人口信息统计等，向行政主体提供情况说明、有关材料或报表等。

5. 提供真实信息的义务

在人口和计划生育等行政管理领域，行政相对人在向行政主体申请提供人口和计划生育等行政服务（如申请颁发二孩生育保健服务证等）或接受行政主体监督时，向行政主体提供的各种信息资料应真实、准确，如其故意提供虚假信息，将要为之承担相应的法律责任。

6. 遵守法定程序的义务

在人口和计划生育等行政管理领域，行政相对人无论是请求行政主体实施某种人口和计划生育等行政行为（如申请行政复议等），还是应行政主体要求做出某种行为（如缴纳社会抚养费等），均应遵守人口和计划生育等法律、法规规定的程序、手续、时限。否则，可能导致自己提出的相应请求不能实现，甚至要为之承担相应的法律责任。例如，不按时缴纳社会抚养费，可能要受到被科处滞纳金等。

第二编　人口行政行为

第五章 人口行政行为概述

第一节 人口行政行为的概念与特征

一 人口行政行为的概念

最广义的人口行政行为是指行政主体实施的所有人口和计划生育等公益性行为。既包括法律行为，又包括事实行为，也即只要行为主体为行政主体，其行为均为人口行政行为，其他国家机关、企事业单位、社会团体或公民个人等主体行为都是非行政行为。

广义的人口行政行为是指行政主体实施的所有产生人口行政法律效力的行为。行政主体实施的法律行为既有人口行政法律行为，又有民事法律行为。而行政主体实施的产生民事法律效力的行为则为非人口行政行为。

狭义的人口行政行为是指行政主体实施的外部单方人口行政法律行为，即行政主体对公民、法人或其他组织所实施的，并由行政主体单方面意思表示而形成的具有人口行政法律效力的行为。

最狭义的人口行政行为是指行政主体实施的外部单方行为中的

具体人口行政行为，即行政主体针对特定的人或特定的事所实施的，只对特定的人或特定的事产生人口行政法律效力的行为。

本书采取广义的人口行政行为，即行政主体实施的产生人口行政法律效力的行为。

要理解广义人口行政行为，需把握如下要件。

1. **主体要件：人口行政行为是行政主体的行为**

行政主体包括人口和计划生育等行政机关及法律、法规授权的组织。人口和计划生育等行政机关的公务员和被授权组织、被委托组织的工作人员，以行政主体名义实施的人口和计划生育等行政行为是行政主体的行为。非行政主体的其他国家机关、企事业组织、社会团体或公民个人，在无人口和计划生育等法律、法规授权和行政主体的合法委托时，均不能实施人口行政行为。

2. **权力要件：人口行政行为是行政主体行使人口和计划生育等行政权力的行为**

作为行政主体的人口和计划生育等行政机关及法律、法规授权的组织，并非何时均为行政主体身份，当其非行使国家行政权力时，其所实施行为不是人口行政行为。例如，人口和计划生育等行政机关购买办公用品等行为，则为一般的民事行为。只有为了实现国家人口和计划生育等行政管理职能，行政主体行使国家行政权力时所采取的行为，才是人口行政行为。

3. **效力要件：人口行政行为是具有人口行政法律效力的行为**

产生法律效力即在法律上影响相对人权利、义务，其有可能对相对人有利，例如颁发计划生育家庭奖励扶助金、免费生殖健康检查等；也可能对相对人不利，例如征收社会抚养费等。有些行政主体行为不具有法律效力，例如宣传人口政策和普及人口和计划生育基本知识、发布年度人口与计划生育统计信息等，因为其本身并非人口行政行为。

总之，此为广义的人口行政行为，通常大量使用狭义的人口行政行为（行政主体实施的外部单方人口行政行为）。其既不含行政主体的内部人口行政行为,也不含行政主体经与相对人协商而作出的人口行政行为,例如计划生育行政合同等。

二 人口行政行为的特征

人口行政行为作为行政主体行使行政权力的行为,与其他法律行为相比具有如下特殊性。

1. 人口行政行为的从属性

人口和计划生育等行政机关是我国的执法机关,人口行政行为是执行人口和计划生育等法律的行为,因而人口行政行为须从属于人口与计划生育等法律。人口和计划生育等行政机关、代表人口和计划生育等行政机关的公务员不能任意实施人口行政行为,须严格依法办事。

人口行政行为的从属性表现为以下几点。

①人口行政行为的实施须有法可依,即执法须有法律依据。即行政主体须根据体现人民意志、利益的人口和计划生育等法律行事,不得脱离人口和计划生育等法律而自行其是。

②人口行政行为须在人口和计划生育等法律规定的时间和空间范围内实施。

③人口行政行为是受人口和计划生育等法律规范和约束的行为,任何违法、越权的行为都是无效或可撤销的行为。

2. 人口行政行为的单方性

人口行政行为的单方性是指行政主体只要是在法定人口和计划生育等职权范围内,随时可自行决定和直接实施人口行政行为,完全不受行政相对人意志的影响或制约。

这种单方性,即可在依职权的人口行政行为中,又可在依申请的人口行政行为中。虽然依申请的人口行政行为中,例如颁发二孩生育保健服务证、发放计划生育家庭奖励扶助金等,是在相对人申请前提下做出,但对是否颁发证照或是否发放行政奖励金则由行政主体依法决定,相对人申请行为并不必然引起颁发证照或发放行政奖励金等行为。而签订计划生育行政合同等行为，非严格的单方性，属于特殊的人口行政行为。

3. 人口行政行为的裁量性

依法行政原则要求行政主体依人口和计划生育等法律规定采取人口行政行为，但由于人口和计划生育等行政管理的复杂性与多变性，作为原则性规范的法律均无法详细规定行政主体的每一行政行为的每一个步骤、每一个细节，此外行政主体也须享有一定的自由裁量权，才能合理、科学实施人口和计划生育等行政管理，实现自身的行政职能。

人口行政行为的裁量性并不与法律从属性冲突、对立，行政主体执行法律应充分发挥主观能动性，积极、灵活执行，而非机械、被动适用；同时，自由裁量须在法律规定范围内，应符合法律立法的目的和宗旨，并非无限制。

4. 人口行政行为的强制性

人口行政行为是行政主体代表国家，为实现国家人口和计划生育等管理职能而以国家名义实施的行为，其以国家强制力为后盾。人口行政行为的强制性体现于人口行政行为一经作出即产生法律效力，相对人须遵守和服从，否则，人口行政机关可依法申请法院强制执行。例如，依法申请法院强制征收社会抚养费。只有确立人口行政行为的强制性才能使人口行政行为的内容得到实现，使人口和计划生育等行政管理得以顺利实施，人口和计划生育等法律秩序与社会秩序得以维持。

第二节　人口行政行为的内容与分类

一　人口行政行为的内容

任何人口和计划生育等法律行为都是以人口法律关系各方当事人的权利义务的产生、变更和消灭为内容的。人口行政行为的内容,是指人口行政行为对行政相对人权利、义务产生的具体影响。

(一) 赋予权益或设定义务

人口行政行为通过赋予相对人免费生殖健康检查、免费孕前优生健康检查、生育保健等权益,或为相对人设定依法实行计划生育等义务,而使相对人取得新的法律地位,并在行政主体与相对人之间形成一种新的人口行政法律关系。

1. 赋予权益

人口行政行为赋予的权益,既含行政法上赋予的权益,又含民法上赋予的权益;既含赋予相对人免费定期生殖健康检查、免费孕前优生健康检查、领取计划生育家庭奖励扶助金和免费避孕药具服务等计划生育权益,又含赋予相对人依法参与、决策、监督村(居)民计划生育基层群众自治等权益。

2. 设定义务

人口行政行为设定义务,可能设定相对人的作为义务,例如要求相对人依法实行计划生育,依法缴纳社会抚养费等;也可能设定相对人的不作为义务,例如中止相对人的违法生育行为等。

(二) 剥夺权益或免除义务

人口行政行为通过剥夺相对人诸如一定财产权等某项权益,或免除相对人缴纳社会保险金、新型合作医疗金(由政府代缴)等某种义务,从而取消其原有的法律地位或解除原有的法律关系。

1. 剥夺权益

行政主体通过人口行政行为依法剥夺相对人从事某种活动或行为的资格或权能,例如因生育性别偏好,撤销对每个违法生育的许可,使该相对人丧失二孩生育资格等。剥夺权益还指剥夺相对人的既有权利,例如依法征收社会抚养费,即是剥夺相对人对自己部分财产的所有权。

2. 免除义务

人口行政行为免除义务,可能是免除相对人的作为义务,例如免除相对人缴纳的社会保险金和新型合作医疗金(由政府代缴)、免除相对人修建水利工程等某项公益性劳动的义务；也可能是免除相对人的不作为义务，例如因家庭生活困难，经县级人口部门审核同意后，可免除相对人部分社会抚养费；在无出生性别偏好前提下，经县级人口部门核发生育保健服务证后，允许相对人的再生育行为等。

免除义务通常是在法定特殊条件具备的情况下实施的，行政主体不能无视人口和计划生育等法律规定的条件随意实施免除义务的人口行政行为。

（三）权利义务

人口行政行为可通过改变相对人的原有权利义务而使人口法律关系的内容发生变化，即对相对人原来所享有的权利或所承担的义务范围缩小或扩大。例如，行政主体通过代缴计划生育家庭应当缴纳的社会保险金，即改变了相对人原有的财产受损范围，使其义务范围缩小了。

（四）确认法律事实与法律地位

1. 确认法律事实

行政主体对具有法律意义的某种客观情况依法予以确认。例如，对违反生育政策及法规超生的相对人是否应依法征收社会抚养费，或者对征收的社会抚养费数额的确认。确认不直接为相对人创设权利和义务，但为相对人权利与义务的取得和丧失提供依据。

2. 确认法律地位

行政主体对某种人口法律关系是否存在及其存在的状况予以认定。例如，人口和计划生育行政部门或乡镇政府对新婚夫妻、生育夫妇、节育夫妇、优生健康检查夫妻或计划生育特殊困难家庭扶助金发放人员等确认。

总之，人口行政行为的上述内容并非相互排斥，某一个人口行政行为可能同时具有几项内容，例如依法征收社会抚养费行为，就同时包含剥夺财产权利和设定财产给付义务两个内容。

二 人口行政行为的分类

根据不同标准，对人口行政行为作不同的分类。对人口行政行为分类不仅有利于认识各种人口行政行为的特征，而且也有利于分析各种人口行政行为的特殊有效构成要件，以不同标准认定不同人口行政行为的合法性。

（一）抽象人口行政行为与具体人口行政行为

人口行政行为的对象按是否特定，可分为抽象人口行政行为和具体人口行政行为。

抽象人口行政行为，是指行政主体以不特定的人或事为对象所实施的人口行政行为。抽象人口行政行为一般以人口和计划生育等规范性文件的形式表现出来，既包括人口行政立法，如国务院制定的人口和计划生育等行政法规，国家卫生和计划生育委员会制定的部门规章，省级政府、省会市政府及国务院批准的较大的市政府制定的人口和计划生育方面的政府规章等；也包括其他的人口和计划生育等规范性文件，如一般市、县政府及其人口和计划生育部门发布的其他具有普遍约束力的人口和计划生育等方面的决定、命令；抽象人口行政行为还可能以非规范性文件表现出来，如行政主体发布的针对不特定人或事的通常一次性适用的人口和计划生育等方面的决定、决议或通知等。

具体人口行政行为，是指行政主体以特定的人或事为对象所实施的人口行政行为。具体人口行政行为一般包括人口行政许可行为、人口行政确认行为、人口行政奖励行为、人口行政征收行为、人口行政给付行为、人口行政裁决行为等。其主要体现为书面形式的人口行政决定，如社会抚养费征收决定书、行政强制执行书等；也有非书面形式的人口行政决定，如口头警告、紧急措施等。

抽象人口行政行为与具体人口行政行为的主要区别有如下几个。

首先，抽象人口行政行为针对的对象是不特定的多数人（大多数处于育龄期的夫妻）或事（如孕前优生健康检查等），而具体人口行政行为针对的对象是特定的人或事。

其次，抽象人口行政行为一般针对将要发生的事项（属于事前控制措施），而具体人口行政行为多针对已经发生的事项（属于事中控制、事后控制措施）。

最后，抽象人口行政行为的主体有较严格的限制，而且多为国家、省级等较高层次的主体，特别是行政立法的主体须是法定的有权主体——国务院及其部委和省级政府；而具体人口行政行为的主体没有特别限制，任何有资格的行政主体均可依法作出具体人口行政行为，而且一般情况下以县、乡等较低层次的主体居多。

在一般情况下，抽象人口行政行为和具体人口行政行为的分界清楚。如国务院制定人口和计划生育等行政法规、省级政府制定人口和计划生育等方面的行政规章行为均属抽象人口行政行为；而行政主体依法征收社会抚养费，采取行政强制措施等行为则为具体人口行政行为。但在某些情况下，对划分抽象人口行政行为和具体人口行政行为存在一定困难，主要是怎样区别对象的特定与不特定。在具体案件的判断中，应根据情况具体分析，既要有利于对公民、法人或其他组织合法权益的保护，也要有利于人口和计划生育等公共利益。

将人口行政行为划分为抽象人口行政行为和具体人口行政行为，在人口行政法制实践中，特别是在人口行政诉讼中意义非凡。在确定受案范围时，行政诉讼法采用了抽象行政行为和具体行政行为的分类，我国行政诉讼只能针对具体行政行为，抽象行政行为是不可诉的。《关于贯彻执行〈中华人民共和国行政诉讼法〉若干问题意见（试行）》（最高人民法院，1991年5月29日通过）的第1条规定：具体行政行为是指国家行政机关和行政工作人员、法律法规授权的组织或者个人在行政管理活动中行使职权，针对特定的公民、法人或其他组织，就特定的具体事项，作出有关该公民、法人或其他组织义务的单方行为。

（二）羁束人口行政行为与自由裁量人口行政行为

按行为受法律规范拘束程度的不同，人口行政行为可分为羁束人口行政行为和自由裁量人口行政行为。

羁束人口行政行为，是指由人口和计划生育等法律法规对人口行政行为的范围、条件、形式、程度、方法等都作了详细、明确而具体的规定，行政主体只能依据人口和计划生育等法律法规的规定，不能自行选择裁量而做出人口行政行为。在做出羁束人口行政行为时，行政主体须严格依照人口和计划生育等法律法规的规定，不能自行斟酌、选择或判断，不能将自己的意志参与其间。例如，人口和计划生育行政机关依法征收社会抚养费，须严格按照国务院《社会抚养费征收管理办法》计算征收数额，而不能自行变动、多征或少征。

自由裁量的人口行政行为，是指人口和计划生育等法律法规对人口行政行为的范围、条件、形式、程度和方法等未作详细、具体而明确的规定，行政主体可在人口和计划生育等法律法规规定的幅度或范围内，或在符合立法目的和原则的前提下，根据具体情况自行选择、裁量所做出的人口行政行为。

羁束人口行政行为和自由裁量人口行政行为的划分，主要依据法律条文的内容来确定。当法律条文有明确具体规定时，为羁束人口行政行为，否则为自由裁量人口行政行为。

但羁束人口行政行为和自由裁量人口行政行为的划分并不绝对。一般而言，在羁束人口行政行为中通常也存在一定的自由裁量成分。而人口和计划生育等行政机关做出的自由裁量人口行政行为，并非没有任何限制。在自由裁量人口行政行为中，肯定存在一定的羁束因素，如人口和计划生育等法律法规通常规定了行政主体自由裁量的范围，或在人口和计划生育等法律法规授权时规定了一定的授权目的、原则，行政主体在做出自由裁量人口行政行为时，不能违背人口和计划生育等法律法规授权的目的，也不得超出法定的自由裁量范围。

区分羁束人口行政行为和自由裁量人口行政行为意义有以下几个方面。

一是在人口行政管理实践中，对不同种类人口行政行为的要求不同。行政主体在做出羁束人口行政行为时，须严格依法实施；而在做出自由裁量人口行政行为时，则可在不违反法律目的和超出法定范围前提下，自行决定人口行政行为的内容、程序和方法。

二是在人口行政诉讼中，对不同种类人口行政行为的司法审查不同。行政诉讼法规定，法院对具体人口行政行为的合法性审查，一般不对人口行政行为作合理性审查。因此，对羁束人口行政行为，法院须全面审理，如人口行政行为违法，即可予以撤销；而对自由裁量的人口行政行为，法院一般不予审查，只在人口行政处罚显失公平时才有权予以变更。

（三）依职权人口行政行为与依申请人口行政行为

按行为启动方式的不同，人口行政行为可分为依职权人口行政行为和依申请人口行政行为。

依职权人口行政行为是指由行政主体依法定职权主动实施而无须行政相对人申请启动的人口行政行为，又称主动的人口行政行为或积极的人口行政行为。例如，人口和计划生育行政机关依法对违反生育政策法规的相对人征收社会抚养费等。

依申请人口行政行为是指行政主体须根据行政相对人的申请才能实施的人口行政行为，又称被动的人口行政行为或消极的人口行政行为。例如，人口和计划生育行政机关颁发生育保健服务证、发放计划生育特殊困难家庭救助金等，均以行政相对人的申请为前提条件，即行政相对人的申请是人口行政行为开始的先行程序。当然，相对人的申请并非此种行为成立的唯一条件，如果其申请不符合法定要求，行政主体可不予受理，也可在受理后对不具备法定条件的相对人作出拒绝答复。

依职权人口行政行为和依申请人口行政行为的确定，是以人口和计划生育等法律法规的预先规定为依据。一般而言，依职权的人口行政行为通常是行政主体为维护国家人口和计划生育公共秩序与公共利益，而为行政相对人设定某种义务的行为。依申请的人口行政行为通常为受益行为，行政主体通过批准或许可相对人实施某种行为或免除某种义务，赋予或保护行政相对人某种特定权益。

区分依职权人口行政行为和依申请人口行政行为意义在于：明确不同种类人口行政行为的不同行为规则。

依职权的人口行政行为，只要有法定事实的发生，行政主体便能为之，同时也须为之，对于这种主动的人口行政行为而言，行政主体应实施而未实施即为失职。

依申请的人口行政行为则须以行政相对人的申请为前提，只要有相对人的申请，行政主体就负有一定的作为义务，须认真审查，凡符合法定条件的即应予以办理，若不符合法定条件或因其他原因不能满足相对人申请的应及时通知相对人。

（四）要式人口行政行为与非要式人口行政行为

按行为是否须具备法定的形式为标准，人口行政行为可分为要式人口行政行为和非要式人口行政行为。

要式人口行政行为，是指人口和计划生育等法律、法规规定须具备某种方式或形式，才能产生法律效力的人口行政行为。例如，再生育许可须颁发生育保健服务证，社会抚养费征收须制作依法征收决定书等。人口和计划生育等法律法规规定的"方式"或"形式"包括书面形式及名称、特定格式、加盖公章和行政首长签署等。

非要式人口行政行为，是指人口和计划生育等法律法规未规定行为的具体方式或形式，行政主体可自行选择和采用适当的方式或形式，并产生法律效力的人口行政行为。例如，在人口和计划生育等行政实践中，如遇到疫情等公共卫生紧急或危急情况，行政主体经常采取非要式方式来实施人口行政行为。在非要式人口行政行为中，行政主体的意思表示不须具备一定的方式或形式，可用口头（含电话）、书面（含网络），或其他行政主体认为适当的形式。

要式人口行政行为和非要式人口行政行为的确定，须以人口和计划生育等法律法规的具体规定为依据。要式人口行政行为由法律法规明确规定，非要式人口行政行为则由行政主体在其法定职权范围内自行决定。按照依法行政要求，绝大多数人口行政行为须以要式方式作出，只有通过法定程序或形式来约束和规范行政主体的人口行政行为，才能更好地保护相对人合法权益。此外，也存在一些非要式的人口行政行为，例如对相对人的权利义务并无影响或影响极小的行为，紧急情况下行政主体可采取非要式的人口行政行为。

人口行政行为这种分类的划分意义在于：便于法律对不同的人口行政行为作出不同的要求，以保障人口行政行为的有效性和严肃性。对于要式的人口行政行为，法院可通过审查其程序或方式是否符合法律法规的规定来确定其行为的合法性，对程序或方式不合法的行为有权予以撤销；而对于非要式的人口行政行为，通常不能以其程序或方式不当为由予以撤销。

（五）人口行政行为的其他分类

人口行政行为还可按其他标准分类。

1. 附款人口行政行为和无附款人口行政行为

按行为的生效是否有限制条件为标准，人口行政行为可分为附款人口行政行为和无附款人口行政行为。

附款人口行政行为是指附加生效条件的人口行政行为。例如，在生育保健服务证颁发行为中，人口和计划生育行政机关在批准其生育保健行为时，对其在生育时间范围等方面附加了一定限制，相对人只在此时间范围内依法生育才具有法定效力，否则，需要重新申领。通常来讲，这些限制性条件包括时间条件（包括始期和终期条件）、期限条件等。

无附款人口行政行为是指不附加任何限制条件就能立即生效的人口行政行为。例如，依法征收社会抚养费即为无附款的人口行政行为，它只要符合法定标准和要求即可生效，而无须其他条件限制。

2. 外部人口行政行为和内部人口行政行为

按行为所针对的对象与行政主体是否有行政隶属关系为标准，人口行政行为可分为外部人口行政行为和内部人口行政行为。

外部人口行政行为是指行政主体对社会上的公民、法人或其他组织所实施的人口行政行为，如人口行政征收、人口行政许可等。内部人口行政行为是指行政主体对其系统内部的行政组织和公务员所实施的人口行政行为。例如上级人口行政机关对下级人口行政机关工作的检查与监督，人口行政机关对公务员的奖励和惩处等。

3. 单方人口行政行为和双方人口行政行为

按参与行政行为意思表示的主体是单方还是双方为标准，人口行政行为可分为单方人口行政行为和双方人口行政行为。

单方人口行政行为是指以行政主体单方意思表示即可产生法律效力的人口行政行为。绝大部分的人口行政行为均为单方人口行政行为，例如人口行政征收、人口行政许可等，这些行为只须行政主体单方面的意思表示就能依法成立，无须取得相对人的同意或认可。双方人口行政行为是指行政主体与行政相对人共同协商、双方意思表示一致才能有效成立的人口行政行为。例如计划生育行政合同或人口和计划生育行政委托等。

第三节 人口行政行为的成立与合法要件

一 人口行政行为的成立

人口行政行为的成立指人口行政行为在完成其法定程序，具备相应法定要件后正式对外发生法律效力。

（一）抽象人口行政行为的成立要件

1. 经相应人口和计划生育等行政机关讨论决定

由于《中华人民共和国国务院组织法》第 4 条规定"国务院工作中的重大问题，必须经国务院常务会议或者国务院全体会议讨论决定"，因此，国务院常务会议或全体会议讨论决定人口和计划生育等行政法规。根据《中华人民共和国地方各级人民代表大会和地方各级人民政府组织法》第 60 条规定，享有规章制定权的地方人民政府制定规章，"须经该级政府常务会议或者全体会议讨论决定。未经常务会议或全体会议讨论的，应认为不具备成立要件，不能正式对外产生法律效力。

人口和计划生育等行政机关制定部门规章（国家卫生和计划生育委员会）和政府规章（有权的地方政府，如省级政府）等均属重大问题。目前，法律、法规尚未规定一定的会议讨论决定程序，但在人口和计划生育等行政实践中，部门规章和政府规章大多是经过人口和计划生育行政机关的委（局）务会议或全体会议讨论。未经委（局）务会议或全体会议讨论的，应认为不具备成立要件。如果将来制定行政程序法，则在行政立法程序中，应统一规定行政法规、国务院部门规章和地方政府规章的相应会议讨论审议程序。行政立法既有立法性，须经相应会议讨论、审议；又有行政性，保障行政首长负责制原则的实现，不宜规定行政立法实行表决通过程序。因此，人口和计划生育行政机关的会议只对人口和计划生育行政立法讨论，会议成员可充分发表意见，但不表决。行政首长认为相应人口行政立法适当、可行，即签署发布，认为不当或不可行，即予以搁置。其签署发布或不签署发布完全以行政首长自己的权衡、裁量为依据（尽管这种权衡、裁量必然要受到会议成员各种意见的影响），而不以会议成员持赞成意见和持反对意见的人数为依据。

至于制定除行政法规、规章以外的其他人口和计划生育规范性文件（一般为市县级政府），通常经人口和计划生育行政机关办公会议讨论即可，不一定经相应政府的常务会议或全体会议正式讨论、审议。

2. 经行政首长签署

《中华人民共和国国务院组织法》第 5 条规定，国务院发布行政法规,由总理签署;《国务院办公厅关于改进行政法规发布工作的通知》第1条规定"国务院发布行政法规,由国务院总理签署发布令"。国务院部委规章(如国家卫生和计划生育委员会的部门规章)和地方政府规章均须相应行政首长签署才能对外发生法律效力。因此,行政首长签署是人口行政立法和其他抽象人口行政行为成立的重要要件。没有行政首长的签署,抽象人口行政行为不能对外发生法律效力。

3. 公开发布

抽象人口行政行为成立的另一要件是公开发布。《国务院办公厅关于改进行政法规发布工作的通知》第3条规定,"经国务院总理签署公开发布的行政法规,由新华社发稿,《国务院公报》、《人民日报》应当全文刊载"。

目前,法律法规尚未对国务院部委规章和地方政府规章的发布规则及载体统一规定,但根据实践,部门规章多以相应部委的正式文件发布,重要的登载于《国务院公报》《法制日报》等刊物。而地方政府规章则以相应地方政府的正式文件形式发布,其中重要的登载于相应地方重要报刊,如甘肃省的规章通常登载于《甘肃政报》《甘肃日报》等。

总之,抽象人口行政行为不论采取何种形式,均须公开发布,让所有受相应抽象人口行政行为拘束的人知晓,否则不能对外发生法律效力。

(二)具体人口行政行为的成立要件

1. 行政主体作出人口行政决定

具体人口行政行为一般为行政决定形式。

无论是行政主体采取人口行政征收措施,还是颁发或拒绝颁发再生育保健服务证,要求相对人履行禁止非医学需要的胎儿性别鉴定和选择性别的人工终止妊娠、孕前优生健康检查和配合、协助行政主体完成人口行政征收等义务,均应作出一个行政决定(名称上有时可能不是"行政决定")。

不论人口行政决定采取何种形式，均为行政主体正式向行政相对人实施的一种可产生法律效力的意思表示。行政主体此种正式意思表示是具体人口行政行为成立的必要要件。

只有相应具体人口行政行为准备就绪，即行政主体已形成确定的意见和对外正式意思表示（行政决定）后，相应具体人口行政行为才能正式成立。

合法的具体人口行政行为须以正式的行政决定作为其成立要件。只要正式行政决定尚未作出（或行政主体不准备作出），但其行为已损害到相对人合法权益时，该具体人口行政行为才不要求以行政决定作为成立要件。

2. 人口行政决定已送达行政相对人

具体人口行政行为的成立，不仅要求行政主体作出正式人口行政决定，而且要求行政主体在法定期限内将人口行政决定文书送达行政相对人。

行政送达方式主要有四种。

①当面送达。当面送达是行政主体将人口行政决定文书直接送交受送达人（送达场所包括行政机关所在地、受送达人住所地或其他场所），由受送达人在送达回证上记明收到的日期，并签名或盖章。受送达人是个人的，本人不在，可交他的同住成年家属签收；受送达人是组织的，应交其法定代表人或该组织负责收件的人签收。

②留置送达。留置送达是指受送达人或他的同住成年家属拒绝接受人口行政决定文书，行政主体邀请有关基层组织或所在单位的代表到场，说明情况，在送达回证上记明拒收事由和日期，由送达人、见证人签名或盖章，把人口行政决定文书留在受送达人的住所，视之为送达。

③邮寄送达。邮寄送达是指行政主体向行政相对人直接送达人口行政决定文书有困难，通过邮局邮寄送达。邮寄送达回执上注明的收件日期为送达日期。

④公告送达。公告送达是指受送达人下落不明，或采用当面送达、留置送达、邮寄送达均无法送达的，行政主体将人口行政决定有关内容予以公告。公告送达通常确定一个期限（民事法律文书公告送达期为60日），期限一到即视为送达。

3. 行政决定文书已为行政相对人受领

具体人口行政行为成立的要件之一是人口行政决定文书已为行政相对人受领。行政主体作出决定后，应在法定期限内将人口行政决定文书送达相对人，并通过一定方式确认为相对人所受领。人口行政决定只有在相对人受领后才能正式成立。

确认行政相对人受领的规则是：对于当面送达的人口行政决定文书，受送达人签收即视为受领；留置送达以送达人将人口行政决定文书留置于受送达人住所，并在回执上记明受送达人拒收理由、日期，而视为相对人受领；邮寄送达以回执上注明的收件日期视为相对人受领日期；公告送达则将公告确定的一定期限届满的日期视为相对人受领的日期。

总之，具体人口行政行为一般都要经过：决定、送达、受领等程序，才能正式成立，对外产生法律效力。

有些违法的具体人口行政行为，部分或者完全不具备上述三要件，但相应行为已实际损害了相对人的合法权益，此种具体人口行政行为应视为已经成立。

二 人口行政行为的合法要件

人口行政行为合法要件不同于人口行政行为的成立要件，已正式成立的人口行政行为不一定是合法的。违法的人口行政行为经过相应法定程序，具备有关要件后，亦能对外产生法律效力。除非该违法行为的违法程度极为明显、重大，否则行政相对人仍要受该行为的约束（不停止执行）。因为人口行政行为的成立，源于法律对人口行政行为合法性的一种设定，即人口行政行为一经作出，就具备相应要件，即假定其合法，行政相对人须遵守、服从。

由于法律只授予了有关国家机关法律效力的判断权，因此，对人口行政行为合法性的判断权只掌握在有关国家机关手中。对于行政相对人来说，任何人口行政行为一旦作出，均应视为合法，以合法行为对待（明显重大违法除外）。例如，相对人认为该人口行政行为违法，则应请求有关国家机关（如权力机关、上级行政机关、行政复议机关、法院等）确认。

在审查各种不同人口行政行为的合法性时，既要考虑一般性要件，也要兼顾各相应行为具体合法性的特殊性标准。

人口行政行为的合法要件，主要概括为以下几个。

（一）行政行为主体合法

人口行政行为合法，首先要求行为主体合法。行为主体合法的具体要求有以下几个。

1. 行为主体是行政主体

人口行政行为须由行政主体实施，其他国家机关、社会组织、团体、企事业单位都无权作出人口行政行为。有时人口和计划生育部门等国家行政机关，与其他国家机关或社会组织、团体、企事业单位联合实施某一种行为（例如联合实施打击非医学需要的胎儿性别鉴定和选择性别的人工终止妊娠的行为），即联合发布某一规范性文件或非规范性文件等。如果这种行为有法律依据，且符合人口和计划生育等行政机关的职权范围，应视为人口行政行为；但如果行政相对人对此行政行为不服，申请复议或提起行政诉讼，只能以人口和计划生育等行政机关为行政复议的被申请人和行政诉讼的被告，其他机关、组织只能作为第三人。

行政主体的行政职权是法定的。因此，人口和计划生育等行政机关与其他国家机关或社会组织、团体等单位联合行为只有在某种特别状况下才可实施，而且须严格依法实施。

若要确定人口行政行为的行为主体是否合法，则须审查人口行政行为的实施者。如果是人口和计划生育行政机关，只要审查该行政机关是否有相应组织法依据；如果是法律法规授权的组织，则要审查法律、法规是否授予了该组织以相应权限；如果是人口和计划生育行政机关、法律法规授权组织的工作人员，则要审查这些人员是否为该机关、组织的工作人员，是否受人口和计划生育机关、组织所派遣实施相应行为；如果是人口和计划生育行政机关委托的组织或个人，则要审查该人口和计划生育行政机关是否有此委托，有无委托书或其他证据，被委托者的行为是否超出了委托范围。

总之，要确定人口行政行为的主体合法，须确定该行为是否为行政主体所为，行为实施者是否代表行政主体，根据行政主体指派或委托实施相应行为。

2. 人口行政行为在行政主体的职权权限范围内

人口行政行为主体合法，除了人口行政行为主体须是行政主体以外，人口行政行为主体的行为须是在其职权权限范围以内。如果行政主体的行为超出了职权权限范围，其实施的人口行政行为属于越权行为。例如，人口和计划生育行政机关行使了民政机关的老龄工作等职权，法律法规授权的组织行使了法律法规未授予应由人口和计划生育行政机关行使的职权，人口和计划生育行政机关委托的组织、个人行使了该机关未委托应为人口和计划生育行政机关本身行使的职权等。

3. 应集体决定的，须通过相应会议讨论，且出席人数达到法定数量

有些人口行政行为须通过集体决策，依法由一定会议讨论决定，然后经行政首长签署，才能对外发生法律效力。如果法律、法规对相应人口行政行为有此规定，人口行政行为的作出则须通过会议讨论，而且相应会议须有法定人数出席，才能视为相应行政主体的行为。

（二）人口行政行为内容合法

人口行政行为内容合法，主要包括以下几个。

1. 人口行政行为有事实根据，证据确凿

人口行政行为应以事实为根据，以法律为准绳。人口行政行为内容合法，须以事实根据为前提。例如，行政主体实施社会抚养费征收行为，须有行政相对人实施违法生育行为的事实；行政主体拒绝给申请生育保健服务证的相对人颁发服务证，须有相对人不符合取得生育保健服务证法定条件的事实等。行政主体作出相应人口行政行为，不仅要有事实证据，而且此事实证据应确凿，而非推理、想象。

2. 正确适用了法律、法规、规章和行政规范性文件

事实根据和法律根据是人口行政行为内容合法的基础。在经过实地调查、询问等获取了充分的事实材料和确凿证据后，人口行政行为的关键环节为正确适用法律。适用法律既包括适用全国人大和人大常委会制定的法律，又包括适用从属于法律的行政法规、部门规章、政府规章和其他行政规范性文件。

所谓正确适用就是正确把握法律规范的效力等级，先适用高效力层级的法律规范，然后再适用低效力层级的法律规范。此外，行政主体应在人口和计划生育等法律规范中选择与解决相应问题相适应的现行有效的法律规范。同时，应全面适用法律规范。对某一人口行政行为，如果有几个法律规范同时对之调整，行政主体应同时适用所有法律规范。

3. 人口行政行为目的合乎立法目的

人口行政行为合法，则行为内容须合法。除人口行政行为须有事实根据、证据确凿和正确适用法律等要求（属于客观性要求）外，其行为还须合乎立法目的（属于主观性要求）——对行为者主观动机、目的的要求。

行政主体实施相应人口行政行为，是为了实现相应人口立法所欲达到的目的，而不应通过人口和计划生育行政职权的行使达到以权谋私等目的，例如为某些利益关系人谋取某种私利等。如果行政主体实施某种人口行政行为的目的，非出于实现相应人口立法目的，而是为了实现自身某种个人动机，则其行为就是滥用职权。滥用职权行为的实质内容违法，但在外在形式上可能合法。例如，人

口和计划生育行政机关为了从申请人处获取财物，给不符合法定条件的相对人颁发生育保健服务证，或者不遵循法定程序给申请人颁发生育保健服务证等。

（三）人口行政行为程序合法

行为程序合法不仅是行为实体合法的保障，而且也是行为实体合理、公正的保障。虽然人口行政行为实体合法、合理、公正，不完全取决于行为程序合法，但行为程序是否合法对行为实体合法、合理、公正影响极大。

现行法律均重视程序。行政程序规范和行政实体规范成为调整行政主体行使行政职权的法律规范系统的组成部分。因而，现代行政行为合法的要件不仅包括实体要件，而且包括程序要件。

人口行政程序合法的要件，主要包括以下几个。

1. 人口行政行为符合法定方式

人口行政行为形态迥异，法律、法规针对其特殊性，规定了各自不同的方式。但某些行为方式为各种人口行政行为共有，需所有人口行政行为共同遵循。

行政程序法通常规定各种行政行为共有的行政程序规则和制度，在人口行政管理法律文件中则规定各种不同人口行政行为的具体程序、规则、制度。人口行政行为符合法定方式，就是符合共有的行政程序规则和制度。例如，人口行政行为公开的规则、制度，公众参与的规则、制度，公民获取人口和计划生育行政信息的规则、制度，以及有关人口行政听证等规则、制度。如果人口行政行为违反这些法定规则、制度，则属于违法的人口行政行为。目前，我国尚未制定统一的行政程序法，人口行政行为的方式主要由具体人口和计划生育等法律法规规定。

2. 人口行政行为符合法定步骤、顺序

人口行政行为方式合法，是人口行政行为程序合法的横向要求，而人口行政行为程序合法的纵向要求则是行为步骤（人口行政行为应经过的过程、阶段、手续）、行为顺序（人口行政行为各步骤的先后次序）合法。例如，行政主体依法征收社会抚养费，首先要立案；然后要调查、取证；之后要听取被征收人的申辩或举行听证；再之后要作出正式征收决定；最后要将征收决定书送达被征收人和为被征收人受领（简易程序可省略某些步骤）等。法律法规对人口行政行为的有些步骤没有严格顺序要求，行政主体根据自身裁量，可自行确定先实施某一步骤，后实施某一步骤。但是有些人口行政行为步骤，法律却有严格的顺序要求，例如，社会抚养费征收应先调查取证，后裁决；生育保健服务证先受理申请，后审查，再发证等。行政主体须严格遵循，违反此种顺序就是违反法定程序，使相应人口行政行为成为违法人口行政行为。

3. 人口行政行为符合法定时限

法律对人口行政行为时限的规定，目的是保障人口行政效率（保障行政公正和法定行为步骤顺序）。如果没有法定时限，人口行政行为就可能拖延耽搁，给国家人口和计划生育公共利益造成损害，也给公民个人、组织的权益造成损害。因而，坚持法定时限要求，对人口行政行为非常必要。违反法定时限要求的人口行政行为是违法人口行政行为，行政相对人对违反法定时限的人口行政行为可请求撤销。如果相应行为造成了行政相对人的损失，相对人还可申请行政赔偿。

第四节 人口行政行为的效力

一 人口行政行为效力的构成

人口行政行为效力由确定力、拘束力和执行力构成。

（一）人口行政行为的确定力

人口行政行为的确定力是指人口行政行为一经作出，除非有重大、明显违法情形，即发生法律效力，非经法定程序不得任意变更或撤销。其含形式上的确定力（人口行政行为一旦作出，相对人不得任意擅自改变或任意请求改变该行政行为）和实质上的确定力（人口行政行为一经作出，行政主体非经法定程序不得任意改变或撤销）。

形式上的确定力，即人口行政行为是行政主体代表国家作出，是国家意志的体现。行政主体的人口行政行为一般涉及国家人口和计划生育公共利益，一经实施就具有一定权威性和法定的效力。对已经实施的人口行政行为，相对人有服从义务。当相对人不服从人口行政行为时，其意思表示并不直接否定该行政行为的效力。相对人只能在人口行政行为成立的一定期限内，依法向本级政府或上一级人口行政机关申请行政复议或向法院提起行政诉讼，请求审查和撤销该行政行为，但在复议或诉讼期间不停止人口行政行为的执行。

实质上的确定力，即人口行政行为是行政主体代表国家意志对社会实施的人口和计划生育行政管理的行为，不能任意实施，但是实施后不能随意变更或撤销，应保持人口和计划生育行政管理的连续性与稳定性。人口行政行为确定力目的在于防止行政主体任意变更已经实施的行政行为，导致行政相对人权益的损害。但是，如果行政主体或其上级机关发现人口行政行为违法或不当时，可依法定程序作出变更或撤销人口行政行为的决定。

人口行政行为具有的确定力是一种相对确定力，其并不意味着人口行政行为绝对不可变更。在其具有重大或明显违法情形时，该人口行政行为自实施时起即无效。人口行政行为有一般违法或不当情形时，经法定程序如行政复议、行政诉讼后可变更或撤销。如果非行政相对人过错造成人口行政行为违法或不当，行政主体对因变更或撤销原人口行政行为而给相对人带来的损害应予赔偿，相对人因原人口行政行为而已经取得的利益，一般不被收回。但是，如果是因相对人过错而引起人口行政行为违法或不当，行政主体不仅不承担因变更或撤销人口行政行为而给相对人带来的损害，而且还应收回相对人因原行为而取得的利益。如果原人口行政行为给国家、社会造成一定的损害时，相对人还须负赔偿责任。

(二) 人口行政行为的拘束力

人口行政行为的拘束力是指人口行政行为生效后，所具有的约束、限制行政相对人的法律效力。人口行政行为是具有国家意志的行为，其一经实施即对相对人具有约束力，相对人须遵守并实际履行人口行政行为规定的义务，否则将引起相应的法律后果。这种拘束力不仅及于行政行为的直接对象即直接相对人，还及于与之有利害关系的个人、法人或组织，即间接相对人。例如，行政主体作出社会抚养费征收决定后，该被征收人即应按时缴纳应缴的抚养费。

人口行政行为成立后，不仅对该行为的相对人具有拘束力，而且对该行政主体及其他行政主体和行政工作人员亦有相应的拘束力。在人口行政行为成立后和被依法改变或撤销之前，相对人均有遵守和执行该行为的义务，即都受该行为的拘束。例如，民族区域自治地区人口和计划生育行政部门决定在本辖区执行特殊生育政策，在这一区域内所有符合条件的个人和单位均须实际履行，含本区域内的其他组织、单位。

(三) 人口行政行为的执行力

人口行政行为的执行力是指人口行政行为生效后，行政相对人须实际履行人口行政行为确定的义务，如果其拒绝履行或拖延履行，行政主体可依法采取必要手段或申请法院强制其履行。

人口行政行为的执行力与其拘束力关系紧密。一方面，拘束力是执行力的前提，人口行政行为对行政相对人具有拘束力，故相对人必须履行；相对人拒绝履行或没有法定原因拖延履行时，行政主体可采取措施促使相对人履行，以实现该人口行政行为的目的。另一方面，执行力是拘束力的保障，没有执行力保障，人口行政行为难以实现其拘束力。

人口行政行为的执行力表现为自行执行力（人口行政行为要求相对人自觉履行该人口行政行为确定义务的法律效力）和强制执行力（在相对人拒绝履行或拖延履行人口行政行为确定的义务

时，行政主体依法采取强制措施或申请法院强制相对人履行该义务）。

通常行政相对人均能自觉履行其义务，但是，行政主体的强制执行力必不可少，没有必要的强制，国家人口和计划生育行政管理的职能就可能无从实现，社会和经济秩序就可能混乱。

原则上，人口行政行为的执行力是不能中止的，除非相应人口行政行为经法定程序被确认无效或予以撤销。

二 人口行政行为的无效、撤销与废止

（一）人口行政行为的无效

人口行政行为的无效是指人口行政行为具有明显或重大违法情形，自始至终不产生法律效力。

1. 人口行政行为无效条件

人口行政行为具有如下情形的，可视为无效人口行政行为，行政相对人可以其无效为由拒绝执行，有权机关亦可宣布该行为无效。

①行政主体不明确或行政主体严重超越职权，或受胁迫而作出的人口行政行为。例如，县级人口和计划生育行政部门在执行公务时不表明身份，在征收社会抚养费等行政决定书上不明确相应行政主体身份，即不署法定主体的名称，不加盖行政主体的印章，使行政相对人无从确定该人口行政行为主体，则该人口行政行为为无效行政行为。行政主体严重超越职权的行为也是无效人口行政行为，例如，县级人口和计划生育行政部门吊销个体经商户营业执照，对违法个体经商户行政拘留等均为显而易见的越权行政行为，因而均属无效行为。行政主体因受胁迫、欺骗而作出的人口行政行为自始不发生法律效力，例如，县级人口和计划生育行政部门因相对人的欺骗行为而错误地颁发了计划生育技术服务机构执业许可证，或者因相对人的暴力威胁而被迫颁发了生育保健服务证等，均属无效的人口行政行为。

②人口行政行为有重大或明显违法情形。例如，县级人口和计划生育行政部门作出撤销相对人计划生育技术服务机构执业许可证的决定，并在决定书中明确当事人不服其决定的，应向法院提起行政诉讼，而不能申请行政复议。县级人口和计划生育行政部门的这一行政行为明显是违反行政复议法的有关规定，是无效的行政行为。

③人口行政行为有犯罪情形或将导致相对人犯罪的。例如，人口和计划生育行政部门命令相关人员对相对人使用暴力等手段，造成相对人生命或健康威胁，而这种伤害公民生命权、健康权的行为即为犯罪行为，故为无效的行政行为，有关人员可拒绝执行。

④人口行政行为没有可能实施。例如，县级人口和计划生育行政部门要求某乡镇在一周内完成所有育龄妇女生殖健康检查，而该项活动所需的正常工作量至少是半个月，因而，该行政命令是绝对无法实现的，这种根本不可行的人口行政行为也是无效行政行为。

2. 人口行政行为无效的法律结果

①被确认为无效的人口行政行为自始至终不发生法律效力，被该人口行政行为改变的状态应尽可能恢复到行为前的状态。

②行政相对人不受无效人口行政行为的拘束，可自行决定不履行该行为设定的义务，并不承担法律责任。同时，行政相对人还可在人口行政行为作出后的任何时间对该行为提出异议，申请有权机关审查，并要求撤销该人口行政行为。

③有权的国家机关，如权力机关、司法机关或人口和计划生育行政机关及其上级行政机关，可在任何时候审查并宣布相应人口行政行为无效，而不受时效限制。

④行政主体因该无效人口行政行为而取得的一切利益（如行政征收的财物等）均应返还相对人，并对因此而给相对人带来的损失承担赔偿责任。同时也应收回因该人口行政行为而给予相对人的权益，如果相对人无过错，应对之进行适当的补偿。

（二）人口行政行为的撤销

人口行政行为的撤销是指对已经发生法律效力的人口行政行为，如发现其违法或不当，由有权机关予以撤销，使相应人口行政行为失去法律效力。

1. 人口行政行为撤销的条件

①人口行政行为不具备合法要件。合法人口行政行为的成立要件包括主体合法、内容合法及程序合法。如果某一人口行政行为在上述要件方面存在一定缺陷时，则该人口行政行为为可撤销的行为。

②人口行政行为不适当。不适当的人口行政行为可能是不合法的人口行政行为，也可能是合法但不合理的人口行政行为，即该人口行政行为内容不公正、不符合当前的国家政策、不合乎社会道德等。人口行政行为不适当，一般情况下应由县级以上人口和计划生育行政机关来撤销。

2. 人口行政行为撤销的法律后果

①人口行政行为通常自被撤销之日失去法律效力。可撤销的人口行政行为不同于无效的人口行政行为，无效的人口行政行为始终无效，而可撤销的行政行为通常只有在其被撤销后才失去法律效力。根据相对人过错情况或社会公共利益的需要，撤销的效力可一直追溯到人口行政行为作出之日。

②如果人口行政行为是因行政主体的过错而被撤销的，那么，因人口行政行为被撤销而给相对人带来的一切损失，行政主体应予赔偿。如果人口行政行为是因相对人的过错而被撤销的，则由相对人对因撤销人口行政行为而带来的损失自行负责，行政主体也应对通过该行为已经给予相对人的利益予以收回。如果是由行政主体及行政相对人的共同过错而引起人口行政行为被撤销，则由相对人依其过错程度适当承担法律责任，行政主体及其工作人员也应对导致人口行政行为撤销的本身过错承担一定责任。

（三）人口行政行为的废止

人口行政行为的废止是指已发生法律效力的人口行政行为，因具有法定情形而依法定程序宣布废止，使其失去法律效力。

1. 人口行政行为废止的条件

人口行政行为具有确定力，一经实施即不得随意废止，只有在具备以下条件之一时，才能被废止。

①相关法律、法规、规章或政策被修改、废止或撤销。作出人口行政行为时所依据的人口等法律文件或国家人口政策，根据需要而被有权机关依法修改、废止或撤销，使该人口行政行为失去继续存在的根据，有权机关须废止原人口行政行为。

②实际情况发生重大变化。由于人口行政行为所针对的客观情况发生变化，使该人口行政行为失去继续存在的意义，或原人口行政行为的继续存在将有碍社会、政治、经济、文化等事业发展时，有权机关应废止该人口行政行为。

③原定任务或目标已经完成。人口行政行为既定的内容已经得到实现，因而该行为的继续存在已没有必要，相应人口行政行为应予废止。

2. 人口行政行为废止的法律后果

①被废止的人口行政行为自废止之日起失去效力，被废止以前的行为及结果仍然有效。在该人口行政行为被废止前，行政主体通过该行为给予相对人的利益不应收回，相对人已完成的义务也无权要求补偿。

②人口行政行为因其法律或政策依据变化而引起废止时，如果这种废止给相对人带来较大损失时，行政主体应予以适当补偿。

第六章 人口行政立法

第一节 人口行政立法概述

一 人口行政立法的概念

有学者认为"人口行政立法"指所有有权国家机关制定调整人口行政关系的法律、法规和规章的活动，或仅指全国人民代表大会及其常务委员会制定人口和计划生育等行政法律的活动。有学者认为"人口行政立法"指国家人口和计划生育行政机关或者地方政府根据法定权限、遵循法定程序制定人口行政法规和人口行政规章的活动。

应从以下三个层次理解人口行政立法。

首先，人口行政立法的主体是依法享有人口行政立法权的国家行政机关。目前，我国具有法定人口行政立法权的国家行政机关有：国务院、国家卫生和计划生育委员会，省、自治区、直辖市人民政府，省、自治区人民政府所在地的市和经国务院批准的较大的市以及经济特区的人民政府。

其次，人口行政立法是各人口行政立法主体根据法定权限、遵循法定程序所实施的准立法行为。不是所有行政机关均能够享有人口行政立法权，享有人口行政立法权的国家行政机关也不能就所有问题开展行政立法。至于哪些行政机关可行使人口行政立法权、这些机关就哪些问题开展人口行政立法及人口行政立法时应当遵循何种程序，均由人口和计划生育等法律特别规定。

最后，从人口行政立法的结果来看，人口行政立法产生的是具有普遍约束力的规范性文件。这些规范性文件并非针对特定个人、组织或特定事项，而具有普遍适用性。人口行政立法是一种抽象行政行为。

二　人口行政立法的性质与特征

国家行政机关的人口行政立法活动，既带有行政性质，是一种抽象行政行为，又带有立法性质，是一种准立法行为。

（一）人口行政立法是一种准立法行为

根据宪法和法律的规定或授权获得准立法资格，在法定权限内遵循法定程序制定和发布人口行政法规与行政规章时，与国家行政机关与国家权力机关制定法律的行为，在形式上一致，均遵循一定的立法程序，制定相应的法律文件。

但是，行政机关的地位从属于权力机关，国务院是全国人民代表大会及其常务委员会的执行机关，地方各级政府是地方各级国家权力机关的执行机关。所以，人口和计划生育等行政机关的地位决定了其人口行政立法必然是一种从属性立法活动，人口行政立法仅为准立法行为。

人口行政立法与权力机关立法的主要区别，表现为以下几个方面。

第一，立法主体不同。人口行政立法的主体是人口和计划生育等特定国家行政机关，而权力机关立法主体是全国人大及其常委会和宪法、组织法特别授权的地方国家权力机关。

第二，立法调整对象不同。人口行政立法的调整对象是国家在人口行政管理过程中所涉及的人口和计划生育等具体的行政事务，而权力机关立法调整对象是国家政治、经济和文化生活中的重大事项。

第三，所立之法效力等级不同。人口和计划生育等行政机关制定的人口行政法规和规章须符合法律，若与法律相抵触则无效；而国家立法机关制定的法律，其效力高于所有行政立法，仅次于宪法。

第四，立法程序不同。人口行政立法程序相对简便、灵活，注重效率；而权力机关立法程序一般较正式、严格，注重民主。

第五，司法适用方面不同。人口行政法规是法院行政审判依据，而人口行政规章在行政审判中只起"参照"作用；权力机关所立之法，是法院行政审判的当然依据。

（二）人口行政立法是一种抽象行政行为

人口行政立法的行政性质表现为：人口行政立法的主体是国家行政机关，人口行政立法所调整的对象是人口和计划生育等行政管理事务，人口行政立法的主要目的是为了保障人口和计划生育等行政机关有效地实施人口和计划生育等行政管理。

人口行政立法具有行政行为属性，但与行政机关其他行政行为相比，区别明显。

第一，人口行政立法作为一种抽象行政行为，具有准立法的性质，它是行政机关制定人口和计划生育行政管理规范性文件的依据。

第二，人口行政立法所遵循的程序比具体人口行政行为更为规范、严格。

第三，人口行政立法所产生的人口行政法规与人口行政规章在相应地域范围内具有普遍约束力，而具体人口行政行为只对特定的人或特定的事项发生法律效力。

第四，人口行政法规和人口行政规章在其生效时间内具有反复适用性，而具体人口行政行为一般仅适用一次。

三 人口行政立法的分类

根据不同的标准，人口行政立法可作如下分类。

（一）一般授权人口立法和特别授权人口立法

依其权限来源不同，人口行政立法可分为一般授权人口立法（国家行政机关直接依照宪法和有关组织法规定的职权制定人口行政法规和人口行政规章的活动）和特别授权人口立法（国家行政机关依据特定法律、法规的授权或者依照国家最高权力机关的专门决议，制定人口和计划生育等方面的规范性法律文件的行为）。

一般授权人口立法的规定，主要有：《中华人民共和国宪法》第89条规定，国务院可以根据宪法和法律，规定行政措施，制定行政法规，发布决定和命令；第90条第2款规定，国务院各部、各委员会根据法律和国务院的行政法规、决定、命令，在本部门的权限内，发布命令、指示和规章。《中华人民共和国地方各级人民代表大会和地方各级人民政府组织法》第60条规定："省、自治区、直辖市的人民政府可以根据法律、行政法规和本省、自治区的地方性法规，制定规章"，"省、自治区的人民政府所在地的市和经国务院批准的较大的市的人民政府，可以根据法律、行政法规和本省、自治区的地方性法规，制定规章"。

根据有关法律规定，特别授权人口立法的表现形式，主要有两种：一种是在某一项人口和计划生育类法律条款中，授权行政机关具体制定实施本法的细则。例如，人口和计划生育类法律、行政法规和部门规章、政府规章，一般规定某机关"根据本法（本规章）制订实施细则"。另一种是国家最高权力机关将本应由其以法律形式规定的人口和计划生育等事项的权力，而以"决定""决议"形式，特别授权国务院等行政机关行使。

（二）执行性人口立法和补充性人口立法

依其内容不同，人口行政立法可分为执行性人口立法（为了执行法律、地方性法规或上级行政机关发布的人口和计划生育方面的规范性文件，国家行政机关的行政立法活动）和补充性人口立法（根据权力机关的授权，国家行政机关对已经颁布的人口和计划生育等法律法规尚未规定的某些事项进行补充规定的立法活动）。

执行性人口立法不创设新的人口法律规则、不为行政相对人设置新的权利和义务，其只通过实施条例、实施细则和实施办法等形式将人口和计划生育等法律或法规的一般性规定具体化。例如，根据2001年12月29日第九届全国人民代表大会常务委员会第二十五次会议通过、2002年9月1日起施行的《中华人民共和国人口与计划生育法》，2005年11月25日甘肃省十届人大常委会第十九次会议通过《关于修改〈甘肃省人口与计划生育条例〉的决定》，制定颁布了现行的《甘肃省人口与计划生育条例》。

由于补充性人口立法是对人口和计划生育等法律法规没有规定的事项作出规定，可能创设新的法律规则或新的权利义务规范，因而，须有特定法律法规或决议的授权。若无具体法律文件特别授权，行政机关的创制性人口立法无效。一般而言，补充性人口立法所制定的法规、规章通常以补充规定、补充办法形式来表现。

（三）中央人口行政立法和地方人口行政立法

依据行使人口行政立法权的主体不同，人口行政立法可分为中央人口行政立法（国务院制定行政法规、国家卫生和计划生育委员会制定行政规章均属中央人口行政立法）和地方人口行政立法（特定地方政府制定人口行政规章的活动）。

中央人口行政立法针对的是全国范围内的普遍性的人口和计划生育问题，以及某些必须由中央统一作出规定的重大问题。中央人口行政立法制定的法规和规章适用于全国。例如，2001年6月13日国务院发布的《计划生育技术服务管理条例》、2002年8月2日国务院发布的《社会抚养费征收管理办法》和2009年5月11日国务院发布的《流动人口计划生育工作条例》等。

目前，地方人口行政立法的行政机关有：省、自治区、直辖市政府，省、自治区政府所在地的市和国务院批准的较大的市政府，以及经济特区政府。地方人口行政立法的目的是给予地方人口和计划生育等方面更多的自主性，以发挥地方积极性。因此，地方性人口行政立法一方面要根据地方实际情况，将中央人口行政立法的规定具体化，确定实施细则和执行办法；另一方面则对有关地方特有的人口和计划生育等问题或根据地方性法规作出规定，以调整地区性特有的人口和计划生育等方面的社会关系。

与中央人口行政立法相比，地方人口行政立法权适用于各地方立法主体所辖的行政区域，在法律效力上不仅低于中央人口行政立法，同时也不得与地方性人口和计划生育等法规相冲突。

第二节　人口行政立法主体

人口行政立法的主体，是指依法取得人口行政立法权，可制定人口行政法规或人口行政规章的国家行政机关。根据我国宪法、组织法以及有关法律、法规的规定，有权实施人口行政立法的行政机关主要有以下几个。

一　国务院

国务院即中央人民政府，是国家最高权力机关的执行机关，是最高国家行政机关。为了领导、管理国家人口和计划生育等各项行政工作，根据宪法和法律的规定，国务院有权制定人口和计划生育等行政法规。《中华人民共和国宪法》第89条第1款第1项规定，国务院有权制定行政法规（含人口和计划生育等行政法规）；该款第18项还规定，国务院行使全国人民代表大会和全国人民代表大会常务委员会授予的其他职权。因此，国务院还可根据最高国家权力机关的特别授权法和特别授权决议制定人口和计划生育等行政法规。

一般而言，国务院可就其管辖范围内的行政事项（含人口和计划生育等事项），依法制定和发布行政法规（含人口和计划生育等行政法规）。

国务院制定行政法规的方式有两种。

1. 由国务院直接制定和发布行政法规。例如，2001年6月13日国务院制定和发布《计划生育技术服务管理条例》、2002年8月2日国务院制定和发布《社会抚养费征收管理办法》和2009年5月11日国务院制定和发布《流动人口计划生育工作条例》等。

2. 由国务院批准的行政法规。这种人口行政法规由国家卫生和计划生育委员会具体制定，由国务院批准，再由制定的国家卫生和计划生育委员会发布。例如，1998年8月6日国务院批准、1998年9月22日由国家卫生和计划生育委员会发布的《流动人口计划生育工作管理办法》。

二 国家卫生和计划生育委员会

国务院各部、各委员会是国务院的职能部门（国家卫生和计划生育委员会是国务院部委之一）。其各自具有不同的职能和职权领域，各负责某一方面的国家行政事务（国家卫生和计划生育委员会负责国家人口和计划生育等领域的行政事务）。在其职权范围内，国家卫生和计划生育委员会等各部委有权依照法律、行政法规独立采取行政措施。制定人口行政规章是国家卫生和计划生育委员会行使行政职权的方式之一。

各部委在本部门的权限范围内，可通过下列两种方式行使行政立法权。

一是宪法和法律规定的一般行政立法权。我国宪法第90条规定，国务院各部、委员会根据法律和国务院的行政法规、决定、命令，在本部门的权限内发布命令、指示和规章。《中华人民共和国国务院组织法》第10条也规定，根据法律和国务院的决定，主管部、委员会可以在本部门的权限内发布命令、指示和规章。

二是通过法律、法规的特别授权而获得的行政立法权。

三 省、自治区、直辖市人民政府

根据地方组织法和相关法律规定，省、自治区、直辖市政府有权制定地方性行政规章。例如，根据《中华人民共和国地方各级人民代表大会和地方各级人民政府组织法》第60条规定，省、自治区、直辖市人民政府，可以根据法律、行政法规和本省、自治区、直辖市的地方性法规，制定人口和计划生育等规章。此外，省、自治区、直辖市政府还可根据单项法律、法规的规定，结合本地区的实际情况，进行人口和计划生育等行政立法。例如，2011年9月16日甘肃省政府第89次常务会议讨论通过、2011年11月1日起施行的《甘肃省流动人口计划生育工作办法》。

四 省、自治区政府所在地的市人民政府

《中华人民共和国地方各级人民代表大会和地方各级人民政府组织法》第60条规定，省、自治区人民政府所在地的市人民政府，可以根据法律、行政法规和本省、自治区的地方性法规，在其权限内，制定人口和计划生育等领域规章。例如，甘肃省政府所在地的兰州市政府制定的《关于建立健全长效机制全面加强社会管理统筹解决人口问题的意见》《兰州市人口和计划生育工作目标管理责任制督查考核奖惩办法》等。

五 经国务院批准的较大的市的人民政府

《中华人民共和国地方各级人民代表大会和地方各级人民政府组织法》第60条规定，经国务院批准的较大的市的人民政府也可以根据法律、行政法规和本省、自治区的地方性法规，就其职权范围内的行政事项制定人口和计划生育等领域规章。

目前，经国务院批准的较大的市有：齐齐哈尔、大连、吉林、唐山、包头、宁波等17个城市。

六 作为经济特区的市人民政府

根据全国人大或全国人大常委会的特别授权，作为我国经济特区的深圳、汕头、珠海和厦门市人民政府拥有地方人口和计划生育等领域行政规章的制定权。

第三节 人口行政立法程序

目前，我国尚无行政立法程序方面的基本法律。1987年4月，经国务院批准，国务院办公厅发布了《行政法规制定程序暂行条例》，为行政立法行为提供了初步的规范。此后，国务院有关部委和一些地方政府制定并颁布了有关规章制定程序的规范性文件。根据现有行政法规和行政规章的规定，人口行政立法程序一般包括以几个。

一 编制人口立法规划

行政立法规划分为五年规划（根据国民经济和社会发展五年计划所规定的基本任务编制）与年度计划（根据国民经济和社会发展年度计划所规定的具体任务制定）。

国务院行政法规五年规划和年度计划由国务院法制局编制，报国务院审定，人口立法规划也在此之列。

地方政府编制人口和计划生育等行政立法规划，一般由地方政府的卫生和计划生育委员会（局）或者人口和计划生育委员会（局）等拟定立法规划草案，并于每年年底上报同级政府，地方政府的法制机构负责汇总人口和计划生育等立法规划草案，并统一编制地方人口和计划生育等行政立法规划草案，提请本级政府的常务会议审议批准，地方政府对于通过的人口立法规划负责组织执行。

二 起草

起草是指对列入立法规划、需要制定的人口和计划生育等行政法规、行政规章,由卫生和计划生育委员会(局)或者人口和计划生育委员会(局)草拟的活动。

人口行政法规和人口行政规章的起草,一般有两种。

1. 较重要的人口行政法规和人口行政规章,主要内容涉及几个部门业务的,由政府法制机构或卫生和计划生育委员会(局)或人口和计划生育委员会(局)负责,由有关部门共同组成的起草小组参加并完成。

2. 人口行政法规和人口规章的主要内容不涉及其他部门业务,直接由卫生和计划生育委员会(局)或人口和计划生育委员会(局)负责起草。在专门起草小组成立后,除了卫生和计划生育委员会(局)或人口和计划生育委员会(局)与相关部门外,应吸收人口专家、社会专家和法律专家参加,以便从不同方面对草案提出意见、建议,应在广泛调查研究、充分收集相关材料和意见建议的基础上形成草案,力求内容切实可行,形式完整,结构严谨。

三 征求意见

人口行政立法过程中的征求意见程序,一般包括以下几个。

(一)听取育龄人群等利害关系人的意见和有关专家的意见

专家的意见包括人口专家、社会专家、技术专家、管理专家和法学家的意见。征求利害关系人(主要是育龄人群)的意见,通过新闻媒介公布即将制定的人口和计划生育等法规、人口和计划生育等规章草案,召开群众、基层工作人员、管理人员等广泛参与的座谈会或者举行公开听证等,向育龄人群等利害关系人提供发表和陈述意见的机会。

(三)广泛听取与征求卫生和计划生育行政机关或人口和计划生育等行政机关、其他国家机关中有关部门的意见

在人口和计划生育等行政立法过程中,既要征求卫生和计划生育部门或人口和计划生育本部门、本系统的意见,也要征求其他相关部门和系统的意见,尤其是综合部门的意见;既要听取中央机关——国家卫生和计划生育委员会的意见，又要听取地方机关——省市县乡等四级政府及其卫生和计划生育部门或人口和计划生育等部门的意见。

在涉及其他主管部门的业务时，应与有关部门协商一致；经过反复协商不能取得一致意见的，应在上报草案时专门提出并说明理由，由上级机关出面协调和裁决。

四　审查

审查是指人口和计划生育等行政法规、人口和计划生育等行政规章的草案拟定之后，送交政府主管机构审查。审查职能一般由政府法制机构承担。

审查范围主要包括：①人口和计划生育立法的必要性和可能性；②是否与宪法、法律、党和国家的方针政策以及上一级规范性文件的规定相冲突；③是否在本机关的权限范围内，是否有越权或滥用职权的现象；④人口和计划生育行政法规、人口和计划生育行政规章草案的结构、文字等立法技术是否规范；⑤人口和计划生育立法的程序是否符合相关的法律规定。

法制部门对人口和计划生育行政立法草案审查后，应向本级政府等行政立法机关提出审查报告，与人口和计划生育法规或人口和计划生育规章草案一并提交本级政府等行政立法机关审议。

五　通过

通过是指人口和计划生育行政法规、人口和计划生育行政规章在起草、审查完毕后，交由本级政府等行政立法机关的正式会议讨论审议。

根据相关法规和规章的规定，国务院制定的人口行政法规，应经过国务院全体会议或常委会议审议通过。

国家卫生和计划生育委员会等部委制定的规章，应提交部委常委会议审议通过。

地方政府制定的地方性人口和计划生育等规章，需提交地方政府全体会议或常务会议审议通过。

六　公布和备案

公布是指人口和计划生育行政法规、人口和计划生育行政规章，在通过上述程序后公开发布。其是人口和计划生育行政法规、人口和计划生育行政规章生效的必经程序与必备要件。

（一）公布

人口和计划生育行政法规、人口和计划生育行政规章一般都须通过政府公报或通过如《甘肃日报》《甘肃政报》、每日甘肃（网站）等报纸、杂志、电台等宣传舆论工具公开发布。

1. 人口行政法规的发布

国务院发布人口和计划生育等行政法规，由国务院总理签署发布令；经国务院批准、国家卫生和计划生育委员会等部门发布的人口行政法规，由本部门的主要领导人（主任）签署发布令。

在人口行政法规的发布令中，应包括发布机关、序号、法规名称、通过或者批准日期、发布日期、生效日期和签署人等项内容。

经国务院总理签署公开发布的人口和计划生育等行政法规，由新华社发稿，《国务院公报》《人民日报》全文刊载。

2. 人口和计划生育等部门规章的发布

部门规章的发布一般由国家卫生和计划生育委员会主任签署发布令发布。

国家卫生和计划生育委员会与几个部门联合发布的人口和计划生育等领域规章，由几个部门的首长会签后，以国家卫生和计划生育委员会的发布令发布。

地方政府人口和计划生育等规章的发布，一般由省长、自治区主席、市长签署发布令。

某些重要的地方政府人口和计划生育等规章，应报上级政府批准后方可发布。

（二）备案

备案是指将已经发布的人口和计划生育行政法规、人口和计划生育行政规章上报法定机关，使其知晓，并在必要时备查的程序。

根据 1990 年 2 月 18 日国务院发布的《法规、规章备案规定》（下称《规定》），国务院部门规章、地方人民政府规章应当报国务院备案。国务院部门规章由本部门报国务院备案，即国家卫生和计划生育委员会制定的规章由该委报国务院备案；地方政府人口和计划生育等领域规章，由省、自治区、直辖市政府统一报国务院备案。

按照该《规定》，人口和计划生育等领域规章应于发布之日起 30 日内报国务院备案。

第四节　人口行政立法效力

一　人口行政立法效力的涵义

人口行政立法的效力是指人口和计划生育行政法规、人口和计划生育行政规章的法律效力，包括地域效力、对人的效力、对事的效力和时间效力。

作为一种抽象行政行为，人口行政立法一成立，就具有一般行政行为的确定力、拘束力和执行力。

人口行政立法成立的一般前提条件为：①人口行政立法的内容不得与宪法、法律和上级人口行政立法相抵触；②没有超越人口行政立法机关享有的人口行政立法权；③遵循了法定的程序；④符合人口和计划生育等法律规定的行政立法形式。

二　人口行政立法的效力范围

（一）人口行政立法效力的时间范围

人口行政立法的时间效力范围包括人口和计划生育行政法规、

人口和计划生育行政规章的生效时间与终止时间。

对人口和计划生育行政法规、人口和计划生育行政规章的生效时间，一般有如下规定。

人口和计划生育行政法规、人口和计划生育行政规章自发布之日起生效。此为通用的一种生效方式。采用此种生效方式的人口和计划生育行政法规、人口和计划生育行政规章一般均附以"自发布之日起生效"的条款，来规定其生效日期。例如，2001年11月6日国家计划生育委员会发布的《计划生育技术服务机构执业管理办法》，规定"本办法自发布之日起施行"。2002年1月18日国家计划生育委员会发布的《病残儿医学鉴定管理办法》，规定"本办法自发布之日起施行"。

人口和计划生育行政法规、人口和计划生育行政规章另定生效日期。有些人口和计划生育行政法规、人口和计划生育行政规章发布后不立即生效，而是另行规定生效日期。例如，2002年8月2日国务院公布的《社会抚养费征收管理办法》，自2002年9月1日起施行。2009年5月11日国务院公布的《流动人口计划生育工作条例》，规定"本条例自2009年10月1日起施行"。

这种生效方式，有利于新法生效实施之前，群众充分了解人口和计划生育行政法规、人口和计划生育行政规章的基本内容，同时也有利于地方政府等行政机关为新法实施作一些准备工作。

人口和计划生育行政法规、人口和计划生育行政规章终止效力的时间，一般有四种情形。

一是人口和计划生育新法废除人口和计划生育旧法。例如，国务院发布的《流动人口计划生育工作条例》第25条规定："本条例自2009年10月1日起施行。1998年8月6日国务院批准、1998年9月22日原国家计划生育委员会发布的《流动人口计划生育工作管理办法》同时废止。"

二是授权法规定的授权时效届满。权力机关通过特别法律或专门决定授权行政机关就人口和计划生育领域某一事项立法，当授权法明确规定了授权的时间限制时，时限一到，依此授权法规定的人口和计划生育行政法规、人口和计划生育行政规章即为失效。

三是通过清理、撤销或废止旧的人口和计划生育行政法规、人口和计划生育行政规章。

四是人口行政立法因规定的社会事实已消灭或效果已完成而失效。

（二）人口行政立法对人的效力范围

人口行政立法对人的效力是指人口和计划生育行政法规、人口和计划生育行政规章适用于哪些人，即对哪些人发生法律效力的问题。

人口行政立法对人的效力实际上是对人口法律关系主体的约束力，其包括：对国家机关的拘束力和对行政管理相对人（含企事业组织、社会团体和个人）的约束力。而作为相对人的公民个人，一般为育龄期人群（即婚后至49周岁间人群）。

一般而言，国务院制定的人口和计划生育行政法规和国家卫生和计划生育委员会等部委制定的人口和计划生育行政规章，除行政机关本身应受该法规、规章的约束外，对我国境内的所有公民、法人和其他组织以及在我国境内的外国公民、企业、组织和无国籍人均发生法律效力，但有特别规定的除外。省、自治区、直辖市政府，省、自治区政府所在地的市以及经国务院批准的较大的市的政府制定颁布的人口和计划生育行政规章，只对其管辖区内的组织、个人有效。

（三）人口行政立法效力的地域范围

人口行政立法的地域效力又称"人口行政立法的空间效力范围"，是指人口和计划生育行政法规、人口和计划生育行政规章在哪些区域内发生效力。

由于人口行政立法的层次和内容不同，其空间效力范围有相应不同。

第一，国务院制定的人口和计划生育行政法规，以及国家卫生和计划生育委员会制定的人口和计划生育行政规章，在我国领域内普遍有效。

第二，省、自治区、直辖市政府，省、自治区政府所在地的市以及经国务院批准的较大的市的政府制定的地方性人口和计划生育行政规章，只能在其管辖的区域范围内有效。

第三，有些人口和计划生育行政法规、人口和计划生育行政规章的内容，仅就特定地区的问题作出规定，这样的人口和计划生育行政法规、人口和计划生育行政规章仅在相应的区域内有效。例如，肃北蒙古族自治县《关于〈甘肃省人口与计划生育条例〉的变通规定》，只适用于肃北蒙古族自治县；阿克塞哈萨克族自治县《关于〈甘肃省人口与计划生育条例〉的变通规定》，只适用于阿克塞哈萨克族自治县等。

三 对人口行政立法的监督

人口和计划生育行政法规、人口和计划生育行政规章生效后，对个人或组织具有普遍约束力和强制执行力。

违法或不当的人口和计划生育行政法规、人口和计划生育行政规章会损害公民、法人和其他组织的合法权益。所以，应加强对人口行政立法行为的监督，对违法或不当的人口和计划生育行政法规、人口和计划生育行政规章及时予以撤销。

一般来讲，撤销人口和计划生育行政法规、人口和计划生育行政规章的权力由行政立法机关的上级行政机关或同级国家权力机关行使。《中华人民共和国宪法》第67条规定，全国人民代表大会常务委员会有权撤销国务院制定的同宪法、法律相抵触的行政法规、决定和命令。对于地方国家权力机关是否可以撤销地方规章，法律、法规没有明确规定，但是，由于地方人大享有监督本级政府活动的法定权力，同时，根据其他一些法律规范的规定，如《中华人民共和国地方各级人民代表大会和地方各级人民政府组织法》第60条规定，省级政府规章要报同级人大常委会备案，市级政府规章要同时报省级人大常委会和同级人大常委会备案；第 8 条和第 44 条规定，县级以上地方各级人大和人大常委会有权撤销本级人民政府的不适当的决定和命令等，地方人大常委会也应享有撤销同级政府制定的同法律、行政法规和地方性法规相抵触的地方政府规章的权力。

上级行政机关撤销下级行政机关的人口和计划生育等行政规章，主要是基于行政机关系统内部所存在的领导与被领导、监督与被监督关系。根据这种领导权与监督权，上级行政机关不仅可撤销下级行政机关与宪法、法律或行政法规相抵触的人口和计划生育等行政规章，而且可撤销其认为不当的人口和计划生育等行政规章。根据《中华人民共和国宪法》第 89 条规定，国务院有权改变或撤销各部委发布的不适当的命令、指示和规章，也有权改变或撤销地方各级国家行政机关不适当的决定和命令（应包括地方人民政府发布的不适当的规章）。此外，根据职权，省、自治区政府有权改变或撤销省、自治区政府所在地的市和国务院批准的较大的市的政府发布的违法、不适当的人口和计划生育等规章。

根据行政诉讼法的规定，法院审理人口和计划生育等领域行政案件应参照国务院相关部委和地方政府发布的人口和计划生育等规章。

但是，在案件审理过程中，如果地方政府制定的人口和计划生育等规章与国务院部委制定的规章不一致，可由最高法院送请国务院作出解释或者裁决。此外，如果认定人口和计划生育等规章违法，法院可建议有权机关撤销或修改。所以，法院对人口和计划生育等行政立法具有一定的监督权。

第七章 人口行政处理

第一节 人口行政处理概述

一 人口行政处理的概念

人口行政处理是行政主体为了实现人口和计划生育等法律法规及规章确定的人口和计划生育等行政管理目标与任务，应行政相对人申请或依职权处理涉及特定行政相对人的人口和计划生育等权利义务事项的具体人口行政行为。

人口行政处理特征如下。

1. 人口行政处理是一种外部人口行政行为，涉及特定相对人的具体人口和计划生育等方面权益。有别于行政机关处理内部人口和计划生育等事务的行为。

2. 人口行政处理是一种具体人口行政行为，有别于抽象人口行政行为。抽象人口行政行为针对不特定的行政相对人，权益影响不特定的相对人；而人口行政处理针对特定相对人，仅涉及特定相对人的计划生育等方面的权利和义务。

3. 人口行政处理行为的目的是行政主体为了实现人口和计划

生育等行政管理目标与任务，而处理相对人特定人口和计划生育等事项的具体人口行政行为。其有别于人口行政处罚、人口行政强制执行等其他具体人口行政行为。其与人口行政处罚的不同在于，人口行政处理不具有惩罚性，无须以相对人的违法作为行为为前提。它也有别于人口行政强制执行，人口行政强制执行一般为人口行政处理或人口行政处罚的保障，在行政相对人不履行人口行政处理决定或人口行政处罚决定时，为迫使相对人履行，行政机关可启动人口行政强制执行程序。

二 人口行政处理的形式

人口行政处理是具体人口行政行为最主要内容，具有广泛形式。通常形式有：人口行政征收、人口行政许可、人口行政给付、人口行政确认、人口行政奖励和人口行政调解等。此处，仅阐释人口行政确认、人口行政奖励和人口行政调解等三种形式。

（一）人口行政确认

人口行政确认是指行政主体依法对行政相对人有关人口和计划生育等领域的法律地位、法律关系或有关法律事实进行甄别，给予确定、认可、证明并予以宣告的具体人口行政行为。

其具体形式，主要有以下几种。

一是确定：指对个人或组织在人口和计划生育等方面的法律地位与权利义务的确定。例如，颁发生育保健服务证、独生子女父母光荣证、二女节育户光荣证等，以确定相对人的计划生育权益及保健权、财产奖励权。

二是认可：指对个人或组织已经取得的人口和计划生育等方面的法律地位、权利义务，及确认事项是否符合人口和计划生育等法律要求的承认和肯定。例如，对计划生育服务管理合同是否规范合法的确认，对计划生育技术服务机构执业许可证是否有效的确认等。

三是证明：指行政主体向其他人明确肯定被证明对象人口和计

划生育等方面的法律地位、权利义务或某种情况。例如，出具流动人口计划生育证明、节育服务证明等。

四是登记：指行政主体应申请人申请，在政府有关登记簿册中记载相对人的人口和计划生育等方面的某种情况或事实，并依法予以正式确认的行为。例如，农村计划生育特殊困难家庭奖励扶助对象登记、孕前优生健康检查夫妇登记、服用叶酸人群等出生缺陷干预对象登记等。

五是批准：指行政主体经对相对人申请人口和计划生育等方面的事项或人口和计划生育等方面某种法律行为的审查，对其中符合法定条件者予以认可或同意的行为。例如，相对人申请出生人口户籍登记，须先经县级人口和计划生育部门审查等。

六是鉴证：指行政主体对人口和计划生育等方面的某种法律关系的合法性予以审查后，确认或证明其效力的行为。例如，对流动人口婚育等方面的鉴证。

七是行政鉴定：指行政主体或行政主体指定或委托的专门技术、专门经验的组织对人口和计划生育等方面的特定法律事实或客体性质、状态或质量等方面的客观评价。例如，人口和计划生育行政部门对病残儿童的医学鉴定。

（二）人口行政奖励

人口行政奖励是指行政主体依照法定条件和程序，对为国家人口和计划生育等事业作出重大贡献的单位与个人，给予物质或精神鼓励的具体人口行政行为。

人口行政奖励的目的是表彰先进，鞭策后进，充分调动、激发公民人口和计划生育等方面的积极性与创造性。其内容既包括给予相对人物质方面的权益，例如发给相对人一定数额的奖金；又含给予相对人精神方面的权益，例如授予受奖者某种法定的荣誉称号等。

根据不同法律、法规和规章的规定，人口行政奖励的形式主要有：发给奖金或奖品；通报表扬；通令嘉奖；记功；授予荣誉称号；晋级；晋职。

（三）人口行政调解

人口行政调解是由行政机关主持，依法对人口和计划生育等方面的特定纠纷进行诉讼外调解活动。

有权实施人口行政调解的行政机关，主要有以下几个。

一是基层人民政府，主要由设在农村和城镇街道办事处的司法助理员负责。

二是经济行政管理机关和劳动管理机关。

三是公安机关。《中华人民共和国治安管理处罚法》第9条规定："对于因民间纠纷引起的打架斗殴或者损毁他人财物等违反治安管理行为，情节较轻的，公安机关可以调解处理。经公安机关调解，当事人达成协议的，不予处罚。经调解未达成协议或者达成协议后不履行的，公安机关应当依照本法的规定对违反治安管理行为人给予处罚，并告知当事人可以就民事争议依法向人民法院提起民事诉讼。"

四是其他行政调解。所有国家行政机关对于其所属成员之间或所属成员与其他单位成员之间的纠纷，一般都可在纠纷正式裁决前调解。例如，乡政府对该乡农村计划生育家庭间纠纷的调解等。

三 人口行政处理的效力

人口行政处理行为一旦实施，其就具有确定力、拘束力和执行力。

人口和计划生育等法律、法规和规章等大多规定在人口行政处理行为实施后，对相对人而言，有一个申请行政复议或提起行政诉讼的期限。但是相对人提起复议或诉讼的行为，并不影响相应人口行政行为的法律效力，相对人仍须受该人口行政行为的拘束。若违反了该人口行政行为确定的义务，行政机关可自行或申请法院强制其执行。

只有在有权国家机关宣布无效、撤销或废止后，人口行政处理行为才失去法律效力。

只有在合法成立要件具有缺陷时,例如在行为内容或行为程序明显违背人口和计划生育等法律规定以及行为机关超越职权等情况下,人口行政处理行为才能宣布无效;人口行政处理行为具有一般违法情形或程序、形式不当时,可予以撤销;如果人口行政处理行为不具备违法情形,只是因形势发展或政策变化而不适应现实需要,或者行为所要实现的人口和计划生育等目标已经实现而无继续存在的必要时,可予以废止。

行为机关的上级行政机关和行政复议机关均可宣布人口行政处理行为无效和撤销人口行政处理行为。在行政诉讼中,法院通过对人口行政处理行为的审查,亦可依法确认、宣布相应的人口处理行为无效和撤销相应人口处理行为。虽然行政诉讼法规定了法院对具体人口行政行为的撤销,而未规定其可宣布人口行政行为无效,但撤销在多数情况下均以确认无效为前提。

行为机关的上级行政机关可根据相对人申诉,也可依职权主动撤销人口行政处理行为或宣布人口行政处理行为无效。行政复议机关和法院撤销人口行政处理行为只能根据相对人请求,通过行政复议程序和行政诉讼程序。

第二节 人口行政许可

一 人口行政许可的概念

人口行政许可是指行政主体应行政相对人申请,通过颁发计划生育技术服务机构执业许可证、技术服务人员合格证、生育保健服务证等形式,依法赋予行政相对人从事某种计划生育技术服务活动的法律资格或实施生育保健等某种行为的法律权利的人口行政处理行为。

人口行政许可主要特征有以下几个。

(一) 人口行政许可的内容是国家一般禁止的活动

随着人口数量、人口素质、人口结构、人口分布和人口流迁的发展变化，人口与资源、环境、经济、社会等矛盾的突出，行政机关为了管理愈来愈复杂的人口和计划生育等公共事务的需要，通过法律规范的形式，确定统一的标准和界限，以对某些特殊的人口和计划生育等活动进行控制。

人口行政许可就是在特定对象符合人口和计划生育等领域相关法律条件的情况下，对人口和计划生育等法律、人口和计划生育等行政法规、人口和计划生育等行政规章所设定的一般禁止的解除，允许其从事某项特殊的人口和计划生育等活动，使其享有特定权利和资格。例如，为了实现人口和计划生育管理目标，做好城乡群众生殖保健、计划生育避孕药具发放、孕前优生健康检查和出生缺陷干预等服务工作，国家通过审查等方式给符合一定技术条件的机构发给计划生育技术服务机构执业许可证，赋予其依法开展计划生育技术服务的权利。

(二) 人口行政许可是一种应申请的人口行政行为

人口行政许可是行政主体许可相对人可从事人口和计划生育等法律、法规及规章禁止一般个人与组织所为的行为，作为行政许可相对人的个人和组织要获得对此种禁止的解除，就须具备相应人口和计划生育等法律、法规及规章规定的特定条件，并向行政主体作出相应的意思表示，此种意思表示形式即许可申请书。申请人通过申请书向行政主体提出许可请求，并说明其所具备的相应法定条件。行政主体通过审查申请人请求，并确定其具备了相应条件后，才能授予许可。例如，乡镇政府通过审核等方式为符合农村二孩生育条件的农村夫妻，颁发二孩生育保健服务证，使其依法生育二孩等。

(三) 人口行政许可是行政主体赋予行政相对人某种人口和计划生育等方面的法律资格或法律权利的具体人口行政行为

行政主体赋予行政相对人的这种人口和计划生育等法律资格或

法律权利，通常只在一定的期限内有效。此种人口行政行为须具备某种特定的形式要件，以便于行政主体对行政相对人监督检查。这种特定形式要件就是计划生育技术服务机构执业许可证等，具体名称包括生育保健服务证、计划生育技术服务机构执业许可证、计划生育技术服务人员合格证等。

（四）人口行政许可事项须有明确的法律规定，许可范围不得超出法定界限

许可是建立在普遍禁止基础上的解禁行为。例如，人口行政机关发放的计划生育技术服务机构执业许可证，是允许相对人在本辖区从事计划生育技术服务等活动，但同时也是禁止其他人随意从事计划生育技术服务等。其他人非经县级人口和计划生育行政机关允许，如果从事相应计划生育技术服务执业等活动即属无证的违法行为，将依法受到人口行政处罚。

二　人口行政许可的种类

根据不同的标准，对人口行政许可进行分类。

（一）按照许可的性质，人口行政许可分为行为许可与资格许可

行为许可是指行政主体根据相对人的申请，允许其从事人口和计划生育等领域某种活动、采取人口和计划生育等方面某种行为的许可形式。其目的是允许符合法定条件的相对人从事人口和计划生育等领域某种类型的活动。这种许可仅限于人口和计划生育等方面某种行为活动，申请该类许可不必经过考试程序。行政相对人取得了行政主体发放的许可证，即能从事相应行为，开展相应活动。例如，行政相对人取得了行政主体发放的生育保健服务证。

而资格许可是指行政机关根据相对人的申请，通过考试、考核程序核发一定证明文书，允许证件持有人从事人口和计划生育等领域某项职业或开展人口和计划生育等领域某种活动。相对人通过许可能够取得某种资格证明。例如，计划生育技术服务合格证、人口和计划生育生殖保健咨询师证、人口保健师证、计划生育药具师证等。资格许可的目的之一是通过制定最低限度的标准以限制人口和计划生育等领域某一行业的从业人员，避免不合格的人员从事该行业，造成社会损害。

（二）以许可的范围为标准，人口行政许可分为一般许可和特别许可

一般许可是指行政主体对符合法定条件的申请人直接发放许可证，是无特殊条件限制的许可。例如，计划生育药具的经营许可。

特别许可是指除符合一般许可的条件外，对申请人还规定有特别限制的许可，又称特许。例如，人口和计划生育行政部门发放的计划生育公益性广告发布许可证。

（三）以许可是否有附件为标准，人口行政许可分为独立许可与附文件许可

独立许可是指人口行政许可证或执照本身就包涵了许可的内容和范围，无须再用其他文件加以说明的人口行政许可。例如，计划生育技术服务合格证、计划生育技术服务机构执业许可证等。这些许可本身就标明了人口和计划生育行政部门对证件或执照持有人权利义务及其范围、存续时间的规定，不需要再用其他文件附加说明，此类证照的持有人就可从事证照标明的计划生育技术服务等活动。

附文件的许可是指人口行政许可证或执照本身并没有对许可的内容、范围全部加以说明，还需要其他文件作为该证件或执照的组成部分加以说明。此类证照的持有人在从事被许可的人口和计划生育等领域活动时，除了须持有证件或执照外，还须同时持该证件或执照的附加文件。

（四）以许可是否附加义务为标准，人口行政许可分为一般许可和附义务许可

一般许可是指被许可人可自由行使许可的权利，例如计划生育药具师证、人口和计划生育生殖保健师资格证等。

附义务许可是指行政许可证的持有人在获得许可证的同时，承担了在一定期限内从事该项活动的义务。如果在法定期限内没有从事该项活动，将因此承担一定的法律责任。

此外，以许可享有的程度为标准，人口行政许可分为排他性许可和非排他性许可；以许可的存续时间为标准，人口行政许可还可分为长期性许可和附期限许可；根据许可事项的紧急程度，人口行政许可可分为紧急许可、特别许可和普通许可等。

三　人口行政许可的程序

人口许可程序是指行政主体实施人口行政许可的步骤、方式、顺序和时限。其直接影响相对人人口和计划生育等权益的得失。行政主体对相对人申请的批准或不批准，关系到相对人能否取得人口和计划生育等领域某种权利或资格，能否从事人口和计划生育等领域某种活动。

一般而言，人口行政许可程序主要包括如下几个步骤。

（一）申请

申请是行政主体实施人口行政许可的前提条件。行政相对人个人或组织要取得某项人口行政许可，首先要向人口和计划生育等行政机关提出申请。

申请书需载明申请人的姓名或组织名称、住址或组织地址、申请许可的内容、理由及相关条件等。申请人向人口和计划生育等行政主体申请人口行政许可，除提交申请书以外，人口和计划生育等法律、法规通常还规定应同时提交有关文件材料。例如，申请计划生育技术服务人员合格证，须同时提交本人大中专医学毕业证、本人取得的医学从业资格证明。在申请某些附条件的许可，即取得某一许可须以拥有另一许可证为前提时，除提交上述有关文件、材料外，还须提交作为取得相应许可前提的许可证。例如，申请药剂人员岗位，在向卫生和计划生育等部门申请前须获得执业药师资格证，否则该部门对此申请不予接受。

（二）对申请的审查

人口行政许可机关收到申请后，依照法定标准对申请人及申请事项全面审查。

审查内容主要包括以下几个。

1. 申请人的资格

申请人须具有完全民事行为能力，能够独立承担民事、行政等责任。

2. 申请书及附录材料

确定申请人符合资格后，人口行政许可机关须对申请书的形式加以审查。如果认为申请书不规范，有权要求申请人补齐或重新申报。

3. 申请事项

人口行政许可机关应确定申请事项是否符合人口和计划生育等法律规定，是否有明确法律依据，是否具备法定条件等。

4. 审查

有关资格的人口行政许可，须审查申请人是否通过规定的考试、考核。

5. 调查或考核

在书面审查申请合格基础上，人口行政许可机关对申请书中相对人列举的从事人口和计划生育等领域活动的能力、场所、设备和卫生环境等内容，还应进一步调查或考核。

（三）颁发或拒绝颁发许可证

对申请审查之后，人口行政许可机关一般决定做如下处理。

1. 颁发人口行政许可证照

人口行政许可机关认为申请符合法定条件和标准，应及时颁发人口行政许可证。人口行政许可证应载明：许可证名称、许可事项、被许可人姓名和住址、许可有效期限、许可证编号、许可日期等。

2. 不予颁发人口行政许可证照

人口行政许可机关认为申请人的条件不符合人口和计划生育等法

律或有关规定的，应签发不予批准的通知，并说明不予许可的理由。

如果人口行政许可机关在受理申请后的法定期限内未作出任何表示的，可视为不予批准或拒绝颁发人口行政许可证照。

（四）变更许可

取得人口行政许可的相对人，可根据具体情况变化而要求变更许可内容。在监督检查过程中发现许可不适当的，人口行政许可机关可主动变更。这种变更实质上是对原人口许可证的修改，一般需人口许可机关审查后重新核发人口行政许可证。如果许可所依据的人口和计划生育等法律对许可的范围、条件或期限进行了修改或变更，人口行政许可机关应及时修改或更换许可证。

第三节 人口行政征收

一 人口行政征收的概念和特征

（一）人口行政征收的概念

人口行政征收是指行政主体根据国家人口和计划生育等公共利益的需要，依法以强制方式无偿取得行政相对人财产所有权的一种人口行政执法行为。

（二）人口行政征收的基本特征

1. 人口行政征收的目的是保障国家人口和计划生育等公共利益的需要

人口行政征收的目的是保障国家人口和计划生育等公共利益的需要。例如，社会抚养费征收的目的，就是保障国家正常的人口和计划生育等公共利益所要求的秩序。

人口行政征收行为有别于其他人口行政许可行为，多数情况下人口行政许可的目的是为了保障行政相对人实现其权益。虽然个人、组织的人口和计划生育权益与国家人口和计划生育等根本利益是一致的，但其性质、内容、范围均有重要区别。

2. 人口行政征收的实质在于行政主体无偿取得相对人的财产所有权

这使其有别于人口行政征用，因为人口行政征用一般是有偿的，行政主体在人口行政征用时应给予被征用方以相应的经济补偿。就法律后果而言，人口行政征收使财产所有权从相对人转移到国家，而人口行政征用只是暂时取得了被征用财产的使用权，不发生财产所有权的转移。

3. 行政主体实施人口行政征收须以相对人负有缴纳义务为前提，严格依据人口和计划生育等法律规定

行政主体在实施人口行政征收时，须依据人口和计划生育等法律法规的明确规定，既不能增加或任意减少相对人的人口和计划生育等方面义务，也不能任意将人口和计划生育等法律规定以外的人口和计划生育等方面义务强加给相对人。在任意增加相对人的人口和计划生育等方面义务或强加给相对人的人口和计划生育等方面义务时，行政主体即侵犯了相对人的人口和计划生育等方面合法利益；在随意减少相对人的人口和计划生育等方面义务时，则使国家人口和计划生育等公益受损，构成了滥用行政职权的行为。

二　人口行政征收的内容

就我国现行人口和计划生育等法律法规的规定而言，人口行政征收的主要内容有：因违反人口行政法律法规的规定而引起的征收。例如，相对人违反了《中华人民共和国人口与计划生育法》或《甘肃省人口与计划生育条例》等法律法规，则需要征收社会抚养费。社会抚养费的征收虽带有惩罚性质，但不属于人口行政处罚，其只为消除相对人给国家人口和计划生育等公共利益带来的不良影响。国家征收一定经费，行政机关以此费用治理人口和计划生育等社会公共秩序或补偿违反人口和计划生育政策法规给社会造成的损失。当然，在相对人拒绝缴纳此项收费时，才导致警告、罚款等人口行政处罚。

三 人口行政征收的方式与程序

(一) 人口行政征收的方式

人口行政征收的方式包括人口行政征收的行为方式与计算方式。

根据我国现行人口和计划生育等法律、法规规定，人口行政征收的方式有：查账征收、查定征收、查验征收、定期定额征收以及代征、代扣、代缴等。在实际征收中具体运用哪种征收方式，应由征收机关根据人口和计划生育等法律、法规的规定及应征人的具体情况而定。无论采取何种征收方式，都应使用书面形式。

人口行政征收的计算方式，是人口行政征收制度的重要内容，它直接关系到国家的财政收入和应征人的负担。因此，根据国务院《社会抚养费征收管理办法》规定的标准，计算方式不仅应合理、科学，而且应规范化、法律化，避免主观随意性。

(二) 人口行政征收的程序

人口行政征收的程序是指人口行政征收行为应采取的步骤、方式和顺序。

按其实现方式不同，人口行政征收可分为相对人自愿缴纳和行政主体强制征收两种。

按照人口和计划生育等法律、法规和国务院《社会抚养费征收管理办法》规定的期限或行政主体确定的期限，相对人全部主动履行了缴纳义务时，人口行政征收——社会抚养费征收即告结束。

当相对人未能按照人口和计划生育等法律、法规和国务院《社会抚养费征收管理办法》的规定履行缴纳义务时，人口行政征收——社会抚养费征收即进入强制征收阶段。

此外，为了保证社会抚养费征收的顺利实施，避免给相对人造成不应有的损害，相关法律和国务院《社会抚养费征收管理办法》

应明确规定实施强制征收的程序，以及行政主体可采取的强制措施。

第四节 人口行政给付

一 人口行政给付的概念

人口行政给付仅指人口行政物质帮助，其为行政机关在计划生育家庭成员年老、患病或丧失劳动能力等情况或其他特殊情况下，依照有关人口和计划生育等法律、法规的规定，赋予其一定的物质权益或与物质有关的权益的具体人口行政行为。

人口行政给付作为一种人口行政处理行为，具有如下基本特征。

（一）人口行政给付是行政主体依法向特定行政相对人——计划生育家庭成员给付金钱或实物

人口行政给付与人口行政征收不同，人口行政征收是行政主体向行政相对人的征与取，是无偿取之于民；而人口行政给付是给与付，完全无偿用之于民。另外，人口行政给付有别于人口行政许可，人口行政许可赋予行政相对人的是人口和计划生育方面的某种法律资格、法律权利，而人口行政给付给予相对人的是金钱或实物。

（二）人口行政给付的对象是具有特定情形的行政相对人

人口行政给付的对象是具有特定情形的行政相对人——个人、组织。例如，农村计划生育特殊困难家庭救助对象是农村户口、计划生育家庭成员、生活困难（因病、伤残、年老、失去孩子等）等人员。独生子女父母奖励费发给相应特定对象——16周岁以内独生子女且领取了独生子女证的家庭。

（三）人口行政给付是一种应申请的人口行政行为

人口行政许可也是应申请的人口行政行为，而人口行政征收是依职权的人口行政行为,其原因主要为:人口行政征收涉及的主要是国家人口和计划生育等社会公益,而人口行政给付、人口行政许可直接涉及的主要是个人、组织的人口和计划生育等方面的权益。

(四)人口行政给付是依据人口和计划生育等法律法规实施的人口行政行为

人口行政给付须按照人口和计划生育法律法规等内容,遵循法定的程序来实施。为了保护这些特定相对人的权利,行政机关在实施人口行政给付时,应告知相对人一定的救济途径。

二 人口行政给付的内容与形式

(一)人口行政给付的内容

人口行政给付内容是指行政机关通过人口行政给付行为赋予给付对象——计划生育家庭成员一定物质上的权益或与物质相关的权益。

1. 物质上的权益

表现为给付相对人——计划生育家庭成员一定数量的金钱或实物。

2. 与物质有关的权益

这种人口行政给付的表现形式很多,例如,相对人子女升学加分、就业倾斜照顾和政府代缴新型合作医疗费用和养老保险费用等。

(二)人口行政给付的形式

人口行政给付形式很多,名称不一,涵义差别较大。

目前,我国有关人口行政给付形式的法律、法规主要有:《中华人民共和国人口与计划生育法》、各省(自治区、直辖市)发布的省级《人口与计划生育条例》等。

综合这些法律、法规的规定,人口行政给付的形式主要为:①农村计划生育家庭奖励扶助;②农村计划生育家庭特殊困难家庭救助；③独生子女升学加分、就业照顾等；④独生子女父母奖励费；⑤政府代缴新型合作医疗费用；⑥政府代缴养老保险费用；⑦其他。

三 人口行政给付的程序

人口行政给付作为行政机关的一种法律行为，须按一定程序实施。

根据人口和计划生育等法律法规的规定，有的人口行政给付是定期性发放的，如农村计划生育家庭奖励扶助金、独生子女父母奖励费、政府代缴养老保险费用等；有的是一次性发放的，如计划生育家庭特殊困难家庭救助金、计划生育困难家庭慰问金、二女结扎户奖励金等；也有的是临时性发放的，如独生子女父母伤残轮椅发放、计划生育家庭突发性困难救济等。

不同的人口行政给付，其程序也存在着一定的差异。对于定期性的人口行政给付，一般经过由给付对象本人及其所在组织、单位提出申请，县乡政府或县级人口和计划生育局（委）等主管行政机关依法对其进行审查、核实等程序。在诸如独生子女父母伤残轮椅发放等情况下，还需要通过残联等专门部门及技术专家的鉴定，以确定伤残等级及标准，然后再定期（按月或按年）或随时发放。对于计划生育家庭特殊困难家庭救助金等一次性人口行政给付，通常由给付对象——计划生育家庭特殊困难家庭成员提出申请，县乡政府或县级人口和计划生育局（委）等主管行政机关予以审查核实，然后按照人口和计划生育等法律、法规或规章所确定的标准一次性发给。至于计划生育家庭突发性困难救济等临时性人口行政给付，有的由给付对象提出申请，有的由乡村（社区）等基层组织确定给付对象并提出申请报告，县乡政府或县级人口和计划生育局（委）等主管行政机关进行审查、批准后，再直接发给给付对象，或者经乡村（社区）等基层组织分发给给付对象。

各种人口行政给付的具体程序应由人口和计划生育等有关法律、法规或规章规定，不同形式的人口行政给付程序也存在一些共同的程序规则，主要的有：申请程序、审查程序、批准程序与实施程序。在这些程序中，一般都要求书面形式，由于人口行政给付的标的多为一定的财物，所以，在具体的给付程序中，人口和计划生育等法律、法规和规章还会规定一定的财物、物品登记和交接等程序。

第八章 人口行政强制

第一节 人口行政强制概述

一 人口行政强制的概念

人口行政强制是指行政主体为实现一定的人口和计划生育等行政目的,对相对人的财产及人身自由等采取的强制措施。

人口行政强制的主体是行政主体,即人口和计划生育等行政机关或法律、法规授权的组织。行政主体在其自身不具有直接采取行政强制措施权力的情况下,可申请法院实施强制。

人口行政强制的对象是相对人的财产及人身自由。这里的相对人是特定的,为拒不履行《中华人民共和国人口与计划生育法》《甘肃省人口与计划生育条例》等法律法规义务或对人口和计划生育等公共利益,以及他人身体健康或安全可能或正在构成危害,或者其本身处在或将处在某种危险状态之下的行政相对人。

人口行政强制是为了实现人口和计划生育等行政目的。所谓行政目的,即人口和计划生育等公共利益,主要指迫使法定义务人履行其应履行的人口和计划生育等方面义务,或者排除违法行为人对人口和计划生育等秩序，他人身体健康、安全等构成的或可能构成的危害，以及保护其本身处在或将处在某种危险状态下的行政相对人。

人口行政强制是一种具有可诉性的具体人口行政行为，相对人不服人口行政强制措施，可直接向法院提起诉讼，或者经行政复议后再向法院起诉。

二　人口行政强制的种类

广义而言，凡表现为强制形态的一切行政措施，均可归于人口行政强制。因此，拘留、罚款、吊销或扣留许可证和执照、责令停产停业、没收财物等行政处罚行为也属于人口行政强制措施。

而狭义上的人口行政强制是除了人口行政处罚以外的人口行政强制措施。

1. 人口行政强制措施可分为对财产的人口强制措施（如查封、扣押、冻结、强制拆除建筑物、变卖拍卖财物等）和对行为的人口强制措施（如强制许可、强制登记等）以及对人身自由的人口强制措施（如强制治疗、强制扣留、强制带离现场等）。

2. 人口行政强制执行是人口行政强制最基本的类型。此外，行政上的即时强制、行政监督检查中对相对人施加的强制措施，均归人口行政强制。

3. 根据人口行政强制性质和程序的阶段性，可将人口行政强制划分为执行性人口强制措施和即时性人口强制措施。

执行性人口强制措施主要是指人口行政强制执行，是行政主体为保证人口和计划生育等法律、法规、规章和其他行政规范性文件以及行政主体本身依法作出的人口行政决定所确定的行政相对人义务的实现，而采取的迫使违法拒绝履行相应人口和计划生育等方面义务的行政相对人履行义务或通过其他法定方式使相应人口和计划生育等方面义务得以实现的一种强制措施。执行性人口强制措施包括直接强制执行措施（如查封、扣押、冻结、划拨、扣缴等）和间接强制执行措施（如执行罚、代执行等）。

即时性人口强制措施是法律赋予人口和计划生育等部分行政主体的一种紧急处置权，又称预防、制止性人口强制措施，是指行政主体等有权机关为了维护人口和计划生育等社会秩序，保障社会公共安全，保护公民的人身、财产权免受侵害，采取一定的强制措施，对某种可能或正在发生的违法行为或危害社会及公民个人安全的行为予以预防或制止。例如，"非典"流行期间的强制隔离、强制检疫、强制治疗等，都属于预防、制止性人口行政强制措施。预防、制止性人口强制措施，可分为预防性即时强制和制止性即时强制，二者主要区别于其强制对象是"可能"还是"正在"实施违法或危害行为。

三　人口行政强制的作用及其必要性

（一）人口行政强制是实施人口和计划生育等行政法律规范的有力保障

任何一部人口和计划生育等领域法律、法规的社会价值均通过对其实施、执行而实现。为此，对于那些拒不履行法定人口和计划生育等领域义务的义务人，采取必要强制措施，迫使其遵守人口和计划生育等法律，执行人口和计划生育等法律，履行该法律赋予的义务，从而保证该法律、法规的顺利实施，维护人口和计划生育等法律、法规的严肃性，维护人口和计划生育等法制的尊严。

（二）人口行政强制是行政机关依法行使人口和计划生育等职权的有力保障

在人口和计划生育等行政管理过程中，行政机关对相对人科以诸如依法生育等人口和计划生育义务，并使依法生育等义务得以履行，是人口和计划生育等行政职权行使的必需。现实生活中，有的相对人往往不履行依法生育等义务。人口行政强制措施的实施有利于预防、制止或避免违法生育、性别偏好的选择性人工终止妊娠等现象的发生，有利于维护、提高人口和计划生育等行政职权的尊严，确保其有效运行。

（三）人口行政强制是维护人口和计划生育等社会公共秩序，促进市场经济发展的必要手段

人口行政管理的根本目的是维护人口和计划生育等社会公共秩序，为市场经济的发展创造良好的人口环境，而人口行政强制措施则是实现这一目标的有效手段之一。行政机关作为人口和计划生育等社会秩序的维护者，在制止、预防违法人口和计划生育等行为，敦促相对人履行依法生育、制止性别偏好的选择性人工终止妊娠等义务过程中，仅靠说服、劝导等手段达不到一定的效果，对拒不履行人口和计划生育等义务的相对人通过采取必要的强制手段或者制裁手段，才能阻止其拒不履行人口和计划生育等义务的行为，才能及时、有效地排除危害人口和计划生育等社会公共秩序的隐患，确保社会经济稳定、健康发展。

（四）人口行政强制是教育行政相对人增强人口法制观念，自觉履行人口和计划生育等法定义务的有效方法

人口行政强制虽然通过实施强制措施来维持人口和计划生育等社会秩序，以及公民、法人和其他组织合法的计划生育权益，但对相对人的人口和计划生育法制宣传以及教育、警戒作用明显。人口和计划生育等行政机关在实施人口强制措施过程中，应当着眼于教育义务人，增强其人口法制观念，促使其自觉履行人口和计划生育等法定义务。说服教育与强制相结合、强制与预防相结合的原则是人口和计划生育等行政机关实施人口行政强制措施须遵循的行为准则。

第二节 人口行政强制执行

一 人口行政强制执行的概念

人口行政强制执行是指在人口行政法律关系中，作为义务主体的行政相对人不履行其应履行的人口和计划生育等义务时，人口和计划生育等行政机关或法院依法采取强制措施，迫使其履行人口和计划生育等义务。

法院的强制执行是依人口和计划生育等行政机关的申请所作的执法行为。法院只有根据人口和计划生育等行政机关的申请，并按照法律规定的程序，才能实施强制执行。法院所进行的强制执行，实质上是人口和计划生育等行政权中执行权能的体现，是人口和计划生育等行政机关强制执行权的延伸和继续。

二　人口行政强制执行的特征

（一）行政相对人不履行应履行的人口和计划生育等义务，是适用人口行政强制执行的前提条件

人口行政强制执行是针对行政相对人不履行法律规定的人口和计划生育或由人口行政行为确立的义务而采取的强制措施，是强迫作为义务主体的行政相对人履行其应履行的人口和计划生育等义务，以保障人口和计划生育等相应行政管理目标的实现。

对于未到限定期限的义务等情形，对行政相对人不能采取人口行政强制执行措施，否则便构成对行政相对人合法权益的侵害。

（二）人口行政强制执行措施由人口和计划生育等行政机关或法院实施

由谁适用人口行政强制执行，须依据法律规定。一般而言，对于紧急的、应及时采取行政强制执行的人口行政行为，由人口和计划生育等行政机关实施；而对于经过一段时间不会影响人口行政行为效果的行政强制执行，出于对行政相对人权益的保护，则由人口和计划生育等行政机关申请法院予以实施。例如，2001年12月29日通过的《中华人民共和国人口与计划生育法》第41条规定，"不符合本法第十八条规定生育子女的公民，应当依法缴纳社会抚养费。未在规定的期限内足额缴纳应当缴纳的社会抚养费的，自欠缴之日起，按照国家有关规定加收滞纳金；仍不缴纳的，由作出征收决定的人口和计划生育行政部门依法向法院申请强制执行"。

（三）人口行政强制执行的目的是保障人口和计划生育等行政义务的履行

人口行政强制执行无论由法院实施，还是由人口和计划生育等行政机关实施，其目的都是为了保障法律规定的人口和计划生育或人口行政行为所确立的行政义务的履行。

法院在接受人口和计划生育等行政机关的人口行政强制执行申请时，应对人口行政行为的合法性审查。如果认定相应行为合法即予以执行，如果确认相应行为不合法则应拒绝执行。

（四）人口行政强制执行的对象具有广泛性

人口行政强制执行的对象既可是物，如查封、扣押、冻结等；又可是行为，如强制许可、强制登记等；亦可是人，如强制治疗、强制扣留等。

人口行政强制执行的具体实施方式，须由人口和计划生育等法律、法规明确规定，执行机关须严格按照法定形式实施，不得任意变更。

（五）人口行政强制执行不得执行和解

人口行政强制执行是行政主体依照人口和计划生育等法律规定对相对人作出的保障人口行政行为得以执行的强制措施。

对于行政主体而言，行使人口和计划生育等行政权力既是权利又是义务，须依法行使，不得放弃或自由处置。即代表国家参加人口行政法律关系的行政主体不得放弃自己的权力，因而与民事执行不同，行政主体在人口行政强制执行过程中不得自行与相对人执行和解。

三　人口行政强制执行的种类

根据行政义务的不同，可采取不同类型的人口行政强制执行。

以执行人是否可亲自或请人代替法定义务人履行其人口和计划生育等义务为标准，一般将人口行政强制执行分为间接人口强制执行和直接人口强制执行。

(一）间接人口强制执行

通过间接手段迫使义务人履行其应当履行的人口和计划生育等义务，或者达到与履行义务相同状态的人口行政强制措施，称为间接人口强制执行，其可分为代执行和执行罚。

1. 代执行

代执行是人口行政强制执行机关或第三人代替义务人履行人口和计划生育等法律、法规规定的人口和计划生育或者人口行政行为所确立的义务，并向义务人征收必要费用的人口强制执行措施。

代执行的实施前提是须有人口和计划生育等法律、法规的规定或有合法的人口行政行为存在，而法定义务人不履行其应履行的人口和计划生育等法定义务。

（1）代执行的主体和对象

代执行的主体须是人口行政强制执行机关或其指定的第三人。

人口行政强制执行机关自身代替义务主体履行人口和计划生育等义务，是完成其所承担任务的一种有效途径。由第三人来代为执行，只有在第三人接受该机关指定后才能执行。人口行政强制执行机关成为代执行主体，并不意味着该机关及其公务员须具体实施代执行行为，而只是其主持和指挥即可。代执行的对象是人口和计划生育等法律、法规规定的人口和计划生育或人口行政行为所确立的可代替作为义务，例如基层自治组织代计划生育家庭出义务工等。对于不可代替作为义务和不可代替不作为义务，例如接受人身隔离、责令停止从事人口和计划生育等法律禁止事项等，则不可代执行。

（2）代执行的程序

代执行程序，通常分为告诫、代执行和征收费用三阶段。

告诫为事先书面形式。在告诫设定的履行期限内，义务人未履行且确有不履行义务的故意而不是实际上不能履行时，才可实施代执行。在特殊情况下，由于形势紧迫，无时间采取告诫程序时，才可不经事先告诫或不待期限届满，立即代为执行（为即时代执行）。

代执行以向义务主体征收人口和计划生育等相关费用为终结。代执行费用的数额，应以代执行实际支出的人力、物力为限，不应超过这一限度，否则就为人口行政处罚。代执行费用征收的时间，是事前征收还是事后征收，目前我国人口和计划生育等法律尚无明确规定。通常而言，事前征收既可给义务主体一定的心理压力，促使其自动履行义务，以达到人口和计划生育等行政目的，又可了解义务主体的支付能力，便于执行机关酌情确立采用执行方法，保证代执行公正有效实施。

（3）代执行的优势

代执行避免了执行机关直接凭借国家强制力迫使义务人履行人口和计划生育等义务，缓解了义务主体对执行的抗拒心理，在代执行过程中只要义务人不妨碍执行，就达到执行目的。

2. 执行罚

又称强制金，是人口行政强制执行机关对拒不履行不作为义务或不可代替作为义务的义务主体，科以金钱给付义务，以迫使其履行的人口强制执行措施。

（1）执行罚与行政处罚中的罚款

执行罚与行政处罚中的罚款两者联系为：均以人口行政违法为前提，均科处相对人一定的金钱给付义务。

两者的区别在于性质和功能上不同：执行罚目的是通过罚缴一定数额的金钱，促使义务主体履行其应履行而拒不履行的人口和计划生育等义务，而罚款是对已经发生的人口行政违法行为给予金钱制裁；执行罚可针对同一事项反复适用，罚款则遵循"一事不再罚"原则。

（2）执行罚主要特点

作为人口行政强制执行中的一种独立的法律制度，执行罚主要特点如下：

第一，执行罚一般只用于不作为义务和不可代替作为义务。执行罚在我国人口和计划生育等行政管理中广泛运用，最为典型的是滞纳金。

第二，执行罚的数额须由人口和计划生育等法律、法规明文规定，执行机关不能自己设定。例如，《中华人民共和国人口与计划生育法》第41条规定，"不符合本法第十八条规定生育子女的公民，应当依法缴纳社会抚养费。未在规定的期限内足额缴纳应当缴纳的社会抚养费的，自欠缴之日起，按照国家有关规定加收滞纳金；仍不缴纳的，由作出征收决定的人口和计划生育行政部门依法向人民法院申请强制执行。"

凡人口和计划生育等法律、法规明确规定了数额的，执行机关只能依法实施，无裁量余地；如果人口和计划生育等法律、法规只规定了一定幅度，执行机关则可在法定幅度内自由裁量，其标准能促使义务主体自动履行义务。

第三，执行罚的数额，从义务主体应履行义务之日起按日计算，可反复适用。但是义务主体履行了义务，执行罚不再适用。

（3）执行罚的程序

执行罚的程序与代执行基本相同，即须预先告诫，在适当履行期限内义务主体仍不履行其义务时，才实施执行罚。

（二）直接强制

直接强制是指义务主体逾期拒不履行其应履行的人口和计划生育等义务时，人口行政强制执行机关对其人身或财产施以强制力，以达到与义务主体履行人口和计划生育等义务相同状态的一种人口行政强制措施。

直接强制一般分为人身强制和财产强制。

由于直接强制以国家强制力为手段，以义务主体的人身权利或财产为执行对象，只有在无法采用代执行、执行罚情况下，或者虽采用了代执行或执行罚，但难以达到执行目的时，才适用直接强制。

总之，人口行政强制应按从轻至重顺序选择执行措施，以确保在完成人口行政强制执行的同时，避免给相对人权益造成不应有的损害。

四 人口行政强制执行的具体实施方式

人口行政强制执行的具体实施方式,须由人口和计划生育等法律法规明确规定,执行机关须严格按照法定方式,不得创设或变更。

根据人口行政强制执行对象,人口行政强制执行的具体实施方式,分为对财产、行为和人身的执行方式。

(一) 对财产的人口行政强制执行方式

对财产的人口行政强制执行方式指义务主体逾期不履行人口和计划生育等义务时,人口行政强制执行机关对义务主体的财产实施强制措施的具体执行方式。具体主要有以下几种。

1. 滞纳金

适用于有缴纳金钱义务的义务主体不按时缴纳应缴款项的情形。主管机关从相对人滞纳之日起,按日并按滞纳款比例加收一定的金额。例如,《中华人民共和国人口与计划生育法》第41条规定,"不符合本法第十八条规定生育子女的公民,应当依法缴纳社会抚养费。未在规定的期限内足额缴纳应当缴纳的社会抚养费的,自欠缴之日起,按照国家有关规定加收滞纳金;仍不缴纳的,由作出征收决定的计划生育行政部门依法向人民法院申请强制执行。"《中华人民共和国行政处罚法》第51条第1项规定,当事人到期不缴纳罚款的,每日按罚款数额的3%加处罚款。

2. 查封、扣押、冻结

查封是指行政主体在行政相对人的财产上加贴封条,予以强制封存。查封期间限制财产权的使用,被查封人不得处分其财产。查封的目的主要是为了保障人口行政决定的执行和行政相对人的金钱、财产给付义务的实现,防止行政相对人在人口行政决定强制执行前转移、隐瞒或毁损其可供执行的财产。

扣押是指行政主体限制行政相对人对其财产的继续占有和处分的一种强制措施。扣押的目的是为了保证人口行政决定的执行和相对人的金钱、财产给付义务的实现。

冻结是指行政主体在行政调查和检查时，为防止相对人转移资金，以保证日后处罚的执行，通知有关单位冻结相对人的款项。

3. 强制划拨、强制扣缴、强制抵缴

适用于有缴纳金钱义务的义务主体逾期不履行缴纳金钱义务的情形。

执行过程中，执行机关通知银行从义务主体的存款或其他款项中强行划拨、强制扣缴入库或将义务主体的保证金和被扣留的货物、物品、运输工具等变价充抵应缴纳的金钱，以达到与义务主体履行义务相同的状态。

4. 强制收购、限价出售

强制收购是指行政主体对相对人私自买卖、计价使用、借贷抵押国家禁止流通的物品予以强制收购。限价出售是指行政主体对违反国家物价规定，高价出售商品或倒卖商品的相对人，强制其按规定的价格出售有关商品。

（二）对行为的人口行政强制执行方式

对行为的人口行政强制执行方式适用于义务主体逾期不履行作为义务的情形，指人口和计划生育等行政执行机关依照人口行政强制执行程序迫使相对人履行作为义务。

（三）对人身的人口行政强制执行方式

对人身的人口行政强制执行方式适用于义务主体不履行法定的人身义务，即行政执行机关依人口行政强制执行程序对相对人人身采取行政强制。

对人身的人口行政强制执行须有法律根据，其执行内容要件须由法律具体规定。

目前，主要有强制履行和强制隔离等。患需要隔离的传染病人应当依有关行政机关的决定在限定时间内到指定场所接受隔离，对拒绝、逃避隔离的，有关行政机关可以将其强制隔离。例如《急性传染病管理条例》第 19 条规定：发现甲类传染病人或疑似病人的卫生医疗单位必须立即对病人或疑似病人进行严密隔离和抢救治疗，并采样检验。

五　人口行政强制执行的原则

（一）依法执行原则

人口行政强制执行须严格依照法律规定。

首先，执行机关须合法，无执行权的机关和组织均不得强制执行。

其次，执行活动须有法律依据，没有法律依据便不能强制执行。

再次，行政强制执行须依照法定程序。例如，对于查封、扣押的财产须造具清单等。

（二）说服教育和强制相结合原则

行政主体在采取人口行政强制执行措施前，须告诫当事人，通过说服教育，使当事人依法自觉履行法定的人口和计划生育等义务。只有在说服教育无效后，即当事人仍不履行法定义务时，才应对其采取人口强制执行措施。

（三）及时、准确、手段正当原则

人口行政强制执行须在法定期限内实施，不得逾期；当人口和计划生育等法律、法规没有对执行时限明确规定时，执行机关应在适当时限内，即不使相对人隐藏、转移、变卖、毁损强制执行标的物的期限，采取人口强制执行措施。

人口行政强制执行须准确，证据确凿，执行手段合理、公平、适当，达到最佳社会效果。

（四）执行标的有限原则

对财产和金钱给付义务的人口强制执行，应有一定范围和限度。

依据法律规定，执行机关可冻结、划拨被执行人的存款或扣留、提取被执行人的劳动收入，亦可查封、扣押、冻结、拍卖、变卖被执行人的财产。但是，执行过程中，执行机关不得超出被执行人应履行义务的范围；对于被执行的公民，应保留其本人及其所抚养、赡养家属的生活必需费用和生活必需品，不影响被执行人及其所抚养家属的最低生活标准。某些复杂情况下，难以准确判断所涉及财产的价值，采取人口强制执行措施后，发现已超出被执行人应履行义务的范围时，应将多余部分退还被执行人。

（五）保护当事人合法权益原则

在查封、扣押财产时，应通知被执行人或其成年家属或法人或其他组织法定代表人或者主要负责人到场。应赋予被执行人陈述和申辩的权利，必要时还应当举行听证。如果被查封、扣押的财产是国家禁止自由买卖的物品，例如国家免费发放的避孕套等药具，应交计划生育药具部门等有关单位按照国家的相关规定处理或国家规定的价格收购，不能贱价变卖。

（六）协助执行原则

在人口行政强制执行中，若执行标的物由案外的有关单位或者个人占有、持有或者保存时（没有被执行人占有或持有），执行机关应通知有关单位或者个人协助执行，有关单位或个人有义务按照通知要求协助执行。若有义务协助执行的有关单位或者个人，在接到协助执行通知书后，无故推拖、拒绝或妨碍执行，将被依法追究相应法律责任。

六　人口行政强制执行的程序

（一）人口行政机关强制执行程序

1. 调查

人口行政强制执行的前提是相对人逾期不履行其应履行的人口和计划生育等义务。因此，行政机关应首先调查。只有通过调查，确认义务人有不履行义务的故意时，才能作出人口行政强制执行决定。

2. 审查

为维护义务人合法权益免受侵害，作出人口行政强制执行决定前，人口和计划生育等行政机关应严格审查：除审查原人口行政行为是否存在违法或不当之处外，还应审查除人口行政强制执行外是否有别的更为适宜的手段。审查后，若发现原人口行政行为有违法或不当之处，则不得实施强制执行；若原人口行政行为合法且有其他比强制执行更为柔性的手段同样可达目的，则应采取更为柔性的手段。

3. 通知和告诫

在调查和审查基础上，发出人口行政强制执行决定后，人口和计划生育等行政机关不应立即实施。在正式实施强制执行前，应向义务人通知和告诫，限定适当的履行期限，要求其自觉履行。

4. 执行

义务人在限定期限内仍拒绝履行义务时，人口和计划生育等行政机关可依法采取人口强制执行措施，以实现原人口行政行为内容。人口行政强制执行，应制作现场笔录。属于代执行的，执行费用由义务人承担。

（二）法院强制执行程序

1. 强制执行申请

在行政相对人逾期不履行其应履行的人口和计划生育等义务，且人口和计划生育等法律、法规明确规定此类强制执行由法院实施的情况下，人口和计划生育等行政机关应向有关的法院（负有义务的行政相对人所在地的法院或不动产所在地的法院）提出书面强制执行申请，请求法院强制执行。

2. 审查立案

在接到人口强制执行申请书及有关法律文书后，法院应立即了解案情、明确需要执行的事项，审查该强制执行申请是否合法、适当，以及其他法律文书是否齐备，内容是否明确，被执行人是否有执行能力等。凡不具备立案条件的，不予立案；凡符合执行条件的，应予立案，并尽快执行；申请书存在缺陷的，应暂缓执行，等事项准确无误后再执行。

3. 强制执行决定与通知履行

通过立案审查后，认为相应案件符合执行条件的，法院作出强制执行决定，并正式通知被申请人，同时对其法制教育。若被申请人确有履行能力，经说服教育，逾期仍不履行的，法院强制执行。

4. 强制执行准备与实施

实施强制执行前，法院应填写强制执行证，并报院长批准，制定执行计划，通知协助单位和个人，制订相应的安全措施。执行结束后，应将情况书面通知申请执行的人口和计划生育等行政机关。

5. 收取费用

人口强制执行需支出费用的，由被执行人负担。被执行人应及时交纳有关费用。

第三节 人口行政即时强制

一 人口行政即时强制的概念

在某些特殊情况下，人口行政强制措施的采取不以义务的不履行为前提，而是直接即时实施。例如，在人口行政监督、检查活动中，为打击、取缔伪造、变造、买卖计划生育证明等违法行为，人口行政机关须现场检查，若事先发布命令，则难以达到预期目的。因此，该措施须及时、迅速实施，人口行政主体可不发布命令即对相对人的身体、自由及财产施加强制。

人口行政即时强制是指因情况紧迫行政主体无余暇发布命令，或虽有余暇发布命令，但若发布命令便难以达到预期人口行政目的时，行政主体不以相对人不履行人口和计划生育等义务为前提，而对相对人的人身、自由和财产予以强制的活动或制度。

二 人口行政即时强制的类型

根据强制标的异同，人口行政即时强制可分为以下几种。

1. 对人身及人身自由的强制。例如《急性传染病管理条例》《艾滋病监测管理的若干规定》规定的强制隔离、强制治疗等。

2. 对住宅、工作场所等现场进行的强制。例如，为打击、取缔伪造、变造、买卖计划生育证明等违法行为，执法人员直接进入住宅或其他场所检查、搜查等。

3. 对财产的强制。例如，当场查封、扣押、冻结等。

三 人口行政即时强制的要件

（一）有法律根据

人口行政即时强制是由人口行政机关无任何预告而突然采取的人口强制措施，对相对人的人身、自由及财产的影响极大，易导致相对人合法权益的侵害。因此，一般而言，实施人口行政即时强制须有明确法律依据。

当然，关于人口行政即时强制的法律规定，有时以含糊、不够确定的概念予以规定，笼统地赋予行政机关行使人口行政即时强制权限。因而其要件的认定及即时强制程度、形态及方法等方面的选择，一般由执行机关裁量。即时强制权的运用须慎重，要尽可能使强制措施合理、适度。

（二）实施强制时出示证件

由于即时强制较易导致相对人权益的侵害，因此，实施即时强制时，一般要求出示证件。进入住宅、工作场所搜查、检查，也应出示身份证件和搜查、检查证件。但是，法律并不要求所有即时强制都须履行此程序。例如，对于严重危害社会治安秩序的突发事件实行现场管制时，如果情况紧迫执法人员可不在行动前出示证件。

第四节　人口行政强制的法律性质及法律救济

一　人口行政强制的法律性质

一般情况下，人口行政强制行为是独立的具体人口行政行为。多数情况下，其是从属性的具体人口行政行为。

独立的具体人口行政行为是指该具体人口行政行为脱离其他具体行政行为独立存在，即该行为及其法律效力不以其他具体人口行政行为及法律效力的发生为前提。而从属性的具体人口行政行为指该具体人口行政行为不能脱离其他具体人口行政行为而独立存在，即该行为及其法律效力须以其他具体人口行政行为及法律效力的发生为前提。

二　人口行政强制的法律救济

为了防止不当或违法行政强制侵害相对人合法权益，行政强制措施有关法律、法规赋予行政相对人寻求法律救济的权利。例如，《中华人民共和国行政诉讼法》第11条规定，行政相对人"对限制人身自由或者对财产的查封、扣押、冻结等强制措施不服的"，可向法院提起行政诉讼。《中华人民共和国国家赔偿法》第3条、第4条规定了对人身权和财产权侵犯的情形，其中就包括对财产、人身的行政强制措施（可依法保障相对人取得国家赔偿）。

人口行政强制的法律性质不同，则其法律救济途径和方式也异同。

对于作为独立性具体人口行政行为的人口行政强制措施，行政相对人若不服，可依法申请复议或提起行政诉讼。对于从属性的具体人口行政行为，如果行政相对人对行政强制执行的人口行政处理决定或人口行政处罚决定不服，则应对所执行的人口行政处理决定或人口行政处罚决定申请复议或提起行政诉讼；如果行政相对人对人口行政强制措施（执行方法违法、执行超出行政决定范围、滥用执行权损害了相对人健康等）不服，则直接以行政强制措施为行政复议或行政诉讼的客体对人口行政强制执行申请复议或提起行政诉讼。

第九章 人口行政调查

第一节 人口行政调查概述

一 人口行政调查概述

(一) 人口行政调查概述

合法行使人口行政调查权时，相对人有义务忍受因此造成其权利义务的影响；违法行使人口行政调查权时，人口行政主体承担法律责任。

若由于人口行政调查，致使行政相对人合法权益受到侵害的，可获得一定的法律救济（须申请行政复议或提起行政诉讼）。

(二) 人口行政调查的概念

人口行政调查是指为了实现人口和计划生育等行政目的，行政主体依其职权，对一定范围内的行政相对人实施的检查、了解等信息收集活动。这种调查活动，有可能影响相对人权益。例如，人口和计划生育部门对城乡计划生育家庭生殖健康服务等情况的入户调查。

二 人口行政调查的种类

1. 人口行政调查可分为特定调查和一般调查。其中，特定调查是指行政主体为了计划生育特殊困难家庭数量统计等特定目的，而开展的人口和计划生育等情况调查；一般调查指行政主体为了流动人口数量统计等一般的人口和计划生育等行政目的而开展的调查。

2. 人口行政调查还可分为经常性调查、临时调查和具体案件调查。

3. 人口行政调查可分为任意调查、强制调查和间接强制调查。其中，任意调查是指在行政相对人协助基础上开展的调查，强制调查排除相对方抵抗而开展的调查（即时强制），间接强制调查指以罚则或行政强制措施为背景的任意调查。

第二节 人口行政调查的特征和程序规则

一 人口行政调查的特征

人口行政调查是行政主体的职权行为。

强制调查和间接强制调查，一般需要法律依据。法律若无明文规定强制调查权，行政主体不能依其自身判断行使强制调查权。

在我国，法律规定行政调查权时，同时规定了强制调查权。

人口行政调查基本特征如下。

1. 人口行政调查是行政主体的行为。除行政主体外，其他任何组织或个人均不具有行政调查的主体资格。

2. 人口行政调查是行政主体的职权行为，具有命令性、强制性和执行性。行政相对人拒绝和违背人口行政调查，有时会导致人口行政强制措施的实施，以保证人口行政调查的实现；有时会导致相对人权利被限制或被剥夺。

人口行政调查既是行政主体的法定职权，又是其法定职责，须依法行使。人口行政调查权的行使，由行政主体根据其职能、职责需要，能动地决定。行政主体依法应履行人口行政调查权而不履行，构成行政失职，应承担法律责任。行政主体履行人口行政调查职责，违反法定职权范围、对象、方式、程序等约束，构成滥用职权，也应承担法律责任。

3. 人口行政调查的对象是特殊行政相对人（大多数对象为育龄期人群）。而行政主体内部相关人口和计划生育的调查、了解等活动，非人口行政调查。

4. 人口行政调查和人口行政立法、人口行政许可、人口行政处罚、人口行政强制执行等人口行政行为密切相关，但人口行政调查并不依附于其他人口行政行为，而是一种独立行政职权。人口行政调查结果可能引起人口行政处罚等其他人口行政行为，也可能不引起任何其他人口行政行为。

5. 人口行政调查内容是对相对人某些人口和计划生育等情况的检查、了解等信息收集。人口行政调查并不直接处理或改变相对人的实体权利和义务，但是人口行政调查是行政主体实施的旨在执行人口和计划生育等法律和保障人口行政目的实现，由于其具有迫使相对人服从的强制性效力，因此，能够对相对人的权利义务产生一定影响，容易限制相对人权利的行使，给相对人增加程序性义务。

二　人口行政调查的程序规则

除了应有人口和计划生育等法律依据和遵循法定权限、规则外，人口行政调查须遵守如下程序和规则。

1. 行政调查时，需出示执法证件，佩戴公务标志。对于不具有相应公务身份要求的检查行为，相对人有权予以拒绝。

2. 除个别突击的人口行政调查外，一般人口行政调查应事先告知相对人，并向相对人说明理由。

3. 人口行政调查过程中，应严格遵循法定时限或合理时限。法律法规规定了调查时限的，须在规定时限内实施行政调查；法律无明确规定调查时限的，应在通常合理时限内完成行政调查。

4. 现场调查，应通知调查相对人到场，实行公开调查，赋予相对人提出意见的机会，防止调查权的滥用，保护相对人的合法权益。

5. 住所调查，应事先取得有权机关签发的证件。

6. 人口行政调查结果资料，不得用于非公务的其他目的。

7. 人口行政调查不得泄漏商业秘密和个人隐私，行政调查主体及其工作人员皆负有保守秘密的义务。

第十章 人口行政处罚

第一节 人口行政处罚概述

一 人口行政处罚的概念

（一）人口行政处罚概念

人口行政处罚是行政主体为了维护人口和计划生育等公共利益，保护公民、法人和其他组织的合法权益，对违反人口和计划生育等行政管理秩序，依法应当给予行政处罚的行政相对人所给予的法律制裁。

人口行政处罚是典型的侵益性行政行为。

（二）人口行政处罚的主体和对象

1. 人口行政处罚主体

人口行政处罚的主体是作为行政主体的人口和计划生育等行政机关，法律、法规授权的组织。人口和计划生育等行政机关、法律法规授权的组织只享有与其执法管辖权——人口和计划生育等执法管辖权相适应的人口行政处罚权和只能适用人口和计划生育等法律法规规定其适用的人口行政处罚权。

2. 人口行政处罚对象

人口行政处罚的对象是违反人口和计划生育等行政管理秩序，依法应当给予行政处罚的行政相对人。违反人口和计划生育等行政管理秩序是指行政相对人不遵守人口和计划生育等行政法律规范，不履行人口和计划生育等行政法律规范规定的义务，侵犯国家人口和计划生育等社会公益或其他个人、组织的合法权益，危害人口和计划生育等行政法律规范所确立的管理秩序的行为。依法应给予行政处罚是指有关人口和计划生育等法律、法规，对相应违反人口和计划生育等行政管理秩序的行为规定了行政处罚。行政主体实施人口行政处罚须有明确的法律、法规依据，若无明文规定，则不受行政处罚。

(三) 人口行政处罚与行政处分

人口行政处罚与行政处分区别很大。

首先，行政处罚是对实施了违反行政管理秩序的行政相对人的制裁，行政处分是对违反政纪的国家公务员的惩戒。

其次，行政处罚属于外部行政行为，相对人不服可提起行政诉讼。行政处分属于内部行政行为，被处分者不服只能申诉，不能提起行政诉讼。

再次，行政处罚的主体是享有相应对外管理权限的行政执法机关或法律、法规授权的组织，行政处分的主体是公务员所属行政机关或行政监察机关。

最后，行政处罚的对象既可是公民个人，也可是法人或其他组织，而行政处分的对象一般为公务员个人。

二 人口行政处罚的特征

人口行政处罚的特征是人口行政处罚本质的外在表现，是人口行政处罚区别于其他法律制度或法律措施、手段的具体表现。

1. 人口行政处罚的主体是行政主体，行政主体实施人口行政处罚须依据法定权限。

（1）享有和行使人口行政处罚权的主体是法定的

首先，人口和计划生育等行政机关享有人口行政处罚权。

其次，根据人口和计划生育等法律、法规授权，具有管理人口和计划生育等公共事务职能的组织也可享有人口行政处罚权。

最后，根据人口和计划生育等行政机关的委托，符合法定要件的组织可行使人口行政处罚权。

（2）就某项特定的人口行政处罚权而言，并非所有行政主体均享有

一个行政机关是否享有人口行政处罚权和在多大范围内享有人口行政处罚权，要视国务院或者经国务院授权的省、自治区、直辖市政府的决定而定。

（3）行使人口行政处罚权，须严格依据法定权限

人口和计划生育等行政机关的人口行政处罚权，须在其法定职权范围内实施。例如，人口和计划生育等机关不能对违反工商行政管理法规的行为实施处罚。不同层级的行政机关享有不同范围的处罚权，任何机关都不得逾越职权，行使其他机关的处罚权。

人口和计划生育等法律、法规授权的组织，须在法定授权范围内实施人口行政处罚。

依照人口和计划生育等法律、法规或者规章的规定，人口和计划生育等行政机关可在其法定权限内委托其他组织实施人口行政处罚，但须对受委托组织实施人口行政处罚的行为负责监督，并对该行为的后果承担法律责任。

受委托组织须在委托范围内，以委托行政机关的名义实施人口行政处罚，且不得再委托其他任何组织或者个人实施人口行政处罚。

2. 人口行政处罚是对违反人口和计划生育等行政法规行为的行政相对人的制裁。

（1）人口行政处罚是以行政主体的名义行使人口和计划生育

等行政权的行为，针对行政相对人。

（2）人口行政处罚针对违反人口和计划生育等行政法规行为的行政相对人，显示国家对该行为的谴责和否定评价。涉及法人违法时，受处罚的除法人外，还可能包括法人代表、法人内部的直接责任人。

（3）人口行政处罚是一种制裁，对违反人口和计划生育等行政法规范的行政相对人的人身自由、财产、名誉或其他权益的限制或剥夺，或者对其科以新的义务，体现了强烈的制裁性或惩戒性。因而要求行政机关严格依据法律、法规或规章规定的处罚适用条件和程序等实施人口行政处罚。

3. 人口行政处罚目的是有效实施人口和计划生育等行政管理，维护人口和计划生育等公共利益和社会秩序，保护公民、法人和其他组织的合法权益，同时对违法者予以惩戒。

4. 人口行政处罚是对违反人口和计划生育等行政法律规范，尚未构成犯罪的行政相对人的制裁。

行政处罚是针对尚未构成犯罪的违法行为所给予的制裁。违法行为若构成犯罪，应依法追究刑事责任，不得以行政处罚代替刑事处罚。

第二节 人口行政处罚的种类与设定

一 人口行政处罚的种类

《中华人民共和国行政处罚法》规定的行政处罚有：警告，罚款，没收违法所得、没收非法财物，责令停产停业，暂扣或者吊销许可证、执照，行政拘留以及法律、行政法规规定的其他行政处罚。

（一）警告

1. 警告的概念

警告即申诫罚，又称精神罚或影响声誉罚，指人口和计划生育等行政机关或者法律、法规授权组织对违反人口和计划生育等方面行政管理的行为人予以谴责与告诫，通过对违法行为人名誉、荣誉、信誉等施加影响，引起其精神上的警惕，使其不再违法的处罚形式。

2. 警告的主要特征

首先，警告是以影响违法者声誉为内容，令其纠正违法，避免再犯为目的的处罚。虽然不涉及违法者的人身自由、财产权利和行为能力等，但警告通过对其声誉施加影响，达到防止其继续或重新违法的处罚目的。

其次，在人口行政处罚中，警告是最为轻微的一种处罚形式，适用于情节较轻微或未造成实际危害后果的违法行为。

警告既可适用于公民个人，又可适用于法人或其他组织；既可单处，也可并处。

最后，警告是要式行为。警告处罚决定，须由执行处罚的机关作出书面裁决，向本人宣布并交送本人。

(二) 罚款

1. 罚款的概念

罚款指行政处罚主体依法强制违反人口和计划生育等行政法规行为人在一定期限内向国家缴纳一定数额金钱的处罚方式。

典型的财产罚，罚款数额由具体人口和计划生育等法律法规规定，有最高额和最低额，有时还规定加重和减轻的限额。

2. 罚款实施机关或组织

罚款是对违反人口和计划生育等法律规范行为的制裁措施，只能由人口和计划生育等行政机关、法律法规授权的组织以及受行政机关委托的组织依法实施，其他任何组织和个人不得实施。罚款是要式行为，有处罚权的机关或组织须以书面形式作出罚款决定，依法规定罚款数额和缴纳期限，并按规定告知被罚款人有关申诉和起诉等权利。

3. 罚款与刑罚罚金

罚款（行政机关实施的行政制裁手段）与刑罚罚金（法院判处犯罪分子向国家缴纳一定数额金钱的刑罚方法）的区别有以下几个。

首先，罚款由行政机关和法律、法规授权的组织及受行政机关委托的组织适用，而罚金由法院适用。

其次，罚款是独立的行政处罚形式之一，而罚金是刑罚中的附加刑的一种。

最后，罚款适用于尚未构成犯罪的行政违法行为，而罚金适用于犯罪行为。

4. 罚款与执行罚

罚款与执行罚的区别在于：均以金钱缴付为内容，但目的各异。罚款的目的是使违法者遭受金钱损失，从而达到制裁的目的；而执行罚的目的是迫使义务人履行其应履行的义务。

罚款不因违法行为人停止或纠正违法行为而中止或免除，而执行罚一旦义务人开始履行义务便告终止。

（三）没收违法所得、没收非法财物

1. 没收违法所得

（1）没收违法所得的概念

没收违法所得，是指特定的行政机关或法定的其他组织依法将违法行为人的违法所得收归国有的处罚形式。

违法所得是指违法行为人从事非法经营等获得的利益，例如通过非法为他人施行计划生育手术、实施假节育手术、进行假医学鉴定、出具假计划生育证明等所获得的财产和收入等。违法所得应全部收归国有。

（2）没收违法所得的意义

没收违法所得，虽并不涉及违法者合法收入或财产，但并不影响其作为一种行政处罚的制裁和惩戒意义。由于在没收前该财产或收入暂由违法者控制，将该财产或收入收归国有，致其已经获得的财产或收入丧失，体现了法律对其否定评价和制裁。

2. 没收非法财物

没收非法财物是指行政机关将违反行政法律规范的行为人的违法工具、物品和违禁品等收归国有的处罚形式。非法财物是指违法者用于从事违法活动的违法工具、物品和违禁品等。例如，利用超声技术和其他技术手段为他人进行非医学需要的胎儿性别鉴定或者选择性别的人工终止妊娠时，所使用的 B 超、化验等医学设备等，其本身虽非违法所得，但却被用于违法行为，属非法财物，故应予以没收；法律严禁生产、销售、储存的物品，如非法生产计划生育避孕药具或销售国家免费发放的避孕套（其非商品）等，应一律没收。

行政机关只能没收法律、法规明确规定属于非法财物的财产和物品。公民、法人的合法收入及物品，不能成为没收非法财物的对象。

没收的非法财物，须依法上交国库或按照法定方式予以处理，处罚机关不得私分、截留、随意毁损，通过非法途径低价处理，或者随意使用。

（四）责令停产停业

1. 责令停产停业的概念

责令停产停业是对违反行政法律规范的工商企业和工商个体户责令其停止生产、停止营业的一种处罚形式。

责令停产停业亦称能力罚，即限制或剥夺行政违法者某些特定行为能力和资格的处罚。

通常该行为能力或资格是公民个人、法人和其他组织赖以从事某种活动的条件，不具备该行为能力或资格，就无法从事该方面的活动。

2. 责令停产停业的主要特征

（1）责令停产停业是限制违法者行为能力的处罚

责令停产停业是责令违法者停止其所从事的生产经营及其他业

务活动，通过限制其行为能力，间接影响其财产权。但其非直接限制或剥夺违法者的财产权。

（2）责令停产停业是对违法者科处不作为义务的处罚

违法行为者的某种作为行为违反了人口和计划生育等行政法律规范，损害了人口和计划生育等公共利益与社会秩序，人口和计划生育等行政机关要求其履行不作为义务，停止生产和经营。

（3）责令停产停业是附条件的处罚

责令停产停业只是在一定时期内限制或剥夺相对人的生产经营权，并未最终剥夺其从事生产经营的资格。一旦违法者在一定期限内纠正了违法行为，按期履行了法定义务，仍可继续从事曾被停止的生产经营活动，无须重新申请领取有关许可证和执照。

处以停产停业的处罚，一般附有限期改进或整顿的要求。如果接受处罚者在限期内改正了违法行为，就可恢复营业。如《中华人民共和国药品管理法》《中华人民共和国食品卫生法》等均规定，如果接受处罚者在限期内改正了违法行为，就可恢复营业。

（4）责令停产停业适用于对较严重的违法行为的处罚

责令停产停业是对相对人的行为能力的限制，间接造成的财产损失，远大于其他形式的制裁。因此，较严重的违法行为才适用。例如，从事加工、生产、经营与人的生命健康密切相关的产品、商品等违法行为；出版对社会文化秩序及精神健康产生严重不良影响的出版物、音像制品等违法行为。

适用责令停产停业的处罚形式，应严格依法实施，防止人口和计划生育等行政机关的恣意性。《中华人民共和国行政处罚法》对责令停产停业规定了听证程序，有利于保护相对人合法权益，维护公共利益，促进经济的发展。

（五）暂扣或者吊销许可证、执照

1. 暂扣或者吊销许可证、执照的概念

暂扣或吊销许可证、执照，又称许可证罚，是指特定行政机关或法定的其他组织依法暂时扣留或者撤销违法者从事某种活动的权利或资格的证书，限制或剥夺其从事该活动的权利或资格的处罚形式。

许可证和执照是行政机关根据行政法律规范、依相对人的申请核发的，准许相对人从事某种特定活动、享有某种资格的法律凭证。只有领取执照者才有资格从事有关生产经营活动，并且只能从事该执照所允许的范围内的生产经营活动。

对于无照经营，有关部门应予取缔；对于取得许可证和执照的相对人，行政机关有权依法监督其从事生产经营的各项许可活动。

因违反许可证照所允许的有关活动规定，或者超越了正当的经营范围，或者以不正当手段经营及从事有关活动时，行政机关等有权机关，可依法对其采取暂时扣留或者吊销其许可证、执照的处罚措施，限制或剥夺其从事被许可活动的权利和资格。例如，吊销或扣留计划生育技术服务机构许可证、医疗机构许可证、药品制剂许可证等。

2. 暂扣许可证、执照与吊销许可证、执照

（1）暂扣许可证、执照的概念

暂扣许可证、执照，又称扣留许可证、执照或称中止使用许可证、执照，是行政机关对违反行政法律规范者采取的暂时中止行为人从事某种活动资格的处罚形式。其特点为暂时中止持证人从事某种活动的资格，待其改正违法行为后或经过一定期限，再发还证件，恢复其资格，允许其重新享有该权利和资格。

（2）吊销许可证、执照的概念

吊销许可证、执照，是行政机关撤销允许相对人从事某种活动的资格和权利的凭证，终止其继续从事该凭证所允许的活动的处罚形式。

（3）吊销许可证、执照与暂扣许可证、执照的区别

其区别主要是：吊销许可证、执照针对较严重的违法行为，完全取消被处罚人从事某项活动的资格和权利的处罚形式；暂扣许可证、执照针对较轻微的违法行为，仅在一定期限内限制被处罚人从

事某项活动的权利和资格的处罚形式。

总之，行政主体应特别慎重运用许可证制度，尤其是吊销许可证、执照。例如，《中华人民共和国行政处罚法》对吊销许可证照规定了听证程序，即使相对人未要求听证，行政机关作出吊销许可证照处罚也应在充分听取被处罚人意见并经全面、客观、公正地查实核对相对人违法行为事实后，再依据确凿证据和法律规定作出处罚决定。

（六）行政拘留

1. 行政拘留的概念

行政拘留为法定行政机关——公安机关依法对违反行政法律规范（特别是治安管理法律规范）的人，在短期内限制其人身自由的一种处罚。因为行政拘留主要适用于治安管理处罚中，故又称治安拘留。

2. 行政拘留的性质

行政拘留称为人身罚，亦称自由罚，是限制或剥夺违法者人身自由的行政处罚。人身权是宪法规定的公民权利得以存在的基础，人身权受到限制或剥夺，其他权利均无法行使。所以，行政拘留是行政处罚中最为严厉的一种处罚，法律对人身罚的设定及实施均有严格规定。

人身罚的设定权集中于全国人大及其常委会，其行使一般仅限于公安行政机关（县级以上公安机关才享有行政拘留裁决权），以防止人身罚的滥用。

3. 行政拘留的适用范围

行政拘留适用于严重违反治安管理的行为人，只有在使用警告、罚款处罚不足以惩戒时才适用。被裁决拘留的人或其家属能够找到担保人或按规定交纳保证金的，在申诉和诉讼期间，原裁决可暂缓执行。

4. 行政拘留与行政扣留

行政拘留与行政扣留的区别在于：行政拘留是一种治安管理处

罚形式，最长期限可达 15 天；行政拘留是行政机关采取的临时限制人身自由的行政强制措施。

（七）其他行政处罚

在人口行政管理实践中，其他人口行政处罚主要有通报批评。

1. 通报批评的概念

行政机关将对违法者的批评公布于众，指出其违法行为，予以公开谴责和告诫，以避免其再犯的处罚形式。

2. 通报批评的适用

通报批评一般可单处，也可与其他行政处罚同时适用。

适用对象包括公民个人、法人和其他组织。

由于对通报批评的性质及其适用尚存争议，《中华人民共和国行政处罚法》未统一规定。

3. 通报批评的主要特征

通报批评是以影响违法者声誉为内容，促使违法者纠正违法、避免再犯，具有广泛教育其他人作用的处罚。其目的不仅在于制裁和教育违法者本人，而且通过将制裁结果公布于众，教育他人引以为戒。

通报批评适用于较大危害后果的违法行为。其虽为申诫罚，对于从事生产经营活动的法人或其他组织，通报批评后果比一般财产罚更严厉，原因是从事生产经营活动的法人或其他组织的名誉及信誉通常与其经济效益紧密相关，一旦受到通报批评，将导致生产经营活动重大经济损失。

对通报批评应当慎重适用，以避免造成难以挽回的损失。此外，具结悔过、剥夺荣誉称号等也是行政处罚，属申诫罚的范畴。

二　人口行政处罚的设定

人口和计划生育等行政管理内容的复杂、多样，决定了人口行政处罚的设定存在层级各异的多个设定主体。

通过立法，对出现何种情况、在何种条件下、应给予何种处罚予以规定的权力,称为行政处罚设定权。

(一) 法律的行政处罚设定权

《中华人民共和国行政处罚法》第9条规定:"法律可以设定各种行政处罚。""限制人身自由的行政处罚,只能由法律("法律"是指全国人大及其常委会制定的规范性文件)规定。"

行政处罚设定权首先属于一种国家立法行为。

全国人大及其常委会的行政处罚设定权广泛,可设定包括限制人身自由的处罚在内的各种行政处罚。

人身自由是宪法所保护的公民最为重要的一项基本权利,因而,为了避免随意,限定其须由法律规定。

(二) 行政法规的行政处罚设定权

《中华人民共和国行政处罚法》第10条规定:"行政法规可以设定除限制人身自由以外的行政处罚。""法律对违法行为已经作出行政处罚规定,行政法规需要作出具体规定的,必须在法律规定的给予行政处罚的行为、种类和幅度的范围内规定。"这一规定表明,行政法规能够创设一定范围内的行政处罚,还能够对法律已经设定的"行政处罚规定"具体化。

对于行政法规来说,其"设定权"包括两方面。

1. 创制或创设

在无法律规定情况下,可创设新的处罚形式、内容、方法等。在创设行政处罚方面,行政法规具有较大的裁量权,但是,不得创设限制人身自由的处罚。

2. 具体化

在已有法律规定的基础上,在该规定的处罚行为、种类和幅度的范围内,予以具体规定,使其具有可操作性。但行政机关的具体规定,须严格限定在法律规定的范围之内。

(三) 地方性法规的行政处罚设定权

《中华人民共和国行政处罚法》第11条规定:"地方性法规可以设定除限制人身自由、吊销企业营业执照以外的行政处罚。"

"法律、行政法规对违法行为已经作出行政处罚规定，地方性法规需要作出具体规定的，必须在法律、行政法规规定的给予行政处罚的行为、种类和幅度的范围内规定。"

地方性法规的行政处罚设定权，包括两方面。一是创设一定的处罚。即地方性法规具有创设行政处罚的权力，但是，地方性法规不得设定限制人身自由、吊销企业营业执照的行政处罚。二是对法律、行政法规具体化。

(四) 规章的行政处罚设定权

1. 部委规章的行政处罚设定权

《中华人民共和国行政处罚法》第 12 条规定："国务院部、委员会制定的规章可以在法律、行政法规规定的给予行政处罚的行为、种类和幅度的范围内作出具体规定。""尚未制定法律、行政法规的，前款规定的国务院部、委员会制定的规章对违反行政管理秩序的行为，可以设定警告或者一定数量罚款的行政处罚。罚款的限额由国务院规定。"

部委规章的行政处罚设定权分为两部分。

一是具体规定权，指可在法律、行政法规规定的给予行政处罚的行为、种类和幅度内作出具体规定，既不得超越法律、行政法规的规定，扩大受处罚行为的范围，也不得改变处罚种类，突破处罚限额幅度。

二是创设权，指法律、行政法规对违法行为及处罚未作规定，行政机关认为必要的，可以设定两种处罚，即警告和罚款。但是，部委规章并没有罚款的全部设定权，罚款的限额由国务院规定；超越国务院规定限额的罚款处罚，对公民、法人将不产生拘束力。

2. 国务院授权的直属机构的行政处罚设定权

《中华人民共和国行政处罚法》第 12 条第 3 款规定："国务院可以授权具有行政处罚权的直属机构依照本条第 1 款、第 2 款的规定，规定行政处罚。"这表明直属机构一般不具有行政处罚设定权，只有基于国务院的授权才能享有一定的处罚设定权，即规定警告和罚款的行政处罚。

国务院授权的直属机构的行政处罚设定权是一种有条件的、有限的处罚设定权，还要接受进一步的限定——罚款的具体限额由国务院规定。

3. 地方政府规章的行政处罚设定权

《中华人民共和国行政处罚法》第13条规定："省、自治区、直辖市人民政府和省、自治区人民政府所在地的市人民政府以及经国务院批准的较大的市人民政府制定的规章可以在法律、法规规定的给予行政处罚的行为、种类和幅度的范围内作出具体规定。""尚未制定法律、法规的，前款规定的人民政府制定的规章对违反行政管理秩序的行为，可以设定警告或者一定数量罚款的行政处罚。罚款的限额由省、自治区、直辖市人民代表大会常务委员会规定。"

地方政府规章的行政处罚设定权分为两部分。

一是具体规定权，指对于法律、法规已经规定了的处罚，只能在法律、法规规定的范围内作出进一步的规定，使其更加具体化、更加便于操作。

二是创设权，指法律、法规没有规定的情况下，对于违反行政管理秩序的行为可以创设警告和一定数量罚款的处罚。

地方政府规章的行政处罚设定权是有限制的，表现在以下几个方面：设定行政处罚的种类，仅限于警告和一定数量罚款；其所设定的罚款处罚限额，由省、自治区、直辖市人民代表大会常委会规定。省、自治区政府及其所在地的市政府和市人大及常委会、国务院批准的较大的市政府及其人民代表大会及其常委会均无这项权力。

（五）非法律、法规、规章不得设定行政处罚

行政处罚是行政机关对违反行政管理秩序，尚不构成犯罪的相对人采取的制裁措施。

有权设定行政处罚的机关须通过适当形式的规范性文件设定处罚，即有关设定行政处罚的文件须由特定国家机关制定或认可。

除法定的国家机关外，任何组织或个人均不得以任何形式设定行政处罚。《中华人民共和国行政处罚法》第14条规定："除本法第9条、第10条、第11条、第12条以及第13条的规定外，其他规范性文件不得设定行政处罚。"

第三节　责令当事人改正违法行为

《中华人民共和国行政处罚法》第23条规定："行政机关实施行政处罚时，应当责令当事人改正或者限期改正违法行为。"

改正违法行为，包括停止违法行为，积极主动地协助行政处罚实施机关调查取证，消除违法行为所造成的不良后果，造成损害的，则要依法承担民事责任，依法予以赔偿。

有些违法行为在受到处罚后可立即改正，而有些违法行为的改正则需要一定的时间。例如，《中华人民共和国人口与计划生育法》第40条规定："违反本法规定，不履行协助计划生育管理义务的，由有关地方人民政府责令改正，并给予通报批评。"

我国现行法律、法规有关行政处罚的规定，大多同时附有"责令改正或限期改正"的规定。《中华人民共和国行政处罚法》第23条正是基于我国现行有关法律、法规的规定所作的概括性规定。

第四节　人口行政处罚的原则

人口行政处罚的原则是由《中华人民共和国行政处罚法》规定的，在设定和实施人口行政处罚时所须遵循的一般准则。

根据《中华人民共和国行政处罚法》的规定，我国人口行政处罚的原则主要有以下几个。

一　处罚法定原则

处罚法定原则是依法行政原则在人口行政处罚领域的具体体现。处罚法定原则主要包括四方面的内容。

（一）处罚设定权法定

限制人身自由的行政处罚只能由法律设定。

行政法规可设定除限制人身自由以外的行政处罚。

地方性法规可设定除限制人身自由、吊销企业营业执照以外的行政处罚。

部委规章可在法律、行政法规规定的给予行政处罚的行为、种类和幅度的范围内作出具体规定。尚未制定法律、行政法规的，部委规章可设定警告或者一定数量罚款的行政处罚。

地方政府规章可在法律法规规定的给予行政处罚的行为、种类和幅度的范围内作出具体规定。尚未制定法律、法规的，地方政府规章可设定警告或者一定数量罚款的行政处罚。

其他规范性文件不得设定行政处罚。

（二）处罚主体及其职权法定

除法律、法规、规章规定有行政处罚权的行政机关以及法律、法规授权的组织外，其他任何机关、组织和个人，均不得行使行政处罚权。

具备了主体资格的机关和组织在行使行政处罚权时，还须遵守法定的职权范围，不得越权和滥用权力。

（三）受处罚行为法定

凡法律、法规或规章未规定予以行政处罚的行为，均不受行政处罚。

行政处罚实施依据须是法定的，公民、法人或其他组织的行为只有法律、法规或者规章明文规定应予行政处罚的，才受处罚。

（四）处罚种类、内容和程序法定

对于法定应予处罚的行为，行政主体应依法定处罚种类和内容处罚。

实施行政处罚，不仅要求实体合法，而且还须程序合法。

没有法定依据或者不遵守法定程序的，行政处罚无效。

二 处罚公正、公开原则

处罚公正、公开原则要求行政处罚须公平、公正，没有偏私，设定和实施行政处罚须以事实为依据，与违法行为的事实、性质、情节以及社会危害程度相当。

通常而言，有关法律、法规和规章均明确规定了与违法行为相当的处罚种类及减免处罚的条件，但由于法律、法规和规章无法对每一具体违法事实作出规定，因而执法机关享有一定的自由裁量权——既要求在法定范围和幅度内作出裁量（遵循比例原则），又需要形式合法。行政处罚显失公正的，法院可判决变更。

为确保处罚公平和公正，应坚持和贯彻公开原则，对违法行为给予行政处罚的规定和行政处罚的程序公布，即有关处罚的实体规定和程序规定须公开。《中华人民共和国行政处罚法》第4条第3款规定，未经公布，不得作为行政处罚的依据。

处罚公开有利于社会舆论监督，确保有权机关依法处罚，达到处罚惩戒违法者并保证其以后不再犯的目的。

程序公开原则，具体体现在以下几个方面。

一是在行政处罚前，行政机关应告知当事人实施行政处罚决定的事实、理由及依据，并告知当事人依法享有的权利。

二是当事人有权陈述和申辩，行政机关须充分听取当事人意见，拒绝听取当事人陈述或申辩，行政处罚决定不能成立。

三是在作出责令停产停业或吊销营业执照、较大数额罚款等行政处罚决定前，行政机关应告知当事人。

当事人对违法事实的认定与行政机关有重大分歧，要求听证的，行政机关应按行政处罚法所规定的程序组织听证。

四是行政机关实施行政处罚，除适用简易程序外，应制作载明法定事项的行政处罚决定书。

五是行政处罚决定应在宣布后当场交付当事人。当事人不在场的，行政机关应依法送达。

三　处罚与教育相结合原则

坚持处罚与教育相结合，教育公民、法人或者其他组织自觉守法。

实施行政处罚，纠正违法行为，制止违法行为，确保人口和计划生育等行政管理秩序。处罚须辅之以教育，但教育不能代替处罚。

为达到制止并预防违法目的，对受处罚的违法行为，应在处罚时给予帮助教育。对相对人有主动消除或者减轻违法行为危害后果、配合行政机关查处违法行为等立功表现的，应从轻或减轻处罚；对违法行为轻微并及时纠正，没有造成危害后果的，可免于处罚。

四　保障相对人权利原则

行政处罚所指向的对象是行为人的权利。

（一）保障相对人权利原则的概念

为维护人口和计划生育等社会秩序，确保行政管理的有效实施，对于违反人口和计划生育等行政法律规范的行为人，应对其相应权利加以限制甚至剥夺。但是，违法或不当的行政处罚，无法达到预期目的，还会损害相对人的合法权益。

由于在人口行政处罚法律关系中，处罚机关处于优越地位，可凭借其拥有的处罚权制裁相对人，而相对人处于弱者地位，若无充分公正程序保障机制以及救济机制，则无法预防、矫正违法和不当的行政处罚行为。

(二) 保障相对人权利原则的相关法律规定

在总则和有关行政处罚的设定、实施及其程序规定中,《中华人民共和国行政处罚法》均确立了保障相对人权利原则。其具体内容有以下几个:相对人对行政机关所给予的行政处罚,享有陈述权、申辩权;对行政处罚不服的,有权依法申请行政复议或者提起行政诉讼;因行政处罚受到损害的,有权提出赔偿要求。

(三) 保障相对人权利原则的构成

保障相对人权利原则由保障相对人陈述权、申辩权原则和救济原则构成。

保障相对人陈述权、申辩权原则,要求行政机关实施行政处罚须遵循法定程序,未经正当法律程序,任何人的权利不得被剥夺或者限制。其有助于均衡、协调行政法律关系中当事人地位的不对等,及时纠正由于行政机关执法人员主客观原因导致的差错,事前预防或制止违法或不当的行政处罚,确保行政机关依法行政,提高行政效率。

处罚救济原则包括:通过立法规定救济途径,无救济途径不得设立行政处罚;实施行政处罚,须先明确救济途径,并明确告知相对人有关救济的途径。

五 一事不再罚原则

行政处罚的目的是惩戒违法行为人,使其以后不再犯。因此,一般一事一罚、一事不再罚。

一事不再罚原则,具体包括以下几方面的内容。

首先,对当事人同一个违法行为,不得给予两次以上罚款的行政处罚。

其次,违法行为构成犯罪的,行政机关须将案件移送司法机关,依法追究刑事责任。

最后,违法行为构成犯罪,法院判处拘役或者有期徒刑时,行政机关已经给予当事人行政拘留的,应依法折抵相应刑期;法院判处罚金时，行政机关已经给予当事人罚款处罚的，应折抵相应罚金。

第五节　人口行政处罚的管辖

一　人口行政处罚主体

人口行政处罚权不仅关系到行政相对人的合法权益，关系到人口和计划生育等公共利益与社会秩序，还关系到国家和社会的稳定与发展。因此，须严格规定处罚的设定和实施。

根据《中华人民共和国行政处罚法》第三章规定，只有具有行政处罚权的行政机关和法律、法规授权的组织才能行使处罚权。

法律、法规授权的具有管理公共事务职能的组织，可在法定授权范围内实施行政处罚。

行政机关依照法律法规或者规章的规定，可在其法定权限内委托其他行政机关或者符合法定条件的组织实施行政处罚。

受委托实施行政处罚的行政机关或者组织，不得再委托其他任何行政机关、组织或者个人实施行政处罚，而须在委托权限内，以委托行政机关的名义实施行政处罚。委托行政机关对受委托行政机关或者组织实施的行为负责监督，并对该行为后果承担法律责任。

（一）行政机关

《中华人民共和国行政处罚法》第15条规定："行政处罚由具有行政处罚权的行政机关在法定职权范围内实施。"人口和计划生育等行政机关作为行政处罚的实施机关，须由法律、法规或者规章赋予其行政处罚权。

一般而言，行政机关作为人口行政处罚实施主体并具体实施处罚行为，须具备以下几个条件。

一是具有直接对行政相对人实施人口和计划生育等行政管理职能的行政机关。这些行政机关是履行人口和计划生育等行政职能的外部行政机关，而非履行内部职能的行政机构，如内部人事机构、决策咨询机构等。

二是该行政机关所拥有的人口行政处罚权须由人口和计划生育等法律法规或规章明确规定或授予。

三是不仅法律、法规对人口行政处罚的规定或授权要与该行政机关的管理权限相一致，而且该行政机关实施人口行政处罚的权限也要与其管辖权限相一致。

四是该行政机关实施人口行政处罚，包括是否给予处罚，给予什么样的处罚，如何给予处罚等，均须依照人口和计划生育等法律法规或规章的实体规定与程序规定。

（二）具有管理公共事务职能的组织

人口和计划生育等法律、法规授权的具有管理公共事务职能的组织，可在法定授权范围内实施人口行政处罚。究其原因，是因为人口行政处罚涉及面较广，种类多，性质相对复杂，而行政机关编制和人员有限，因此，《中华人民共和国行政处罚法》明确规定，经法律法规授权，具有管理公共事务职能的组织可以行使行政处罚权。

若具有管理公共事务职能的组织成为行政处罚权主体，则须有人口和计划生育等法律法规（规章无权授权）的授权，该组织还是对行政相对人可行使类似行政管理职能的组织（具有管理公共事务职能的组织）。

授权的组织实施人口行政处罚，须在人口和计划生育等法律、法规授权的范围之内。若超越法定授权范围，实施人口行政处罚的行为则无效。

（三）其他组织

根据人口和计划生育等法律、法规或规章的规定，行政机关可将某些人口行政处罚委托给其他组织实施。

受委托的组织，须具备以下条件。

一是该组织是依法成立的管理公共事务的事业组织。

二是具有熟悉人口和计划生育等法律、法规、规章,及人口和计划生育等业务的工作人员。

三是若违法行为需要技术检查或者技术鉴定的,应有条件组织相应的技术检查或技术鉴定。

四是受委托的组织实施人口行政处罚,应以委托行政机关名义,并接受委托行政机关监督。委托行政机关对受委托组织实施人口处罚行为的法律后果负责。

二 人口行政处罚的管辖规则

(一) 层级管辖

又称级别管辖。《中华人民共和国行政处罚法》第20条规定,行政处罚由违法行为发生地的县级以上地方政府具有行政处罚权的行政机关管辖。法律、法规另有规定的除外。

(二) 共同管辖和指定管辖

共同管辖即两个或两个以上行政主体对同一违法行为均享有行政处罚权。共同管辖的处理规则,一般由相关行政机关达成协议或按照惯例解决,或依"谁先查处谁处罚"的原则实施。

如果上述规则依然无法消除相关机关之间的异议,有关机关就管辖权发生争议时,其可报请共同的上一级行政机关指定管辖。

(三) 移送管辖

无行政处罚管辖权的机关或组织将已受理的相对人违法案件,依法移交有管辖权的机关或组织管辖。

《中华人民共和国行政处罚法》没有对行政机关和法律法规授权组织之间的移送管辖作出规定,但作为我国司法管辖领域的一项行之有效的立法原则,行政处罚的管辖问题也应遵循这一原则。《中华人民共和国行政处罚法》规定,违法行为构成犯罪的,行政机关须将案件移送司法机关,依法追究刑事责任。

第十一章 人口行政合同与行政指导

第一节 人口行政合同

一 人口行政合同的范围、概念和特征

(一) 人口行政合同的范围

本章研究的人口行政合同,就是行政主体与相对人之间的合同,即行政主体与行政相对人之间签订的人口和计划生育行政管理类、计划生育技术服务类合同。例如,计划生育行政管理合同、流动人口计划生育服务协议。

(二) 人口行政合同的概念

一般地讲,人口行政法律关系中,其权利义务是行政机关的单方行为,以命令、决定的方式设立的。但在某些情况下,人口行政法律关系是基于人口和计划生育行政机关等行政主体和相对人协商、合意,以双方共同意思表示的一致为基础而确立的。

行政主体为实现人口和计划生育等行政目的,而与公民、法人或其他组织之间基于意思一致而缔结的契约,称为人口行政合同,或称为人口行政契约、人口公法契约。

(三) 人口行政合同的特征

1. 人口行政合同的一方主体为行政主体

人口行政合同的行政性首先是由主体决定的,即在人口行政合同法律关系中必有一方主体是行政主体。人口行政合同实质上是行政主体通过与相对人协商的方式来行使其对国家人口和计划生育等公共事务管理职权。

不过,并非以行政主体为一方当事人的所有合同均为人口行政合同,人口和计划生育等行政机关以平等的民事主体身份与对方订立的合同不是人口行政合同而是民事合同。

2. 人口行政合同以公法上的效果发生为目的

人口行政合同是行政主体实施人口和计划生育行政管理,实现国家人口和计划生育公共利益的特别方式。人口行政合同从其缔结、履行到变更、解除和救济,都受行政实体法、行政程序法和行政救济法等公法原则的规范与约束,其目的在于履行人口和计划生育行政职责,实现人口和计划生育行政管理目的。

在人口行政合同关系中,契约自由的原则受到限制,合同内容须符合人口和计划生育等法律、法规的规定,其缔结、履行等都须严格依据人口和计划生育等法律、法规的规定,合同双方无完全的自由处分权。

3. 人口行政合同基于当事人意思一致而成立

虽然人口行政合同是行政主体行使其对国家人口和计划生育等公共事务管理职权的一种方式,但其成立前提是合同双方意思表示一致。

4. 人口行政合同贯彻行政优益权原则

人口行政合同虽以双方合意为基础而成立,但在缔结、履行、变更或解除过程中,双方当事人并不处于完全平等的法律地位。行政主体可选定合同的另一方当事人,其对合同的履行有监督权、指挥权,还可根据国家人口和计划生育等行政管理的需要单方面行使合同变更权和解除权,而相对一方当事人处于相对被动、弱势地位。当然，人口行政合同中行政优益权的行使是有条件的，要受公平、合理、合法原则的支配。

行政主体非因相对一方当事人的过错而解除人口行政合同，导致相对人财产蒙受损失的，其应承担赔偿或补偿责任。

5. 人口行政合同纠纷通过行政救济途径解决

目前，在我国，人口行政合同纠纷的处理途径尚未明确。根据人口行政合同的特征，其显著的公法目的性和浓厚的行政优越性，决定了人口行政合同纠纷解决不宜通过民事经济争议处理途径，而应循行政争议的解决途径，即通过行政救济途径处理。

二 人口行政合同的种类与作用

（一）人口行政合同的种类

1. 根据人口行政关系范围的异同，人口行政合同分为内部合同和外部合同

内部合同是指行政机关与行政机关或行政机关与其工作人员之间签订的人口行政合同。

外部合同是指行政机关与行政相对人之间签订的人口行政合同。

2. 根据合同内容的异同，人口行政合同分为承包合同和委托合同等

承包合同是指基于行政管理与被管理关系，明确规定双方权利义务，约定由相对人承揽某种人口和计划生育等领域的行政事务的合同。通过合同形式明确双方权利义务，并不改变双方管理与被管理关系的性质。

委托合同是指行政机关将属于其职务范围的某些人口和计划生育事务委托另外的机关或个人、组织办理的合同。

3. 其他分类方法

根据合同是否具有给付内容，人口行政合同可分为有金钱给付内容的合同和无金钱给付内容的合同。

根据行政机关的职务范围不同，人口行政合同可分为计划生育行政管理合同、流动人口计划生育服务合同等。

（二）人口行政合同的作用

1. 人口行政合同的产生与发展

在西方国家，福利国家、给付行政等新观念的出现，要求政府采取多种形式的行政手段，在此社会背景下产生了行政合同，无论是大陆法系还是英美法系，许多国家都确立了行政合同制度。

我国行政合同观念与方式的引入，与行政管理体制改革和市场经济相联系，特别是从计划经济向市场经济转轨而引发政府职能和行政管理手段变化。行政机关管理国家和社会公共事务的方式相应发生了重大变化，出现了行政机关之间或者行政机关和公民、法人或其他组织之间以双方意思表示一致而确立行政法律关系的非权力性的行政合同行为。

2. 人口行政合同的优势

人口行政合同是一种富有灵活性和现代色彩的管理形式，具有刚柔相济的优点，可较好地发挥行政主体和行政相对人双方的主动性与创造性，有利于国家人口和计划生育行政目的的实现。

作为对行政命令、行政处罚、行政强制等传统管理手段的重要补充形式，人口行政合同的观念受到关注并在实际人口和计划生育行政管理中广泛运用，在人口长期均衡发展过程中发挥着越来越重要的作用。

3. 人口行政合同的主要作用

（1）人口行政合同有利于更好地实现国家人口和计划生育行政目标，有利于避免互相扯皮、推诿

人口行政合同是行政主体为实现国家人口和计划生育行政目标而采用的一种行为方式，因而人口行政合同的一方当事人行政主体，在人口行政合同的订立或履行过程中，始终起着主导作用。

在人口行政合同的履行过程中，行政主体可根据具体情况的变化而单方面地修改、中止甚至解除合同，以保障人口和计划生育公

共利益即行政目标的实现，而人口行政合同相对一方当事人的契约自由权就要受到相应的限制。

虽然人口行政合同中存在着行政主体和相对一方当事人之间的地位上的不平等，但是，订立人口行政合同可使行政主体和相对人的权利义务相对确定和明晰，合同内容对当事人双方均是一种限制和制约。因而，行政主体虽然享有行政优益权，但其行为须受合同规定的制约。若给相对人带来损害或损失，行政主体应给相对人以相应的赔偿或补偿。

（2）人口行政合同有利于行政相对人更好地发挥积极性和创造性

在人口和计划生育行政管理等领域，用简单、强硬的行政命令手段，往往难以达到理想的行政目标。采取行政合同的方式，既便于实现人口和计划生育行政管理目的，又保留了制裁对方违约行为的权利，可避免相对人不负责任、不认真履行合同等弊端，而计划生育优先优惠待遇等一系列利益机制，可激励相对人充分发挥其主观能动性和创造性。

正确运用人口行政合同，可保证行政权的正确运用，充分发挥行政相对人的积极性和创造性。

（3）人口行政合同可使合同争议投诉有门，解决有据

如果在履行人口行政合同中发生争议，当事人可据此向法院提起诉讼，寻求法律保护或救济。另外，人口行政合同中往往签订有相对一方当事人享有的计划生育优惠优先等经济利益内容，意味着保障了相对人享有的一些经济利益，也使其获得一定的社会地位。

三 我国人口行政合同的具体表现形式

我国人口行政合同的具体表现形式——计划生育行政管理合同、流动人口计划生育服务合同、诚信计生协议书、孕前优生健康检查知情同意书等。

这些合同均为人口和计划生育行政管理部门、技术服务机构与育龄夫妇（婚后至49周岁人群）之间签订。内容主要涉及育龄夫妇按国家人口和计划生育政策法规，依法依规生育节育等，同时国家为签约相对人提供一定的计划生育优先优惠等政策。

人口行政合同的目的是稳定低生育水平，提高出生人口素质，平衡出生人口性别结构，应对人口老龄化，引导人口合理分布，引导劳动人力合理流动、迁移等，最终实现区域人口长期均衡发展，实现本区域人口与资源环境、经济社会的协调发展与可持续发展。

四　人口行政合同的缔结、履行、变更和解除

（一）人口行政合同的缔结

1. 缔结人口行政合同的原则

人口和计划生育等行政机关与行政相对人缔结人口行政合同，应遵循如下原则。

（1）适于人口和计划生育行政管理需要

人口和计划生育等行政机关缔结人口行政合同不能随心所欲，须出于人口和计划生育行政管理需要。不过，这种需要并不由人口和计划生育等法律、法规明确规定，而是行政机关根据人口和计划生育等法律、法规的原则精神，结合实际具体情况，而具体分析判断。

订立人口行政合同，既要符合人口和计划生育等社会公共利益的要求，又要照顾到相对人的合法权益。

（2）不超越行政管理权限

现代各国行政法都确立了严格的职权责任制，行政机关的人口和计划生育行政管理行为必须遵循法定权限。因而，人口和计划生育等行政机关缔结人口行政合同，不能超出自己管辖的事务范围和权限范围，否则就属于无效行政合同。

（3）内容合法、规范

人口和计划生育等行政机关不得就人口和计划生育等法律、政

策明令禁止的事项与行政相对人缔结人口行政合同。人口行政合同的内容不得与人口和计划生育等法律法规相抵触。

(4) 公开公正

人口和计划生育等行政机关在选择合同的当事人时，要受到一定的限制。为了抑制腐败和行政恣意，许多国家都比较重视在行政合同中引入公开公正原则。此外，现代行政法确立的说明理由制度、回避制度等一系列保障制度，都有助于制约行政恣意，有助于保证行政机关合理、公正地运用其在人口行政合同中的主导权。

(5) 书面主义

人口行政合同必须采用书面形式。例如，1976年德国《行政程序法》明确规定："公法契约之缔结，应以书面为之。但法规另有其他方式之规定者，不在此限。"

2. 人口行政合同的缔结方式

人口行政合同内容涉及面广、影响大，为了确保人口行政合同诸原则的实施，在签订人口行政合同时必须采取相应的方式。

一般而言，人口行政合同的缔结方式主要是直接磋商、计划生育群众自治方式等。

直接磋商（此方式在民事合同中较为普遍），即人口和计划生育等行政机关可自由地和任何育龄人群中的个体成员、育龄夫妻或相关组织直接磋商，签订人口行政合同。例如，村民委员会与部分育龄妇女签订诚信计生协议书，乡镇计划生育服务站与部分育龄夫妇签订免费孕前优生健康检查知情同意书。

计划生育群众自治方式，将计划生育行政管理合同纳入基层计划生育群众自治范围（一般为农村行政村、城镇社区等），经过村（居）民议事机构提议，村（居）民代表大会对计划生育行政管理合同条款补充完善，充分讨论、民主通过后，一般由基层计划生育群众自治组织（接受乡镇政府的指导）与本区域育龄夫妻或相关组织签订。

人口行政合同所有条款，一般应受人口和计划生育等法律、法规的制约。

(二) 人口行政合同的履行

依法订立的人口行政合同具有法律约束力，双方当事人须全面、正确、及时地履行，以圆满实现人口和计划生育行政合同的目的。

为了确保人口行政合同的履行，一般应遵循如下原则。

1. 实际履行原则

缔结人口行政合同的目的在于实现人口和计划生育行政管理目标，实现人口和计划生育行政管理等公共利益。因此，人口行政合同所确定的内容必须实现。无论缔约双方当事人之间存在何种矛盾或争议，只要人口和计划生育等公共利益需要，而当事人又具备能力履行的，则必须实际履行，不允许任意变更标的或用违约金和赔偿损失的方法代替合同的履行。

2. 自己履行原则

人口行政合同的性质决定了其重视当事人的个人因素（一般涉及相对人的生育节育等权益），因此，人口行政合同缔结后，只要没有取得行政主体的同意，当事人就不得自行更换，也不得委托给其他人代为履行。

3. 全面、适当、及时履行原则

人口行政合同必须获得全面、适当、及时的履行，相对人不得违反合同规定，不能只履行合同的一部分条款，而对另一部分条款置之不理，不得对合同的标的、履行时间、地点、方式等任意变更。

(三) 人口行政合同的变更和解除

1. 人口行政合同的变更

在合同履行过程中，人口和计划生育等行政机关基于裁量权或其他法律事实，在不改变现存合同性质的基础上，对涉及人口行政合同主体、客体、内容的条款可作相应的修改、补充和限制。

行政机关为满足人口和计划生育等公共利益而行使自由裁量权，可单方面变更合同内容；因某些法律事实如不可抗力等原因的出现而导致人口行政合同无法继续完全履行时，双方协商可对人口

行政合同内容作出部分变更。

2. 人口行政合同的解除

人口行政合同当事人一方未履行或未完全履行合同时，当事人双方提前结束所约定的权利义务关系。

人口行政合同的解除方式主要有两种。

一种是单方面解除，即人口和计划生育等行政机关基于自己单方面的意思表示即可提前终止人口行政合同约束力；

另一种是协议解除，即相对人提出解除合同的意思表示，在征得人口和计划生育等行政机关同意后提前终止人口行政合同效力。

3. 变更和解除人口行政合同的法律后果

人口行政合同变更后，原合同不再履行，双方当事人按变更后的权利义务关系行使权利，履行义务。

人口行政合同解除后，双方当事人之间合同关系终止，彼此之间不再享有人口行政合同所规定的权利和义务。人口和计划生育等行政机关单方面变更或解除人口行政合同的，应对相对人因此而受到的损失予以补偿。

（四）人口行政合同双方当事人的权利和义务

1. *行政主体的权利*

（1）选择合同相对一方的权利

根据实际情况和要求，行政主体选择适当的人口行政合同相对一方——育龄夫妻或其中一方和相关组织。若无人口和计划生育等法律法规上的明确根据或正当理由，任何育龄夫妻或其中一方和相关组织一般不得拒绝行政机关的选择。例如，行政主体有权选择签订诚信计生协议书的相对一方。

（2）对合同履行的监督、指挥权

在人口行政合同关系中，行政主体充当人口和计划生育公共利益的主要判断者角色，对人口行政合同的履行负有监督、控制的职责，并且对具体的执行措施享有指挥权。对于行政主体的监督和指挥，相对一方当事人必须遵守和服从。

（3）单方面变更或解除合同的权利

行政主体根据国家人口和计划生育等法律、法规、政策或规划甚至计划的变化，以及社会经济形势的变迁，有权变更或解除人口行政合同，不必取得相对一方的同意。

（4）对不履行或不适当履行合同义务的相对人的制裁权

这是行政主体保障人口行政合同履行的一种特权，不论人口行政合同中有无明确规定，行政主体都可依照职权行使。

2. 相对一方当事人的权利

（1）取得奖励优惠权

按照人口行政合同的规定，相对人可取得行政主体提供的计划生育奖励、优先优惠等，有时对相对人的优先优惠由人口和计划生育等法律或法规直接规定。例如，该家庭中独生子女可获得在某领域就业的优先权和录用考试适当加分的照顾等。人口行政合同相对方取得奖励、优惠权条款不能由行政机关单方面变更。

（2）损失补偿请求权和损害赔偿请求权

相对人由于行政主体的过失受到损害时，有权请求赔偿。由于行政主体根据人口和计划生育等公共利益的需要单方面变更或终止人口行政合同而给相对人造成损失时，相对人有权请求补偿。无论人口行政合同中有无相关规定，相对人都可提起补偿请求。

（3）因不可预见的困难造成损失时的补偿请求权

人口行政合同在履行过程中，有时可能出现当事人始料不到的情况或困难，从而致使相对人须付出数倍努力才能保证人口行政合同履行时，相对人有权请求人口和计划生育等行政机关共同承担损失或请求人口和计划生育等行政机关予以补偿。

（4）获得人口和计划生育等相关知识教育权

一般而言，人口行政合同均有相对人获得人口和计划生育等相关知识教育的条款。具体内容主要涉及优生优育、生殖保健、法律法规规定和奖励优惠政策等知识。通过培训、健康检查、参与专题活动等方式，根据自身需要，相对人选择行政主体免费提供的人口和计划生育等相关知识。

（5）获得计划生育知情权、选择权

在特殊人口行政合同——计划生育知情选择同意书中，明确规定相对方拥有节育措施知情权、选择权或孕前优生健康检查知情权等依法享有的权益。典型的此类合同主要有节育措施知情选择同意书、免费孕前优生健康检查知情同意书等。

（6）获得行政救济权

由于人口行政合同的签订，而使相对人的合法权益受到损害时，相对一方依法拥有行政救济权。通过行政复议、行政诉讼等途径，解决合同争议，相对人依法维护自身的合法权益，终止人口行政合同的侵权或违法。

3. 人口行政合同当事人的义务

行政主体的义务主要表现在：依法履行人口行政合同确定的各项具体义务；按照人口行政合同规定，给予合同相对一方当事人以计划生育奖励、优惠或照顾的义务；对因根据人口和计划生育等公共利益的需要单方面地变更或解除人口行政合同，给相对一方造成的损失予以补偿的义务；给相对一方免费提供其需要的优质的生殖健康、优生健康检查、节育措施等服务；给相对一方免费提供其需要的人口和计划生育知识培训和相关教育。

相对一方当事人的义务主要表现在以下几个方面：按照人口行政合同规定的条件和期限认真履行该人口行政合同；接受人口和计划生育等行政机关的监督、指挥，以及依法实施的相关制裁；

第二节 人口行政指导

一 人口行政指导的概念、方式和类型

（一）人口行政指导的概念

人口行政指导是指行政机关在其所管辖的人口和计划生育事务

的范围内，对于特定的人、企业、社会团体等，运用非强制性手段，获得相对人的同意或协助，指导行政相对人采取或不采取某种行为，以实现一定的人口和计划生育行政目的的行为。

（二）人口行政指导采用的方式

人口行政指导通常采用说服、教育、示范、劝告、建议、协商、政策指导、提供经费帮助、提供知识和技术帮助等非强制性手段和方法。

（三）人口行政指导的类型

依其作用，人口行政指导一般可分为助成性人口行政指导、规制性人口行政指导和调整性人口行政指导。

1. 助成性人口行政指导

助成性人口行政指导，又称出主意的人口行政指导，是为相对人即公民、法人和其他组织出谋划策的人口行政指导。

对于助成性人口行政指导，只要相对人提出申请，人口和计划生育等行政机关如果没有正当理由，一般不得拒绝。例如，相对人申请采取自愿、知情选择的节育措施等，人口和计划生育行政机关采用建议、协商、政策指导、提供经费帮助、提供知识和技术帮助等手段和方法，实现该相对人申请的节育等措施。

2. 规制性人口行政指导

规制性人口行政指导是指为了维持人口和计划生育等公共秩序，增进人口和计划生育公共利益，对违反人口和计划生育等公共利益的行为，加以规范与制约的人口行政指导。

3. 调整性人口行政指导

调整性人口行政指导是以调整相互对立的当事人之间的利害关系为目的的行政指导。此种人口行政指导，以行政机关在法律上对当事人某方或双方有一定的权限为基础。例如，基层人口和计划生育技术服务机构人员为某相对人施行节育手术，与该相对人产生冲突而开展的人口行政指导。

二 人口行政指导特征

（一）非强制性

对于人口行政指导，通常行政管理相对人无必须服从的义务。

相对人认为人口行政指导合情合理，则服从其指导；反之，认为人口行政指导有悖于常理、情理，也可不服从其指导，人口和计划生育等行政机关不得强制。

（二）事实行为性

人口行政指导不具有强制性，行政机关和相对人之间不产生任何法律意义上的权利义务关系，不发生任何法律效果。

但是，根据人口和计划生育等法律规定，人口行政指导有时亦产生一定的法律效果。当人口和计划生育等法律规定，实行一定的权力限制或约束之前必须采取人口行政指导时，人口行政指导便作为权力限制或约束的事前程序，产生行政程序上的效果。

（三）能动性

人口行政指导是行政机关指导相对人采取或不采取某种人口和计划生育等方面行为的活动，具有积极的能动作用，既可基于相对人的申请实施，也可由人口和计划生育等行政机关根据形势的需要能动地实施。

（四）行政机关的优越性

任何类型的人口行政指导关系的形成，均依赖于信息、知识和观念等，而在这些方面相对人处于劣势。人口行政指导关系中行政机关的优越地位，是以事实上确保该人口行政指导实效性的法律上的权限为背景的。

三 市场经济与人口行政指导

（一）市场经济环境下人口行政指导的必要性

社会主义市场经济是政府在尊重市场规律的同时，对经济予以适当干预和控制的混合经济。

政府的干预和控制主要运用指导性计划。国家行政指导的正确运用，既可实现国家宏观调控，又可达到搞活经济的目的，使全社会经济活动健康发展。

在市场经济环境下，人口行政指导应当体现法治经济的特色，体现出公平公正合理的核心价值观念。

（二）人口行政指导的政策基础和法律依据

在管理国家事务和社会事务中，党和政府强调从实际出发，实事求是，注重调查研究，并通过先行试点，分类指导，总结推广等步骤来推动各项工作。例如，个别市县开展的人口和计划生育综合改革和新机制建设等工作，就是通过先行试点，分类指导，总结推广等步骤来推动人口和计划生育整体工作的革新。

我国宪法规定：国家保护城乡集体经济组织的合法权利和利益，鼓励、指导和帮助集体经济的发展，保护个体经济的合法的权利和利益，通过行政管理，指导、帮助和监督个体经济；保护私营经济的合法的权利和利益，对私营经济实行引导、监督和管理。可见，为更好地适应经济发展的需要，国家采取行政指导等手段，具有充分的法律依据。

目前，人口行政指导主要集中于人口和计划生育宣传教育、计划生育群众自治、人口和计划生育技术服务等方面。例如，我国法律明确规定，城市和农村按居民居住地设立的居民委员会或者村民委员会是基层群众性自治组织。表明了行政机关与基层群众性自治组织之间是明确的行政指导关系，而非行政隶属关系。计划生育群众自治组织要自觉接受政府机关的人口行政指导活动，政府机关则应尊重群众自治组织的创造性，并予以科学、有效的指导。

四 人口行政指导的作用

（一）人口行政指导的积极作用

1. 弥补作用

虽然有些人口行政指导存在着根据法律规定实施的情形，但多数人口行政指导无明确的法律依据,由行政机关依据其适当判断而随时付诸实施。

人口和计划生育等行政机关采取人口行政指导的形式,不受法律的拘束,在自己职权范围内机动地把握人口和计划生育行政需要的变化。除补充法律的不完备外,还采取随机应变的对应措施,因而人口行政指导具有良好的社会效果。

人口行政指导没有强制力,通过说服、劝导和引导方式,促使相对人采取或不采取某种行为,从而实现政府所制定的人口和计划生育等政策目标。

2. 规范、调整作用

人口行政指导能够对危害人口和计划生育公共利益或妨害人口和计划生育公共秩序的行为加以规范,防患于未然。

当计划生育家庭与非计划生育家庭及其成员、计划生育家庭与计划生育家庭及其成员之间发生的利害冲突,有可能影响正常的人口和计划生育等社会秩序时,行政机关可通过人口行政指导,使双方互让、协作,化解对立和矛盾。

即使在人口行政行为领域,一定情况下利用人口行政指导要比利用具有行政强制力的权力行为更为有利,行政机关不采取行政强制、行政命令等刚性的强硬手段,而是采取相对柔性的人口行政指导手段,有时更能实现人口和计划生育等法律法规所规定的人口和计划生育行政目的。

3. 引导、帮助、促进的作用

通过一定的政策或计划,行政机关本身对相对人具有较大的引导作用。人口行政指导的实施,有利于帮助、促进、保护相对人的人口和计划生育等合法权益,从而促进人口与资源、环境、经济、社会的协调发展和可持续发展。

(二) 人口行政指导的消极作用

1. 人口行政指导的消极作用

人口行政指导的消极作用,主要有以下几个:削弱相对人自身的人口和计划生育责任意识,甚至有可能削弱计划生育群众自治等能力;人口行政指导的科学性有待提高;有时可能违背以育龄人群为核心的计划生育群体的利益;人口行政指导中,有时会融入不合理的政治、权力等因素;人口行政指导的责任往往难以明确。

2. 规范性人口行政指导和服务性行政领域中的人口行政指导

法定外的人口行政指导,由于不受人口和计划生育等法律法规的制约,完全依据人口和计划生育等行政机关判断,有时难以明确责任所在,有时甚至因该行政机关的恣意专横而导致损害相对人权益的结果发生。

在规范性人口行政指导中,理论上讲,当人口和计划生育等行政机关基于错误判断或滥用人口行政指导权时,即人口行政指导内容不正确或不适于相对人,相对人有权拒绝对该人口行政指导的服从或协助。但实践中,相对人对行政的依赖程度较高,且人口和计划生育等行政机关拥有规范及帮助等广泛的权限,违背该行政机关意愿,拒绝接受人口行政指导,难免遭受该行政机关的刁难。因而相对人即使不同意某种人口行政指导,往往也不得不服从。这对于相对人而言,显示出人口行政指导具有与权力行为相同的拘束力,且即使是违法行政指导,相对人一旦服从,则在法律上就被认为是自愿服从,事后主张人口行政指导的违法性,困难程度大增。而此有可能助长行政机关不负责任的瞎指挥,本来应对相对人予以规制的,人口和计划生育等行政机关不采取正式的规制措施,而采取人口行政指导,则难以实现人口和计划生育等公共利益的目的。因此,实施人口行政指导时,具体问题具体分析,须避免这种行为。

服务性行政领域中的人口行政指导,一般作为福利行政组成部分。例如,免费孕前优生健康检查、生殖健康、计划生育技术服务等。不过,由于信息知识及技术服务帮助等方面的过错,给相对人造成一定的损害时,会产生行政责任问题。例如,计划生育技术服务过程中产生的手术并发症等。

五　人口行政指导的法律救济

从与违法人口行政指导相对抗角度来看，完善救济程序和行政诉讼等救济途径，消除和抑制违法的人口行政指导，保障因接受人口行政指导而蒙受不利因素影响的相对人，比人口行政指导具有法律根据更有意义。

此外，由于接受人口行政指导蒙受意外损害的当事人，除通过行政诉讼渠道救济外，还应允许其请求国家赔偿。对人口和计划生育等行政机关实施的具有强制力的人口行政指导，可视为其是该行政机关的具体人口行政行为，相对人可依法寻求行政诉讼或国家赔偿救济。

人口行政指导内容应尽可能通过政府公报、文件等方式予以广泛公布。对于其适当与否，应接受社会舆论的批评和评论，在舆论监督下保障人口行政指导的公正性，排除不当行政指导，以保护被指导人的合法权益及国家人口和计划生育等社会公益。

第三编 人口行政程序与法制监督

第十二章 人口行政程序

第一节 人口行政程序概述

一 人口行政程序的概念

人口行政程序是指行政主体在行使人口和计划生育等行政权力,作出人口行政行为的过程中所遵循的方式、步骤、顺序及时限的总和。

对于这一概念,可从以下几个方面来理解。

(一) 人口行政程序是人口行政行为的程序

人口行政程序指行政主体在行使人口和计划生育等行政权力,作出人口行政行为时所应遵循的程序。

人口行政程序既不含行政相对人的行为程序,又有别于法院的行政审判程序。

(二) 人口行政程序是人口行政行为的方式、步骤、顺序和时限的总和

人口行政行为的方式是指人口行政行为过程中的方法和形式。例如,书面形式、口头形式等。

人口行政行为的步骤是指人口行政行为的各个不同阶段。例如，人口行政处罚中的立案、调查取证、实施行政决定等阶段。

人口行政行为的顺序是指人口行政行为施行各个步骤的先后次序。

人口行政行为的时限则是指人口行政行为完成的时间限制。

（三）相对于人口行政实体，人口行政程序相对独立并有章可循

人口行政行为相对复杂，差别迥异，难以形成所有人口行政行为均普遍适用的人口行政实体法规则及其法典。

但相对于人口行政实体，人口行政程序具有相对的独立性和自身的规律性。

纵观国外行政法制经验，人口行政程序的法典化具有可能性。

二　人口行政程序的分类

按不同的分类标准，人口行政程序可分为以下几类。

（一）外部人口行政程序与内部人口行政程序

以人口行政程序适用的范围为标准划分，可分为外部人口行政程序和内部人口行政程序。

1. 外部人口行政程序

外部人口行政程序是指行政主体对其系统外部的、社会上的相对人——公民、法人或其他组织，实施人口和计划生育行政管理时所遵循的程序。例如，人口行政强制程序、人口行政处罚程序、人口行政许可程序等。

2. 内部人口行政程序

内部人口行政程序是指行政主体对内部事务管理或运作时所遵循的程序。例如，人口和计划生育行政机关内部处理行政公文的程序，人口和计划生育行政机关对公务员的奖励或处罚程序，上下级人口和计划生育行政机关之间领导、检查与监督程序等。

3. 划分外部人口行政程序与内部人口行政程序的意义

不同行政程序的要求有所不同，其中内部人口行政程序注重效率，而外部人口行政程序则注重保障行政相对人在人口行政过程中的参与和对相对人合法计划生育等权益的保护。

当然，人口行政程序的外部与内部之分并非绝对，两者经常交织在一起。

(二) 事前人口行政程序与事后人口行政程序

以行政程序适用的时间为标准，可分为事前人口行政程序和事后人口行政程序。

1. 事前人口行政程序

事前人口行政程序是指人口行政行为在实施之前及实施过程中所遵循的程序。例如，人口行政行为的批准程序，人口行政处罚的调查取证程序，人口行政立法的起草与征求意见程序等。

2. 事后人口行政程序

事后人口行政程序是指人口行政行为实施后的审查或救济程序。例如，行政复议程序，人口行政监督程序等。

3. 划分事前程序与事后程序的目的及其意义

无论事前程序还是事后程序，均以保障相对人合法的人口和计划生育权益为目的。

目前，对于事后人口行政程序较重视，但在一定程度上忽视了事前人口行政程序。其实，对于提高人口和计划生育等行政效率，防止人口和计划生育行政违法，避免对相对人计划生育合法权益的损害而言，事前人口行政程序意义非凡。所以，加强事前人口行政程序立法则为人口行政法制建设的一项重要任务。

(三) 法定人口行政程序与自由裁量人口行政程序

以行政程序是否有法律明确规定为标准，可分为法定人口行政程序和自由裁量人口行政程序。

1. 法定人口行政程序

法定人口行政程序是指行政主体依照人口和计划生育等法律、法规的明确规定，必须严格遵守的程序。例如，羁束性人口行政行为中，行政主体只能经法定程序实施，违反法定程序可能导致该行为被撤销。

2. 自由裁量人口行政程序

自由裁量人口行政程序是指行政主体在实施人口行政行为时可自由选择适用的程序。对于自由裁量程序而言，一般不存在是否合法的问题，主要涉及的是合理性问题。

3. 法定人口行政程序和自由裁量人口行政程序的划分

法定人口行政程序和自由裁量人口行政程序的划分并非绝对的。

行政主体自由裁量程序严重不合理，可认为违反人口和计划生育等法律的目的、原则和精神，从而转化为违法行为。

（四）人口行政立法程序、人口行政执法程序与人口行政司法程序

以行政程序适用的不同行政职能为标准，可分为人口行政立法程序、人口行政执法程序和人口行政司法程序。

1. 人口行政立法程序

人口行政立法程序是指行政主体制定人口和计划生育等行政法律规范时所应遵循的程序。例如，国务院《行政法规制定程序条例》规定国务院制定行政法规时的立项、起草、审查、决定、公布、解释等。

2. 人口行政执法程序

人口行政执法程序是指行政主体行使人口和计划生育行政权，实施具体人口行政行为时所应遵循的程序。例如，人口行政决定程序、人口行政处罚程序、人口行政强制程序等。其是人口行政程序的主要构成部分。

3. 人口行政司法程序

人口行政司法程序是指行政主体以第三人的身份，裁决行政主体与相对人之间的人口和计划生育等行政纠纷，以及相对人之间与人口和计划生育行政管理有关的民事纠纷时应遵循的程序。例如，行政复议程序、人口行政裁决程序等。

三　人口行政程序的特征

（一）人口行政程序的调整对象是行政主体的人口行政行为

人口行政行为是相对于人口立法行为和人口司法行为而言的。其中，立法行为（含人口立法行为）由宪法、立法法、组织法和立法机关的议事规程规范，人口司法行为由各种诉讼法规范，人口行政行为则由行政程序规范。

行政主体行使人口和计划生育行政权，作出人口行政行为须遵循人口行政程序。

人口行政程序可能涉及行政相对人的行为规范，但其内容数量少，且直接或间接与人口行政行为有关，所以，可认为其直接或间接地调整人口行政行为。

（二）人口行政程序的内容规范人口行政行为的方式、步骤、顺序和时限

人口行政程序是规范行政主体实施人口行政行为时，所应遵循的程序性要求。

通常而言，行政主体有无实施该人口行政行为的权限及该人口行政行为的具体内容如何，均由人口行政实体法规定，而如何实施该人口行政行为则由人口行政程序规定。

四　人口行政程序的作用

人口行政程序是人口和计划生育等法律法规中不可或缺的组成部分与重要内容。

（一）规范行政主体的人口行政行为

依法行政原则要求行政主体实施人口行政行为，须依照人口和计划生育等法律法规的规定，不仅须符合人口行政实体法规定，而且还须符合人口行政程序规定。

人口行政程序通过以法定形式设置各种程序规则来规范人口行政行为的实施，达到控制人口和计划生育等行政权力的运行，防止

行政主体滥用公共权力，保障人口行政行为的公正、有效、准确等目的。

（二）提高行政主体的人口行政运行效率

由于人口行政事务关涉国家人口和计划生育等社会公益事业，一般情况下具有紧急性。所以，人口行政行为不仅应当公正、准确，而且还要求高效。

如何恰当选择行为方式，合理安排行为步骤，保证人口行政行为迅速、及时、准确、高效，是人口行政程序的核心问题。

（三）保护行政相对人的合法权益

在人口行政实体法律关系中，行政主体和相对人双方权利义务设置的不对等，易使相对人权益受到行政主体违法行为的侵犯。

为避免或减少人口行政侵权行为，人口行政程序通过设置各种事前或事后的程序控制，来规范人口行政行为，保护相对人的计划生育等合法权益。相对人通过人口行政程序，既可事后救济，又在人口行政行为实施过程中享有陈述权、了解权、申辩权和听证权等权利。

这些程序性规定，均是为了防止行政主体主观武断，限制人口和计划生育等行政权的滥用。

第二节 人口行政程序的基本原则

人口行政程序的基本原则是指导人口行政执法，并贯穿于所有人口行政程序具体规范的基本准则。

一 人口行政程序法定原则

（一）人口行政程序法定原则的概念

人口行政程序法定原则是指行政主体实施人口行政行为的主要步骤、方法所依据的人口和计划生育等法律法规的规定，行政主体实施涉及相对人人口和计划生育等权益的行为须遵循的法定程序。

人口行政程序法定原则是行政合法性原则在人口行政程序领域内的具体体现，其为人口行政程序最基本原则。

（二）人口行政程序法定原则的具体要求

行政主体实施人口行政行为，须严格按照法定程序，采取法定步骤和方式；若运用自由裁量程序时，行政主体实施人口和计划生育等行政管理，应确保其选择适用的程序，符合人口和计划生育等法律法规的基本原则与目的，不得侵犯相对人合法的计划生育等权益。

对违反人口行政程序规定的人口行政行为，行政主体应严格审查，并由有权机关依法予以撤销。

行政主体须承担因人口行政程序违法而带来的相应法律责任。例如，给相对人造成身体健康、财产安全等损害的，应负相应赔偿责任。

二　人口行政程序公正原则

（一）人口行政程序公正原则的概念

人口行政程序公正原则是指在实施人口行政行为时，程序方面行政主体应平等对待各当事人，避免和排除可能导致不平等或不公正的各因素。

法律法规的公正，只有通过程序公正才能得以实现。

（二）人口行政程序公正原则的具体要求

对人口和计划生育行政管理的所有相对人，行政主体应一视同仁，不偏袒，不歧视。例如，应给予所有符合条件的农村计划生育家庭老年成员，按照国家规定标准发放年度计划生育奖励扶助金等。

实施人口行政行为时，行政主体应尽量避免和排除可能影响人口行政决定的公正性因素。例如，根据人口行政程序等规定，实行回避制度、职能分离制度及不单方接触制度等。

在实施人口和计划生育行政管理行为时，行政主体须同时兼顾社会公共利益和相对人利益，尽可能在两者之间保持平衡。

三 人口行政程序公开原则

(一) 人口行政程序公开原则的概念

人口行政程序公开原则是指在实施人口行政行为过程中，应在行政程序方面行政主体确保相对人有了解并参与与之相关的人口行政行为的权利。

(二) 人口行政程序公开原则的性质及意义

人口和计划生育等信息公开是现代民主对人口行政的基本要求，人口行政程序公开原则正是政府信息公开在人口行政程序方面的具体体现，也是公民参与人口和计划生育等事务的权利的延伸。

人口行政程序公开原则的确立，对于保证人口和计划生育等行政权合法公正行使，保护相对人合法计划生育等权益，提高政府等公共管理组织工作透明度，和公民对政府等公共管理组织的信任度具有积极意义。

(三) 人口行政程序公开原则的具体要求

在实施诸如人口行政处理决定、人口行政处罚决定及人口行政强制行为等与公民权利义务直接相关的重大人口行政行为时，行政主体须通过人口行政程序让相对人知悉和了解决定的详细内容等。但是，法律法规规定涉及保密的除外。

不仅应让相对人了解人口行政行为，而且行政主体还应在实施重要人口行政决定时充分保证相对人参与人口行政行为的过程。例如，应相对人申请举行行政听证，允许当事人当场申辩和质证。

人口行政方面的公文案卷，除人口和计划生育等法律法规的特殊规定外，行政主体应允许相对人查阅或抄录，以便其收集证据，了解案情，有效保护自己合法的计划生育等权益。

在实施人口行政行为的同时，行政主体应告知当事人申请行政救济的各种途径，即让当事人知晓事后的救济方法及时限等要求。例如，申请行政复议、提起行政诉讼和行政赔偿等。

四 人口行政效率原则

(一) 人口行政效率原则的概念

人口行政效率原则是指人口行政程序的制定与执行,有利于提高行政主体的行政效率。

人口行政活动的目的是为了实现人口和计划生育等社会公共利益,而人口和计划生育行政管理的效率的高低必然会影响到该领域的社会公共利益。

(二) 人口行政效率原则的具体要求

在保障公正、准确、有效的前提下,人口行政程序的设置应尽量减少不必要的环节、手续,以提高人口和计划生育行政管理各环节的运转速度与效率。

建立合理的时效制度。人口行政程序各环节均应有时间限制,以防止拖延,保障快速、高效实现人口和计划生育等行政管理目标。

行政主体的行为超越法定期限,即构成违法,应承担相应法律责任。

设立适当的简易程序或紧急情况处置程序,在不损害其他公共目的的前提下,保证人口行政程序简便易行。例如,在人口行政处罚程序中,设立了人口行政处罚的简易程序。

人口行政程序的设置,应考虑如何排除人口和计划生育行政管理障碍,有效实现人口和计划生育行政管理等目的。例如,应设立人口行政强制执行程序,以保证人口和计划生育行政行为能及时、有效履行。

第三节 人口行政程序的基本制度

人口行政程序制度是指调整人口和计划生育行政领域及其各类人口行政行为的法律规范系统。人口行政程序制度是人口行政程序基本原则的具体化,人口行政程序基本原则若要发挥其功能,须借助人口行政程序基本制度与人口行政程序的具体法律法规规范。

一　人口信息公开制度

（一）人口信息公开制度的概念

人口信息公开制度是指在实施人口行政行为时，行政主体应主动或依相对人申请而公开有关人口和计划生育等信息资料的制度。

（二）人口信息公开的主要内容

一是行政主体的基本情况。例如，行政主体的法定名称、法定代表人姓名、办公地点、组织机构的职权范围、活动程序和方法等。

二是实施人口行政行为所依据或适用的法律规范。例如，人口与计划生育等法律、人口与计划生育行政法规、行政规章及其他政策等，均应在有关政府公报或重要报刊公布，使公众有机会、有途径了解相关法律法规规范的具体内容。

三是人口行政行为实施过程中的有关档案材料。人口和计划生育等行政机关的有关文件及其档案材料，除依法保密的之外，应允许相对人了解、查阅或复制等。

二　调查制度

调查制度是指在实施人口行政决定之前，行政主体须充分调查，了解公众意见或查明事实、收集证据，以供决定时依据或参考的制度。

人口调查通常是实施人口行政决定的前提。通过调查，行政主体较全面地了解与人口行政决定相关的信息及事实、证据，能够更好地平衡各相关方的利益冲突，以实施既符合人口和计划生育等社会公共利益，又维护相对人合法权益的人口行政决定。

三　职能分离制度

（一）职能分离制度的概念

职能分离制度是指将行政主体的某些相互联系的职能分离，由不同的机构或人员分别行使的制度。例如，在设计农村计划生育特殊困难家庭奖励扶助制度过程中，甘肃省将发放奖励金与受奖励对象申请、调查等职能分离，以利于监督管理。

（二）职能分离制度的主要目的

从人口行政程序上，加强对行政权力的制约，防止行政主体及行政人员滥用人口和计划生育等行政职权，侵犯相对人的合法计划生育等权益。例如，《中华人民共和国行政处罚法》就确立了调查控告职能与处罚裁决职能分离的制度，其要求行政主体就相对人违法行为实施人口行政处罚时，负责调查和提起指控的人员与最后作出人口行政处罚裁决的人员分离，听证程序须由非相应案件的调查人员主持。

四 回避制度

（一）回避制度的概念

回避制度是指在行使人口和计划生育等行政职权过程中，行政主体的相应行政人员与其所处理或决定的人口和计划生育等事项有利害关系时，应主动回避或应当事人申请予以回避的制度。

（二）回避的理由

一般而言，主要有：行政人员本人是人口行政决定的一方当事人；人口行政决定的一方当事人是该行政人员的近亲属；人口行政决定的一方当事人与该行政人员有其他关系，足以影响人口行政决定的公正性。

（三）设立回避制度的目的

回避制度的设立是为了确保人口行政行为形式上的公正性。

行政公正要求在人口行政程序中，行政人员与其所作出的人口行政决定之间没有利害关系，保证行政人员不偏不倚地作出公平的决定。

（四）回避制度与不单方接触制度的区别

不单方接触制度，是指就同一事项对两个或两个以上的当事人实施人口行政决定时，行政主体不得在一方当事人不在场的情况下单独与另一方当事人接触或听取其陈述，接受其意见。

不单方接触制度是为了防止行政主体因偏听偏信而作出不公正决定。回避制度则确保行政人员与其所作出的人口行政决定之间没有利害关系，保证行政人员不偏不倚地作出公平决定。

五　辩论制度

（一）辩论制度的概念

辩论制度是指在裁决当事人之间争议时，在行政主体主持下，各方当事人就有关事实和法律问题辩论和对质，在辩论的基础上由行政主体作出人口行政裁决的制度。

（二）辩论制度的主要作用

①保证行政相对人和其他有利害关系的当事人能充分陈述自己的理由和观点，尽可能澄清有关事实和法律问题，从而使人口行政决定在最大范围内维护其合法计划生育等权益。

②防止在作出人口行政决定时行政主体偏听一面之词，作出不公正决定。

六　听证制度

（一）听证制度的概念

听证制度是指在实施影响相对人人口和计划生育等权利义务的决定之前，行政主体应依法举行听证会，允许相对人发表意见、提供证据材料或辩论与对质，并由行政主体根据听证结果实施人口行政决定的一种程序制度。

（二）听证制度的重要性

在人口行政程序中，听证制度受到特别重视。一般而言，人口行政程序的中心问题是利益相关人的参与。

听证能够为利益相关人的参与提供充分机会。类似于司法审判的听证，能够使利益相关人的参与权得到充分行使，所以听证被认为是人口行政程序中最重要的基本制度。

（三）听证制度的作用

听证制度体现了行政公正这一人口行政程序基本价值目标。其具体作用主要有以下两个。

一是听证制度的建立，为相对人提供了发表意见、陈述主张的机会。

二是听证程序的确立，为行政主体查明事实，作出公正裁决提供了程序性保障。

七　说明理由制度

（一）说明理由制度的概念

说明理由制度主要为表明行政主体及其行政人员身份（在实施人口行政行为之前，行政主体及其行政人员向相对人出示证件以表明其身份），向相对人告知有关事项等内容。

（二）说明理由制度的性质

说明理由是关于人口行政决定须阐明其理由和真实用意的人口行政决策程序制度，适用于行使裁量权限和不利于当事人的人口行政决定。

说明理由是指在实施影响相对人计划生育等权利义务的人口行政决定时，行政主体应说明实施该决定的事实原因及法律根据制度。说明理由是最低限度的程序正当性要求。例如，行政主体拒绝相对人对生育保健服务证的申请时，应具体说明其拒绝颁证的原因。

（三）说明理由制度的意义

说明理由制度的意义主要是防止行政专横和权利滥用，便于司法审查和法制监督。人口行政决定所持有的理由，需要确切的事实根据和法律政策根据。

说明理由制度的设立，既有利于促使行政主体对已经实施的决定作充分考虑，又有利于相对人充分了解人口行政行为，并判断该行为是否违法或不当，从而决定是否提出行政复议或行政诉讼。例如，《中华人民共和国行政处罚法》第31条规定，行政机关在作出行政处罚决定之前，应当告知当事人作出行政处罚决定的事实、理由及依据，并告知当事人依法享有的权利。第 41 条规定，行政机关及其执法人员在作出行政处罚决定之前，不依法向当事人告知给予行政处罚的事实、理由和依据，行政处罚决定不能成立。

八 行政案卷制度

（一）行政案卷制度的概念

行政案卷是人口行政决定只能以行政案卷体现的事实作为根据的行政程序制度。

案卷制度要求对实施人口行政行为的整个过程，行政主体应记录、建立案卷。

（二）行政案卷制度的内容

行政案卷是有关案件事实的证据、调查或者听证记录等案件材料的总和。案卷包括与该人口行政行为相关的文件、证据、记录和材料等。

行政案卷的构成和形成应依据法律的规定。人口行政决定只能以行政案卷体现的事实为根据，不得以行政案卷以外的、没有经过法定程序认定的事实为根据。

（三）建立行政案卷制度的意义

建立行政案卷制度的意义在于，使人口行政决定基于法定程序的客观事实之上，规范认定程序、认定结果的权威性，排除外界对人口行政决定的不当影响和干预，便利司法审查和法制监督。

九 时效制度

（一）时效制度的概念

时效制度是指实施人口行政行为时，行政主体须遵循法定的时间限制，否则应承担相应的法律责任。

（二）时效制度的性质

时效制度是人口行政效率原则衍生的一项基本制度。

为保证人口行政活动的高效,人口行政程序的每个环节均应限定在一定时间内。如果行政主体实施人口行政行为超过人口和计划生育等法律法规规定的期限,即构成违法。例如,接到相对人请求,申请某种人口行政许可时,行政主体须在法定期限内批准或拒绝该相对人的申请。若拒绝,则说明拒绝理由。否则,以行政主体违反法定程序或不履行法定职责为由,相对人可申请行政复议或提起行政诉讼。

十 权利救济制度

(一) 权利救济制度的概念

权利救济制度是指相对人不服行政主体的人口行政决定时,法律为其提供行政救济途径和机会的制度。

(二) 权利救济制度的性质

行政主体实施人口行政行为后,行政相对人可能不服该行为,认为其损害了本人合法计划生育等权益,可能要求有权机关重新审查该行为,并作出相应决定。为满足相对人此种要求,救济制度则是为之提供的法律途径。例如,行政复议、行政诉讼即从人口行政程序上设置的、为相对人提供救济途径的制度。

第四节 人口行政处罚程序

人口行政处罚程序是指享有人口行政处罚决定权与执行权的人口和计划生育等机关或组织,作出人口行政处罚决定,对行政违法者实施人口行政处罚的具体方式、方法和步骤。

一 人口行政处罚决定程序

人口行政处罚基本程序由两部分组成:人口行政处罚的决定程序和人口行政处罚的执行程序。

人口行政处罚的决定程序是整个人口行政处罚程序的关键环

节，是保障正确实施人口行政处罚的前提条件。

（一）人口行政处罚的简易程序

1. 人口行政处罚简易程序的概念

人口行政处罚的简易程序亦即当场处罚程序，是指人口和计划生育等行政机关或法律、法规授权的组织，对符合法定条件的人口行政处罚事项，当场作出人口行政处罚决定的处罚程序。

2. 适用人口行政处罚简易程序的条件

适用人口行政处罚的简易程序，须符合：人口和计划生育等违法事实确凿；有人口和计划生育等法定依据；给予较小数额罚款（对公民处以50元以下，对法人或者其他组织处以1000元以下罚款）或者警告的人口行政处罚。

3. 适用人口行政处罚简易程序的优势

在人口行政执法过程中，行政执法人员发现相对人的人口和计划生育等行政违法行为后，若认定相应行为同时满足上述法定条件，不必适用调查取证程序，不必更换时间和地点，可立即当场予以处罚。

与行政处罚法规定的一般程序和听证程序相比，这一程序有利于迅速、及时处理较轻微的人口和计划生育等行政违法行为。

4. 人口行政处罚简易程序的内容

（1）表明执法者身份

执法人员当场作出人口行政处罚决定的，应向当事人出示执法者身份证件。此处的证件，既可是人口和计划生育等行政机关工作证，也可是特定的人口和计划生育行政执法证。有时二者皆需出示，有时还需要附带出示执勤证章等其他标志。

（2）确认人口和计划生育等违法事实，说明人口行政处罚理由和依据

执法人员当场发现或有人当场指认某人违反了国家人口与计划生育等法律法规，若违法事实清楚、情节简单，当事人对违反了人口与计划生育等法律法规的事实无异议，执法人员即可当场处罚，

并说明人口行政处罚的事实根据和法律依据。

有时虽然违反了人口与计划生育等法律法规行为的危害后果轻微，但违法者拒不承认，或由于某种客观原因，行政执法过程中确实存在事实上的偏差或错误，执法人员应尽量取得其他证据，以确认人口和计划生育等违法事实。

说明处罚理由和依据，有利于人口和计划生育等违法者了解相关法律法规的有关规定，教育其严格遵守人口和计划生育等法律法规。给予当事人提出异议或申辩的机会，有利于监督执法人员认真执行人口和计划生育等法律法规，公正实施人口行政处罚。

（3）制作人口行政处罚决定书

此为人口行政处罚决定的书面形式要求，目的是为人口行政处罚接受监督、审查提供证据。执法人员当场作出人口行政处罚决定的，应填写预定格式、编有号码的人口行政处罚决定书。

人口行政处罚决定书应载明法定事项并由执法人员签名或者盖章。

（4）人口行政处罚决定书的交付

按照法定的格式要求，执法人员填写人口行政处罚决定书，应当场交付当事人。

（5）备案

执法人员当场作出人口行政处罚决定，须报所属人口和计划生育等行政机关备案。

对当场人口行政处罚决定不服的，当事人可依法申请行政复议或提起行政诉讼。

（二）人口行政处罚的一般程序

1. 人口行政处罚一般程序的概念

人口行政处罚的一般程序或称普通程序，指除人口和计划生育等法律特别规定应适用简易程序和听证程序的外，人口行政处罚通常应适用的程序。

2. 人口行政处罚一般程序的特征

(1) 适用范围广

除法律有特别规定（指《中华人民共和国行政处罚法》规定的应适用简易程序和听证程序的情形）的之外，人口行政处罚一律适用一般程序。

(2) 程序相对严格、复杂

建立健全公正、民主、科学的处罚程序，目的在于防止执法人员的主观武断或滥用职权。而公正、民主、科学的处罚程序，要求在时间顺序、证据取舍、当事人参与及对公众公开等方面更严格。

(3) 听证程序（适用于案情复杂、争议较大、可能导致较重处罚的案件）的前提程序

适用听证程序的案件，在听证前须经过一般程序的有关步骤。例如，调查取证，向当事人说明理由、处理根据，听取当事人申辩等。因此，一般程序是听证程序的前提程序，听证程序是一般程序的特别程序。

3. 人口行政处罚一般程序的步骤

人口行政处罚一般程序的步骤，主要包括以下几个。

(1) 立案

对属于管辖范围内，并在追究时效内的人口和计划生育等违法行为或有重大违法嫌疑的行为，人口和计划生育等行政机关认为有调查处理必要的，应予以立案。

立案是人口行政处罚程序的开始，执法实践中大多数案件需经过立案程序。立案目的是对人口和计划生育等违法行为追究。通过调查取证，证明违法嫌疑人是否实施了人口和计划生育等违法行为，对违法者实施人口行政处罚。

立案条件，主要有以下几个。

首先，人口和计划生育等行政机关经过对有关材料的审查，确认有人口和计划生育等违法行为发生。

其次，人口和计划生育等违法行为，是应受人口行政处罚的

行为。

第三，属于人口和计划生育等行政职权范围，且归本机关管辖。

第四，非适于简易程序的案件。

符合立案条件，主管执法人员应填写立案审批表或立案决定书，由行政首长批准，并指派专人承办。

人口和计划生育等行政机关，对人口和计划生育等违法行为立案时，应遵守有关时效的规定，即除法律另有规定外，对于在两年内未发现的人口和计划生育等行政违法行为，不予立案。

（2）人口行政调查

立案后，人口和计划生育等行政机关应对案件全面调查，查对核实主要事实、情节，取得必要证据，并查证有关人口和计划生育等法律法规依据。若无调查，则无充分证据，无充分证据就不可能有合理合法的人口行政处罚决定。《中华人民共和国行政处罚法》第36条规定（专门对调查程序的原则性规定）确立了依法调查、全面调查、客观调查、公正处罚的原则。

先取证后处罚，是人口行政处罚程序最基本的准则。所以，若无足以证明应予处罚的人口和计划生育等违法事实存在的充分而确凿的证据，则不能实施人口行政处罚。

（3）人口行政处罚决定

在案件调查终结后，应由承办人员填写《人口和计划生育案件处理意见申报表》，向有裁决权的人口和计划生育等行政机关汇报案件情况和有关处理意见，并送人口和计划生育等行政机关首长审批。

人口和计划生育等行政机关负责人应及时审查调查结果，根据不同情况，分别作出不同处理决定。

对情节复杂或重大违法行为给予较重的人口行政处罚，由人口和计划生育等行政机关负责人集体讨论决定。

对其他应受人口行政处罚的违法行为，根据情节轻重及具体情况，由人口和计划生育等行政机关实施适当的人口行政处罚决定。

对人口和计划生育等违法行为轻微（违法行为是否属轻微，一般由人口和计划生育等行政机关依照法律赋予的裁量权认定），依法不予人口行政处罚的，作出不予处罚决定。

若人口和计划生育等单行法律、法规有明确的限制性规定，人口行政处罚则须严格按该规定执行。

对经调查认定人口和计划生育等违法事实不能成立的，不得给予人口行政处罚。

人口和计划生育等违法事实不能成立，一般包括：一种是经过调查，有充分证据证明人口和计划生育等违法行为不成立或不存在；另一种是尽管立案、调查取证，但无法掌握充分证据，只能视为人口和计划生育等违法行为不成立。

为防止人口和计划生育等行政机关滥用人口行政处罚权，若证据不足，则应按无人口和计划生育违法事实，不予处罚。

由于案件调查，对人口和计划生育等违法行为嫌疑人造成不良影响，而最后确认违法事实不成立时，应通过适当方式，人口和计划生育等行政机关为当事人消除影响。

（4）制作人口行政处罚决定书

经过对调查结果的审查，人口和计划生育等行政机关负责人给予人口行政处罚决定的，应制作人口行政处罚决定书。

人口行政处罚决定书，应加盖人口和计划生育等行政机关的印章，并载明有关的法定事项。

（5）说明理由并告知相关权利

对于作出人口行政处罚决定的，应告知当事人实施人口行政处罚决定的事实、理由及依据，并告知当事人依法享有的计划生育等合法权利。

说明理由和告知相关权利的意义：给当事人以针对人口行政处罚理由、根据以申辩的机会，保证当事人受人口行政处罚后及时请求行政救济，以免错过救济时效。

说明理由的内容主要为：人口行政处罚决定的事实根据、法律依据以及将法律适用于该事实的理由。对此，当事人可提出反驳意见，并提供有关支持证据。若当事人无法立即提供证据，而需要合理的准备时间，人口和计划生育等行政机关应当允许，否则其无法有效行使申辩权。

说明理由是人口和计划生育等行政机关在实施人口行政处罚过程中，须履行的程序性义务，否则人口行政处罚决定不能成立。

告知权利的内容主要为：告知申请回避权、申辩权、陈述事实、提出证据权，申请行政复议、提起行政诉讼权等。

(6) 当事人陈述和申辩权

当事人陈述、申辩权是人口行政处罚程序中相对人的重要权利，是保护相对人不受非法侵害，制约人口和计划生育等行政机关滥用行政处罚权的重要机制。人口和计划生育等行政机关具有根据事实和证据表明当事人违反人口与计划生育等法律法规的权利，当事人则有陈述事实、提出证据，证明自己合法的权利。

在人口行政处罚决定作出之前，人口和计划生育等行政机关及其执法人员拒绝听取当事人陈述或申辩，则人口行政处罚决定不能成立，但是当事人放弃陈述或者申辩权利的除外。

人口和计划生育等行政机关须充分听取当事人意见，对当事人提出的事实、理由和证据应当复核；若其提出的事实、理由和证据成立，人口和计划生育等行政机关应予采纳，不得因当事人申辩而加重处罚。

(7) 人口行政处罚决定书的送达

人口行政处罚决定书的送达，即为依照法定程序和方式，人口和计划生育等行政机关将人口行政处罚决定书送交当事人的行为。

一经送达，人口行政处罚决定书便产生法律效果。当事人提起行政复议或行政诉讼的期限，自送达之日起计算。

人口行政处罚决定书一般应在宣告后当场交付当事人；当事人

不在场的，依照民事诉讼法的有关规定，人口和计划生育等行政机关应在 7 日内将人口行政处罚决定书送达当事人。

人口行政处罚决定书的送达方式为：直接送达、留置送达和邮寄送达。

（三）人口行政处罚的听证程序

1. 人口行政处罚听证程序的概念

为了合理、有效实施人口行政决定，人口和计划生育等行政机关公开举行由全部利害关系人参加的听证会，广泛听取各方意见。

通过公开、合理的人口行政程序，使人口行政决定建立于合法合理的基础，避免违法或不当的人口行政决定给行政相对人带来不利或不公正的影响。

《中华人民共和国行政处罚法》第 42 条规定，在行政处罚程序中，为了查明案件事实、公正合理地实施行政处罚，在作出责令停产停业、吊销许可证或者执照、较大数额罚款等行政处罚决定之前，应当事人要求，行政机关可公开举行有利害关系人参加的听证会，在质证和辩论的基础上做出处罚决定。

当事人对限制人身自由的人口行政处罚有异议的，依照《中华人民共和国治安管理处罚法》有关规定执行。限制人身自由的人口行政处罚不适用听证程序。

2. 人口行政处罚听证程序的主要特征

（1）听证由人口和计划生育等行政机关主持，并由有关利害关系人参加的程序

听证程序中，人口和计划生育等行政机关既是调查者、主持者，又是行使处罚裁决或决定的主体（调查人员与处罚决定人员通常分离）。在形式上，听证程序类似于司法审判程序。

（2）人口行政处罚听证公开举行

人口和计划生育等行政机关和利害关系人均可参加听证程序，社会各界也可旁听。

质证和辩论程序公开，有利于控制人口和计划生育等行政权力

滥用。

（3）听证程序只适于人口行政处罚领域，但并非所有的人口行政处罚案件均适用听证程序

目前，听证程序只适于责令停产停业、吊销许可证或者执照、较大数额罚款等人口行政处罚决定。

（4）人口行政处罚听证程序的适用，以当事人申请为前提

当事人要求举行听证的，人口和计划生育等行政机关才适用听证程序，组织听证。

（5）组织听证是人口和计划生育等行政机关的法定义务

当事人要求听证的，人口和计划生育等行政机关应适用听证程序，组织听证。

3. 人口行政处罚听证程序的组织

根据《中华人民共和国行政处罚法》第42条的规定，对于人口行政处罚等案件的听证，依照以下程序组织。

（1）听证申请与决定

对于符合法定条件的人口行政处罚案件，当事人有权向人口和计划生育等行政机关提出听证申请。

当事人要求听证的，应在人口和计划生育等行政机关告知后三日内提出。

接到当事人申请后，人口和计划生育等行政机关应决定听证的时间和地点，并根据该案件是否涉及国家秘密、商业秘密或个人隐私，决定听证程序是否公开举行。

（2）听证通知

人口和计划生育等行政机关作出适用听证程序决定后，应在听证举行七日前，通知当事人举行听证的时间、地点和其他有关事项。

（3）听证形式

除涉及国家秘密、商业秘密或者个人隐私外，听证应公开举行。

（4）听证主持与参与

听证由人口和计划生育等行政机关指定的非本案调查人员主

持，人口和计划生育等行政机关工作人员不得参与与自己有利害关系的人口行政处罚案件，承担调查取证任务的执法人员也不能主持听证。当事人认为主持人与本案有直接利害关系的，有权申请回避。

当事人既可亲自参加人口行政处罚案件的听证，也可委托 1～2 人代理。

举行人口行政处罚案件听证时，首先由主持人宣布听证会开始、宣布听证事项及其他有关事项，然后由调查人员提出当事人违法事实、证据和人口行政处罚建议。针对指控的事实及相关问题，当事人申辩和质证。经过调查取证人员与当事人相互辩论，由主持人宣布辩论结束后，当事人有最后陈述的权利。最后由主持人宣布人口行政处罚案件听证会结束。

（5）听证笔录

人口行政处罚案件听证会中，对出示的材料、当事人的陈述以及辩论过程等，应制作笔录，交付当事人、证人等有关参加人阅读或向其宣读，有遗漏或差错的应予补充或改正，确认无误后，由主持人、书记员和当事人及其他参加人分别签字或者盖章后作为人口行政处罚依据封卷，交送人口和计划生育等行政机关首长。

（6）听证费用

人口行政处罚案件的听证目的在于，充分听取当事人意见，全面、客观、公正调查取证，保障人口行政处罚权的正确行使。所以，当事人不承担人口和计划生育等行政机关组织听证的费用。

4. 人口行政处罚决定

人口行政处罚的听证程序是一般程序中的一种特殊调查处理程序。与一般程序中的调查取证程序相比，只对较重大的人口行政处罚案件适用特殊方式的调查取证程序。

听证结束后，依照一般程序规定，人口和计划生育等行政机关作出人口行政处罚决定。即适用听证程序的人口行政处罚案件，其最后决定权在人口和计划生育等行政机关而非主持听证的工作人员。

二 人口行政处罚执行程序

（一）人口行政处罚执行程序概念

人口行政处罚执行程序是指人口和计划生育等行政机关保证人口行政处罚决定所确定的当事人义务得以履行的程序。

若无人口行政处罚执行，人口行政处罚决定则失去意义。只有确保人口行政处罚决定得以实现，才能使人口和计划生育等行政管理秩序得到维护和保障。

（二）人口行政处罚执行程序原则

1. 申诉不停止执行原则

依法作出人口行政处罚决定后，当事人应在人口行政处罚决定期限内予以履行。

当事人对人口行政处罚决定不服，申请行政复议或提起行政诉讼的，除法律另有规定外，人口行政处罚不停止执行。

2. 罚款决定机关和收缴罚款机构分离的原则

本原则的设立旨在保护行政相对人的合法计划生育等权益，限制滥设处罚、乱施处罚等行政专横和滥用职权等现象，防止执法人员将罚没款据为己有，损害国家利益。

在人口行政处罚执行时，确立了作出罚款决定的机关和收缴罚款的机构分离的原则。除依法当场收缴的罚款外，作出人口行政处罚决定的行政机关及其执法人员不得自行收缴罚款。

人口和计划生育等行政机关可指定某商业银行作为收受罚款的专门机构，当事人到指定的商业银行缴纳罚款。指定商业银行应收受罚款，并将罚款直接上缴国库。

（三）人口行政处罚执行程序的内容

1. 专门机构收缴罚款

（1）专门机构收缴罚款的适用范围

专门机构收缴罚款具有一定的限制范围，其中例外情况有：20元以下的罚款；不当场收缴事后难以执行的；在边远、水上、交通不便地区，当事人向指定的银行缴纳罚款确有困难的，经当事人提出的；依法采取强制执行措施收缴的罚款，即当事人逾期不履行行政处罚决定，作出人口行政处罚决定的行政机关可根据法律规定，将查封、扣押的财物拍卖或者将冻结的存款划拨抵缴罚款。

罚款、没收违法所得或没收非法财物拍卖的款项，须全部上缴国库。

(2) 专门机构收缴罚款的程序

依据《中华人民共和国行政处罚法》的相关规定，结合当前的人口和计划生育等行政管理实际，专门机构收缴罚款应遵循以下几点。

第一，通知送达。送达人口行政处罚决定书是人口行政处罚决定的最后一项程序，同时又是当事人缴纳罚款的第一项程序。人口和计划生育等行政机关应在人口行政处罚决定书中注明指定的银行。

当事人应收到人口行政处罚决定书之日起15日内，到指定银行缴纳罚款。

第二，催交。根据人口行政处罚决定书限定的当事人自动交纳罚款的时间，专门机构在期限届满之前，向当事人发出催交通知书，以提醒和督促当事人按期主动履行缴纳罚款义务。

第三，收受罚款。当事人向专门机构缴纳罚款的，专门机构应向缴纳人开具罚款收据。

第四，上交国库。指定银行收受罚款后，应将罚款上缴国库。

2. 当场收缴罚款的程序

第一，出具罚款收据。人口和计划生育等行政机关及其执法人员当场收缴罚款的，须向当事人出具省、自治区、直辖市财政部门统一制发的罚款收据。若无该种收据的，当事人有权拒绝缴纳罚款。

第二，罚款的缴付。执法人员当场收缴的罚款，应当自收缴罚款之日起2日内，交至人口和计划生育等行政机关；在水上当场收缴的罚款，应自抵岸之日起2日内交至人口和计划生育等行政机关；人口和计划生育等行政机关应在2日内将罚款缴付指定银行。

3. 人口行政处罚的强制执行

（1）人口行政处罚的执行措施

根据《中华人民共和国行政处罚法》的相关规定，人口行政处罚主要有如下三种执行措施。

第一种为到期不缴纳罚款的，每日按罚款数额的3%加处罚款。此措施属间接强制执行即执行罚，目的在于迫使当事人及时履行人口行政处罚决定。只要当事人履行了人口行政处罚决定所确定的义务，执行罚便停止。

第二种为根据法律规定，将查封、扣押的财物拍卖或者将冻结的存款划拨抵缴罚款。采取此措施须根据法律规定，拍卖查封、扣押的财物须按国家规定公开或按照国家有关规定处理；拍卖财物折抵的罚款应全部立即上交国库。

第三种为申请法院强制执行。若人口行政处罚决定执行困难，人口和计划生育等行政机关可申请法院执行。

（2）人口行政处罚强制执行的例外

当事人如非故意不履行，而是客观上不能履行时，人口和计划生育等行政机关不应强制执行。

如果当事人确有经济困难，需延期或分期缴纳罚款的，经当事人申请、人口和计划生育等行政机关批准，可暂缓或分期缴纳。

第十三章 人口行政法制监督

第一节 人口行政法制监督概述

一 人口行政法制监督的涵义及其特征

（一）人口行政法制监督的涵义

人口行政法制监督是指国家权力机关、司法机关、专门行政监督机关及国家机关系统外部的个人、组织，依法对行政主体及国家公务员行使人口和计划生育等行政职权行为、遵纪守法行为的监督。

主要包括国家权力机关的监督、国家司法机关的监督、专门行政监督机关的监督等。人口行政法制监督是一种对人口和计划生育等行政权力制约的手段。

（二）人口行政法制监督的主要特征

1. 人口行政法制监督的主体是国家权力机关、国家司法机关、专门行政监督机关、广大公民、社会组织等

目前，在我国的各类监督主体中，国家权力机关、国家司法机关以及专门监督机关能对监督对象采取直接产生法律效力的监督措

施，其他监督主体如人民群众、社会团体一般不能对监督对象作出直接产生法律效力的监督行为，只能通过批评、建议或申诉、控告、检举等方式向有权机关反映，有权机关采取相应措施予以监督。因此，人口行政法制监督的主体是国家权力机关、国家司法机关、专门行政监督机关、广大公民、社会组织等。

2. 人口行政法制监督的对象是行政主体及其工作人员

在人口行政法制监督法律关系中，监督对象是行政主体及其工作人员，特别是人口和计划生育等行政机关及其公务员。

有的监督对象，重点在行政主体的工作人员。例如，行政监察中，公务员是最主要的监督对象。有的重点规范监督主体与监督对象间的关系，以及其在人口行政法制监督法律关系中的地位、权利和义务。

3. 人口行政法制监督的内容是行政主体及其工作人员行使行政职权、遵纪守法的行为

人口行政法制监督的内容主要为，依法享有监督权的各类主体，对行政主体及其工作人员是否坚持依法行政，是否遵纪守法监督。

把对人口行政行为的合法性监督，置于监督核心和首要地位。

二 人口行政法制监督的必要性和构成

（一）人口行政法制监督的必要性

首先，传统文化的影响。我国在不同的历史时期都注重行政权的行使，忽视个人权利保障。

其次，从现实的行政实践来看，政府机构的设置、编制、运作以及相互之间的还存在诸多问题：滥用行政权，越权行政，怠于行政，部门之间的职责权限不清等。

因此，在加速行政管理体制改革的同时，必须加强人口和计划生育等行政法制监督。

（二）人口行政法制监督的构成

人口行政法制监督由主体、对象和内容三部分构成。

①人口行政法制监督的主体是指依法对行政主体及其工作人员，是否依法行使人口和计划生育等行政职权、是否遵纪守法监督的国家权力机关、国家司法机关、上级行政机关、专门行政监督机关以及国家机关体系以外的公民、组织。

②人口行政法制监督的对象是行政主体及其工作人员。

③人口行政法制监督的内容是监督行政主体是否依法行使人口和计划生育等行政职权，以及国家公务员和被授权组织中的工作人员是否遵纪守法。

三　人口行政法制监督的种类

人口行政法制监督根据不同的标准，从不同的角度可作不同的分类。

（一）国家监督和社会监督

以监督主体为标准分类，可分为国家监督和社会监督。

国家监督是指来自国家机关内部的监督，其中包括国家权力机关的监督，国家检察、审判机关的监督，国家行政机关内部的监督等。国家机关依法实施的监督，直接产生相应的法律效力，具有国家强制力。

社会监督是指来自国家机关以外的监督，其中包括执政党的监督、民主党派的监督、社会团体的监督、舆论的监督、公民的监督等。社会监督须通过国家机关采取相应措施后，才能获得国家强制力，从而产生相应的法律后果。

（二）事前监督、事中监督、事后监督

以监督的时间顺序为标准分类，可分为事前监督、事中监督、事后监督。

事前监督是指对监督主体在人口行政行为生效之前依法实施的监督；事中监督是指监督主体在人口行政行为实施过程中，对行政主体及其工作人员依法实施的监督；事后监督是指监督主体在人口行政行为实施终结之后依法实施的监督。

事前监督可起到防患于未然的作用，事中监督能及时发现问题、纠正问题，事后监督起到处理和补救的作用。

（三）对抽象人口行政行为的监督和对具体人口行政行为的监督

以监督对象为标准分类，可分为对抽象人口行政行为的监督和对具体人口行政行为的监督。

对抽象人口行政行为的监督是指对政府制定人口和计划生育等法律性文件的行政行为的监督。目前，我国对抽象人口行政行为的监督主体主要是国家权力机关、上级人口和计划生育等行政机关。

对具体人口行政行为的监督是指对各类行政主体及其工作人员实施的具体人口行政行为的监督。目前，我国对具体人口行政行为的监督主体主要是上级人口和计划生育等行政机关、法院等。

（四）对人口行政行为合法性的监督、对人口行政行为合理性的监督和对行政工作人员遵纪守法的监督

以监督内容为标准分类，可分为对人口行政行为合法性的监督、对人口行政行为合理性的监督和对行政工作人员遵纪守法的监督。

对人口行政行为合法性的监督是指对人口行政行为是否符合宪法、法律及行政法规等方面的监督。对人口行政行为合理性的监督是指对行政主体及其工作人员行使人口和计划生育等行政自由裁量权是否适当的监督。对人口行政行为合理性监督从属于对人口行政行为合法性监督。即合法性监督是合理性监督的前提，合理性监督是对合法性监督的必要补充。

对行政工作人员遵纪守法的监督是指对行政工作人员遵守纪律和遵守国家法律法规的监督。其既包括对行政工作人员履行职务或与履行职务有关行为的监督，也包括对行政工作人员遵守法律法规和遵守纪律的监督，还包括对行政工作人员遵守职业道德规范的监督。

（五）外部人口行政法制监督和内部人口行政法制监督

以监督主体与监督对象之间的关系为标准分类，可分为外部人口行政法制监督和内部人口行政法制监督。

外部人口行政法制监督是指行政机关以外的监督主体依法对行政主体及其工作人员实施人口行政行为的监督。内部人口行政监督是指国家人口和计划生育等行政机关作为监督主体在本系统内部实施的监督。

（六）其他

以监督目的和方法为标准，人口行政法制监督可分为积极性监督和消极性监督；以监督的组织形式为标准，人口行政法制监督可分为有组织的监督和无组织的监督；以监督行为有无直接法律效力为标准，人口行政法制监督可分为有直接法律效力的监督和无直接法律效力的监督等。

上述各种不同的人口行政法制监督是以不同的标准，从不同角度，按不同需要的分类。

四 人口行政法制监督与人口行政监督的区别和联系

（一）人口行政法制监督与人口行政监督的区别

1. 监督对象不同

人口行政法制监督的监督对象是行政主体及国家公务员，而人口行政监督的监督对象是行政相对人。

2. 监督主体不同

人口行政法制监督主体是国家权力机关、国家司法机关、专门行政监督机关以及作为人民群众的个人、组织，而人口行政监督的主体则为人口行政法制监督的对象——行政主体（人口和计划生育等行政机关及法律、法规授权的组织）。

3. 监督内容不同

人口行政法制监督是对行政主体实施的人口行政行为合法性的监督和对公务员遵纪守法的监督；而人口行政监督则是对行政相对

人遵守人口和计划生育等法律法规，履行人口与计划生育等义务的监督。

4. 监督方式不同

人口行政法制监督通过采取权力机关审查、调查、质询、司法审查、行政监察、审计、舆论监督等方式监督，而人口行政监督则采取检查、登记、统计、鉴定等方式。

(二) 人口行政法制监督与人口行政监督的联系

1. 监督的总目标相同

不论是人口行政法制监督，还是人口行政监督，监督的出发点均为维护、保障人口和计划生育等行政法治，维护、保障人口和计划生育等行政管理秩序，以在人口和计划生育等行政领域实现民主、公正和提高效率等总目标。

2. 监督主体部分交叉

人口行政法制监督主体包括专门行政监督机关，如监察机关和审计机关，现实中还包括人口和计划生育等一般行政机关。而这些人口和计划生育等行政机关同时也是行政监督主体。

3. 监督有时相互结合

人口行政法制监督和人口行政监督性质不同，但有时相互结合实施。例如，统计部门等个别国家机关开展的人口单项法律检查，有时也同时包括对行政主体执法情况和对行政相对人守法情况的检查。在一定条件下，人口行政法制监督和人口行政监督同时实施，更有利于提高监督效率。

第二节 人口行政法制监督体系

完善的人口行政法制监督体系应当既包括自上而下的监督，又包括自下而上的监督；既包括内部监督，又包括外部监督；既包括政治监督，又包括法律监督；既包括实体监督，又包括程序监督；既包括事前监督，又包括事中监督和事后监督。

一 国家权力机关的监督

1. 国家权力机关的监督,即代表机构的监督或立法监督。

2. 我国国家权力机关作为人口行政法制监督主体的法律依据是,宪法所确立的人民主权原则和民主集中制原则。

宪法第 2 条规定:"中华人民共和国的一切权力属于人民,人民行使国家权力的机关是全国人民代表大会和地方各级人民代表大会。"第 3 条规定:"中华人民共和国的国家机构实行民主集中制的原则","国家行政机关、审判机关、检察机关都由人民代表大会产生,对它负责,受它监督"。

3. 国家权力机关实施人口行政法制监督的主要内容和方式是:审议和批准政府提出的人口和计划生育等行政法律性文件;撤销行政机关制定的同宪法、法律相抵触的人口和计划生育等行政法规、行政规章,以及不适当的决定和命令;质询;组织人民代表视察;组织人口和计划生育等执法检查;受理公民的申诉和意见;监督政府处理人大代表的人口和计划生育等方面的提案和意见等。

二 人口和计划生育等行政机关的内部监督

1. 人口和计划生育等行政机关内部的监督也称为自律性监督,是指依照法定的权限、程序和方式,人口和计划生育等行政机关对自身或其他行政主体及工作人员在人口和计划生育等行政管理活动中是否严格依法行政、遵纪守法的监督。

人口和计划生育等行政机关内部监督的法律依据主要有宪法、组织法、行政监察法、审计法等。

2. 人口和计划生育等行政机关的内部监督,分为一般监督、职能监督和专门监督等不同形式。

一般监督是指上级人口和计划生育等行政机关基于从属关系,对下级人口和计划生育等行政机关的监督;职能监督是指承担某种特殊职能的人口和计划生育等行政机关,对没有从属关系的人口和计划生育等行政机关实施的监督。一般监督与职能监督的最大区别在于前者基于从属关系,后者基于特殊职能。

专门监督是指由法律规定独立行使监督权的行政机关,对人口和计划生育等其他行政机关及其工作人员实施的监督。例如,行政监察机关的监督、审计机关的监督。

三 检察机关的监督

我国宪法和检察院组织法都规定,中华人民共和国人民检察院是国家法律监督机关。

鉴于检察机关在法律监督中的特殊地位,检察机关对人口和计划生育等行政的监督权限于人口和计划生育等刑事犯罪有关的方面,其中主要包括法纪检察、经济检察等方面监督。

四 审判机关的监督

我国宪法和法院组织法都规定,中华人民共和国人民法院是国家审判机关。

自行政诉讼法颁布实施以来,审判监督作为人口行政法制监督体系中的一种强而有力的监督形式,发挥了重要作用。

由于行政诉讼法对法院的受案范围、审理程序、审判方式等具有明确规定,所以作为一种事后监督,审判监督是其他监督形式无法代替的一种有力监督形式,对促进人口和计划生育系统的依法行政是一种有力的法制保障。

五 执政党的监督

首先,党对人口和计划生育等行政的监督广泛而全面。

监督内容包括对人口和计划生育等行政活动合法性、合理性的监督以及国家行政机关工作人员遵纪守法的监督。

其次,监督方式较全面,既可采用召开座谈会、民意测验等不带强制性的监督方式，也可采用责令有关人口和计划生育等部门及人员汇报工作、说明情况、提交文件等具有强制性的监督方式。

最后，在人口行政法制监督中，执政党组织不应直接代替人口和计划生育等行政机关作出人口行政行为。

六 公民与社会组织的监督

公民个人的监督是指公民有权对人口和计划生育等行政机关及工作人员的活动，提出批评、建议、申诉、控告、检举和揭发。

而社会组织的监督主要有两种监督形式。

一是民主党派、人民团体等通过人民政协对人口和计划生育等行政机关及其工作人员的监督，其监督方式主要有政协委员到基层视察人口和计划生育等工作，向人口和计划生育等部门提出批评、建议等。

二是新闻单位对人口和计划生育等行政机关及其工作人员的舆论监督，其监督方式主要是通过报刊、广播、电视等新闻媒体，揭露人口和计划生育等行政机关及其工作人员的违法活动，维护群众的合法权益，促使人口和计划生育等行政机关及其工作人员改正错误。

七 网络监督

网络监督属于社会监督，是我国人口行政法制监督体系中的组成部分。

伴随着网络的兴起，网络监督虽然作为国家机关系统外部的监督，发挥了超乎内部监督的作用。

网络监督是指以互联网为平台，民众通过在网站、网络论坛、聊天室、博客等网络传播媒体浏览、评论等活动，对国家人口和计划生育等行政管理活动进行褒贬与评价，从而对人口和计划生育等公权力的行使进行监督的行为。

网络监督范围广泛，主体庞大，基于互联网，具有广泛的群众基础，网络舆论在很大程度上代表了民意。

网络监督方式及时、公开，以分秒计算，网民将最新的消息传入网络，甚至网民亲临现场调查热点问题。

此外，网络监督能自始至终，连续反映人口和计划生育等行政管理活动的变化。

人口行政法制监督体系日益完善，但由于监督主体的多元化，监督对象和监督内容的广泛性、复杂性，监督方法的差异性，我国现有人口行政法制监督制度仍有待于进一步加强和完善，特别是在监督主体、监督职责、监督程序等方面需逐步法律化、制度化。

第四编 | 人口行政行为与行政程序监督实例研究

农村计划生育行政合同研究[*]

摘要：农村计划生育行政合同在人口和计划生育行政管理中具有非常重要的地位。本文以行政法学的相关理论为指导，借鉴国内外行政合同理论与行政实践，尤其是德国等国的行政合同理论与行政实践，对目前构建我国计划生育行政合同制度进行研究。随着我国行政合同管理的法制化和相对人法治观念的增强，农村计划生育行政合同运用的广度和频度将随之提高。文章通过分析行政合同的概念、基本理论及其发展现状与功能，指出行政合同作为一种双方行政行为，以当事人双方的意思表示一致为基础，使相对人以平等身份与行政主体协商，意味着行政权力的减弱，从而有利于维护相对人权利、扩大行政参与、促进行政民主。通过对农村计划生育行政合同概念及其发展、签约双方主体和主要内容的探讨以及对几类重要的计划生育行政合同的考察，揭示了农村计划生育行政合同的主体地位、内容及其鲜明特点和特殊地位。通过对典型实例——酒泉市农村计划生育行政合同的剖析，找出了当前我国农村计划

---

[*] 此文撰写于 2006 年 5 月。

生育行政合同存在的问题。针对这些问题，本文提出目前构建我国农村计划生育行政合同制度，应当健全理论研究体系和强化政策性指导，确定计划生育行政合同概念；推进行政合同法制化建设，加快计划生育行政合同立法；构建行政合同法律救济制度，保障计划生育行政合同双方主体合法权利；完善行政合同监督体系，构建计划生育行政合同监督机制。

关键词：农村　计划生育　行政合同

一　导论

(一) 选题的背景与意义

1. 选题的背景

之所以选择农村计划生育行政合同作为本文的研究内容，是基于以下两点考虑。

第一，随着市场失灵，要求政府积极干预市场运作，实现社会和经济的平等，福利国家、给付行政等新颖的国家目的观念的出现，政府的职能逐步扩大，所管理的行政领域也随之扩大；而为达成行政目的，就存在使用多种多样行政手段的倾向，正是在这种背景下，行政合同作为一种更加柔和且富有弹性的行政手段便应运而生。此后，在有实行公法与私法界分历史传统的德国、法国等大陆法系国家，无论从行政合同理论研究方面，还是从现代行政法上行政合同运用的广度和频度方面审视，都是相当完善的。而我国由于行政合同及计划生育行政合同相关理论研究起步较晚，在行政合同运用的实践范围日益扩展的背景下，对行政合同，尤其是对计划生育行政合同等新型行政手段的理论研究，就显得颇为迫切。

第二，随着社会主义市场经济体制的建立与完善，民主法制建设进程步伐的加快，行政法呈现出由专制的工具到管理的手段，再发展到对行政权的控制和对公民合法权益的保障与维护之趋势。行政合同就是现代行政法发展中出现的一个很重要的行政手段、行政方式，这种行政方式与传统上我们所习惯使用的行政命令、行政强制和行政处罚等手段在法律效力发生的基础上是不同的，是介于行政行为与民事合同之间的一种非常特殊的形态。这个对人们日常生活日益发生着不容忽视影响的非权力行政方式，越来越多地引起人们对其的关注和重视。自1985年起在酒泉市试点推行的农村计划生育行政合同，就是行政合同中的一个重要类别。酒泉市计划生育行政合同历经20年，随着民主法制建设的深入发展和对行政权的控制、对公民合法权益的保障与维护，计划生育行政合同的规范化程度逐渐提高，正向纵深方面迈进，但计划生育行政合同理论的研究相对滞后，阻碍了行政实践的良性快速发展。总结与分析酒泉市农村计划生育行政合同的有效经验，对于规范行政主体的行政合同行为、依法维护和保障农村公民约定的计划生育权益的农村计划生育行政合同能够起到一定的促进作用。

本文以计划生育行政合同这种非权力的行政方式作为实现人口和计划生育行政管理的有效手段，通过对国外行政合同的理论研究和行政实践介绍与对国内行政合同理论实践成果的展示，试图获取一些对我国当前计划生育行政合同发展的有益启示。

2. 选题的意义

我国农村计划生育行政合同作为行政合同的一种特殊类别，具有行政合同的一般特性，既有行政性，又有合同性，此外还有其独特的人口和计划生育管理、服务等特性。尽管当前我国农村计划生育行政合同运用的广度和频度逐渐提高，但由于相关理论研究相对滞后，农村行政主体签约的随意性、强制性、歧视性有一定程度的强化，行政管理相对方（以下简称相对人）签约的主动性、合意性、个体差异性缺失，致使农村计划生育行政合同管理无法达到预期效果。随着我国行政管理的法制化进程的深入发展和公民依法维权意识的逐步提高，农村计划生育行政合同作为一种双方行政行为，作为行政管理使用法律规制相对缓和的非权力行政形式，为确保现代行政的民主，作为计划生育行政权力限制的替代物而将越来越发挥重要作用。

一是通过对国外行政合同和我国农村计划生育行政合同现状的对比，从理论和实践两方面，阐明了我国当前农村计划生育行政合同制度还很不健全，应对这些问题予以足够的关注，并积极寻求立法或者政策途径的解决。

二是以酒泉市为个案，通过实证分析，帮助行政主体寻找当前农村计划生育行政合同管理效果达不到理论要求的部分原因，期盼行政主体树立行政合同意识，加深对计划生育行政合同实质的领会程度，约束、规范其行政合同行为。

三是通过对构建农村计划生育行政合同制度的分析、思考，尽力弥补计划生育行政合同理论研究的不足，规范农村计划生育行政合同在人口和计划生育行政管理领域中的运用。

四是依法维护行政管理相对方的合法权益，保障其在计划生育行政合同中的合法权益，使其在行政合同中约定的实体权利、程序权利都能够得到保障或救济。

(二) 当前研究的现状

由于自第二次世界大战以后，法国就将行政合同广泛运用到经济发展和资源开发方面，德国在草拟符腾堡行政法典和行政手续法时对行政合同作了专门规定[1]，英国、美国和日本等国家在行政实践中广泛运用行政合同。行政合同作为当时行政法制度与功能发生结构性变化的产物，吸引了不少知名法学者的注意力。他们从不同的角度审视行政合同，大量著作不断涌现，为行政合同向纵深方向的发展提供了坚实的理论基础。这些理论研究与学者又推动了行政合同实践运用的广度，行政合同的理论研究随着行政实践的发展而广泛化，行政合同制度相对完善。相对于国外行政合同研究，由于我国行政合同始于1978年底党的十一届三中全会以后所进行的经济体制改革，理论研究起步较晚，加之受传统行政法定位于规制手

---

[1] 余凌云：《行政契约论》，中国人民大学出版社，2000，第3页。

段观念的束缚，虽在行政实践中得以广泛运用，但我国法学者对行政合同理论研究的著作亦不多见，尤其对计划生育行政合同的研究探讨论著更是有限。然而，《中华人民共和国人口与计划生育法》和《甘肃省人口与计划生育条例》等地方性法规颁布实施以来，计划生育行政合同的理论研究相对活跃，但是与建立相对完善的计划生育行政合同制度还很不相称，这有待于更多的行政法学者和人口学者投身于我国农村计划生育行政合同制度的研究与探讨。

（三）论文研究的方法

本文以行政法学的相关理论为指导，借鉴国内外行政合同理论与行政实践，尤其德国等国的行政合同理论与行政实践，对目前构建我国计划生育行政合同制度进行研究。本文主要运用实证分析和比较分析的方法，通过国外行政合同理论与实践和我国农村计划生育行政合同发展现状的对比，导出目前构建我国农村计划生育行政合同制度的对策；通过对酒泉市农村计划生育行政合同发展现状的分析，对农村计划生育行政合同中存在问题的透视，进而提出完善我国计划生育行政合同制度的对策。

（四）本文的重点、难点、创新点和不足

1. 本文的重点

本文试图用实证研究方法，从农村计划生育行政合同这一视角对完善我国农村计划生育行政合同制度进行初步的探讨，重点通过对农村计划生育行政合同的相关理论和发展现状的介绍，对农村计划生育行政合同中存在的问题的分析，着力构建我国农村计划生育行政合同制度。

2. 本文的难点

由于对当前我国农村计划生育行政合同的关注大多限于行政实践层面，所以专题性理论研究资料较少，且在实际中没有形成比较完善的计划生育行政合同制度，因此本文构建的计划生育行政合同制度尽可能贴近我国农村实际，仍然属于理论层面的探讨，在行政实践中尚未得到验证。

3. 本文的创新点

一是借鉴前人成果，从规范的角度对计划生育行政合同概念确定了定义；二是本文比较系统地阐述了农村计划生育行政合同的主体、特性、主要内容和功能。将当前人口和计划生育行政管理改革内容与农村计划生育行政合同紧密结合起来，规范、完善了农村计划生育行政合同；三是本文从理论和实践两方面，对农村计划生育行政合同中存在的问题作了初步的探讨。四是对构建农村计划生育行政合同制度提出了浅显的初步见解。

4. 本文的不足

本文涉及的农村计划生育行政合同内容仅限于一般层面的描述，缺乏严谨的逻辑推理和充分的理论论证，对计划生育行政合同制度并非进行系统设计，仅属个人构想，有推动计划生育行政合同立法和促进农村计划生育行政合同制度化建设的意图，但尚未触及对我国农村计划生育行政合同制度构建的根本。

二 行政合同的概念、基本理论及其发展现状与功能

在以英国普通法为主要基础建立起来的世界性法律体系[1]的普通法系[2]国家，政府作为私法上的一方当事人签订的私法合同，原则上受合同法一般规则约束的同时，也受一些特殊规则的规范。[3]在大陆法系[4]国家则完全受私法规则支配。因此，在早期以支配和服从为特征的传统行政法领域里，政府以行政管理相对人的"监

---

[1] 高其才：《法理学法制史宪法》，九州出版社，2004，第184页。
[2] 又称英美法系、英吉利法系、海洋法系，是指以英国普通法为主要基础建立起来的世界性法律体系，其中英国和美国的法律制度最具代表性。参见高其才等《法理学法制史宪法》，九州出版社，2004，第184页。
[3] 余凌云：《行政契约论》，中国人民大学出版社，2000，第2页。
[4] 又称罗马法系、成文法系、民法法系或罗马－日尔曼法系，是指以欧洲大陆的法国和德国为代表，在罗马法的基础上，任何其他法律成分，逐渐发展为世界性法律体系。参见高其才等《法理学法制史宪法》，九州出版社，2004，第200页。

护人"的姿态出现,享有充分的行政权力以实现其行政目标,对于行政合同关系是根本否定的。但是,随着民主政治深入人心,一方面行政权力悄然发生着变化,因为基于现代法治,法律对政府的权力采取保留态度,要求权力行使必须基于法律的授权,政府如无法律明确授权则其活动均是违反法治原则的;另一方面行政管理相对人法治观念的增强,不愿被动地被政府权力驱使,而是积极采取行动,参与行政事务。国家在实现行政目的的方式上根据现实需要采取多样化手段,以达到行政目的的实现,正是在这一背景下,行政合同、行政指导等非权力行政方式便孕育而生。行政合同的出现,为公权力与私权利更好地协调架起了桥梁。20世纪40年代以来,这一行政管理方式为许多国家竞相采用。正如日本学者野村淳治所言:"国家与人民间之权力服从关系为相对的。在法治国家,人民仅能在法律规定范围内有服从之义务,质言之,人民亦有其限度内之自由意思,基此自由意思而缔结契约(即行政合同),在法律上应属可能。"[①] 英国学者丹梯斯(T. Daintith)亦言,行使分配利益权力,"有助于对政策选择的短期尝试和避免所必需的立法授权"。[②] 在缔结行政合同自由方面,"各国通例主张,凡法律不禁止,皆许可行政机关为达到行政目的,径行缔结行政契约"。[③]

可见,"行政合同是一种富有弹性和灵活性的管理形式,它既不像行政命令行为那样僵硬,以免窒息相对方的主动性和创造性;也不像民事合同那样自由随便。行政合同虽有双方当事人的自由协商,但又保留行政机关必要的行政优先性为其条件;它是对行政命令、行政强制等管理手段的重要补充形式。"[④] 行政合同作为一种有效的行政管理手段,是行政管理使用法律规制相对缓和的非权力行政形式,与行政命令等其他行政手段相比,它是签约双方通过选

[①] 余凌云:《行政契约论》,中国人民大学出版社,2000,第12页。
[②] P. P. Craig. *Administrative Law*, Sweet & Maxwell, 1994.
[③] 余凌云:《行政契约论》,中国人民大学出版社,2000,第12页。
[④] 罗豪才:《行政法学》,北京大学出版社,2000,第71~230页。

择、协商等非强制力手段来处理行政主体与行政相对人之间特定利益关系的。其在我国的适用时间只有短短二十多年，立法至今尚未明确肯定，理论研讨也涉及不深。

（一）行政合同的概念

行政合同，又称行政契约或公法契约。在英美法系，由于无公私法①划分理论，行政案件由普通法院管辖，普通法院对涉及公法因素的合同进行司法审查，政府合同（即行政合同）仅为判例法上的概念。大陆法系国家则不同：如法国行政合同理论以公务理论为中心，虽然有公私法界分，但作为典型的制定法国家，在行政法领域却适用判例法，判例（即法官所造之法）对行政合同做出解释并规定适用异于私法合同（即民事合同）规则。行政合同的订立、履行要么与公务有关，要么为行政机关保有特殊的权力。② 日本目前关于行政合同的论述既无法律规定，亦无判例规定，均见于日本学者的论述，为学理解释。但是日本现代行政法主张采用法国的公务概念界定，将为达到行政目的而签订的民事合同纳入行政法研究的范围，主张将由行政主体为达成行政目的而缔结的合同统称为行政合同。③ 显然，法、日两国行政合同的界定方法没有将其完全纳入行政法律关系范畴，无法确立行政法对行政合同的完全调整和制约，究其原因是因为行政主体有时通过民事合同也能够实现行政目的。德国行政程序法第54条规定："公法上之法律关系，得以契约设定、变更或废弃之，但法规另有相反之规定者，不在此限。官署尤得与欲对之为行政处分之相对人订立公法契约，以代替

---

① 即根据法律所调整的对象而作的划分。公法包括宗教祭祀活动和国家机关组织与活动的规范；私法包括所有权、债权、婚姻家庭与继承等方面的规范。公法、私法的划分不仅被当时罗马立法所采用，而且为后世资产阶级学者所接受。参见高其才等《法理学法制史宪法》，九州出版社，2004，第177页。
② L. Neville Brown & John S. Bell, *French Administrative Law*, London: Oxford University Press Inc, 1993.
③ 室井力：《日本现代行政法》，吴微译，中国政法大学出版社，1995，第141~143页。

行政处分。"① 凡涉案的这类合同的基础事实内容及合同所要实现的目的属行政法的法律关系范畴，则属于行政合同，完全适用于公法，受行政法院管辖。强调行政合同一方面是以民事法律为基础，认为其是由"两方或多方法律主体有关实现特定法律后果的协议，是通过相互要件，以共同法律后果为目标的意思表示（要约和承诺），如果没有双方的合意存在，就不认为存在行政合同"。② 另一方面强调行政合同和民事合同的主要区别在于客体，即是否涉及公法上的法律关系。因此德国行政合同理论确定行政合同为以法律关系为合同标的而发生、变更或消灭行政法上权利、义务的合意。葡萄牙行政程序法对行政合同有专章规定，其行政程序法第178条第1款规定："行政合同为一合意，基此合意而设定、变更或消灭一行政法律关系"。③ 因此，德、葡两国对行政合同的界定方法直接揭示了行政合同的本质，极其清晰地指出了行政合同与民事合同的根本区别。④

而我国行政合同的产生，与承包责任制的确立和由计划经济向市场经济转轨的经济体制引发的政府职能和管理方式变化有关。但行政合同理论研究时间有限，只有最近几年的时间且相关著述甚少，对行政合同的定义尚处于理论探讨阶段。具体而言，目前主要包括"行政目的说"和"法律关系说"。"行政目的说"认为，行政合同的目的在于"以实施行政管理为目的"。行政合同指"行政机关以实施行政管理为目的，与被管理方的公民、法人或其他组织意思表示一致而签订的协议"或"行政合同是指行政主体为了行使行政职能，实现特定的行政管理目标，而与公民、法人或其他组织，经过协商，相互意思表示一致所达成的协议"。行政合同作为

---

① 应松年:《行政法学新论》，中国方正出版社，2004，第240页。
② 孙峰:《行政合同与依法行政的冲突》，《河南纺织高等专科学校学报》2004年第1期，第38页。
③ 应松年:《行政法学新论》，中国方正出版社，2004，第240页。
④ 余凌云:《行政契约论》，中国人民大学出版社，2000，第6～109页。

现代行政管理的一种方式，无法脱离行政管理目的，其是确定行政合同的基本内涵、区分行政合同与民事合同、行政合同方式与其他行政管理方式的依据。"法律关系说"认为行政合同是"发生、变更或消灭行政法律关系的合意"。据说这种界定方法"能够清晰地说明行政法将此类契约从民事契约中分离出来并进行规范的理由与必要性。"[①] 行政合同是一种行政行为，其目的在于实现行政管理目标。但行政合同的"行政目的"无法将行政合同归属于行政法调整，因为行政机关通过民事合同也能够实现行政目的，却不受行政法的调整和约束，而受民事合同法律规制。反观这两种观点的优劣，本文认为行政合同是指行政主体作为一方当事人能引起一定行政法律关系发生、变更、终止，从而实现行政管理目标的合意。

（二）行政合同基本理论及其发展现状

追寻政府合同法的规范历史发展过程，原本就是建立在普通规则之上的，由于合同兼具了公法与私法调整的关系的特征，即含有一定的公法因素，才不得不适用一些特别规则，可见，政府合同是逐渐从普通合同中分离出来的。英国政府合同原则上援用普通合同法规则，是其法治观念导致的结果，也是历史的产物。美国、澳大利亚政府合同受其影响，与英国情况基本相同。[②]

在英、美等普通法系国家，普通法制度中不存在与民事合同相对的行政合同概念，只是以形式为标准，将以政府为一方合同当事人签订的合同都统称为政府合同，且主要限定在与采购或劳务提供有关的合同方面。具体包括两类形式：一是政府与货物、机器或劳务的制造商或供应商签订的合同，此类合同一般具有商业性质，但不同于商业合同，适应政府规章和标准形式；二是行政机关之间的行政协作合同。但是，并非所有的政府合同都是行政合同，法院对

---

① 王泽功：《论行政合同及其分类——一种比较法的研究》，《湖南行政学院学报》2002 年第 3 期，第 46 页。
② 余凌云：《行政契约论》，中国人民大学出版社，2000，第 6~109 页。

政府合同进行司法审查时，必须根据合同是否具有"公法因素"来认定。"公法因素"指行政机关签订行政合同所执行的任务涉及行政管理或公共规制。在英、美法制度中，其特色主要包括由普通法院裁决涉及行政行为有无实效的案件；行政机关与普通公民一样适用法律，只是由议会法略加修改，行政法的基本原则由普通法院于私法原则中归纳产生。在法律结构上，公法与私法观念无显著差别，直接将公民间缔结的合同方式援用到公共行政的目的，在普通法和制定法上允许政府拥有缔结合同的权限。在近代，英国就认为政府缔结合同的权利与普通公民一样直接来源于普通法，被视为固有的、不需要立法授权的权利。英、美行政法大量判例证实政府合同上发生的争议，也能够寻求普通法院的救济。政府合同原则上适用一般合同法规则，无论在实体权限上还是在法律救济上，政府合同与民事合同极其相似。[①]

在现代以法律结构上明确区分公法与私法的大陆法系国家，在历史上却是对公法与私法不加区别的。自罗马法以来，整个大陆法几乎均集中在私法方面。直到19世纪行政法才开始兴盛，其领域逐渐扩展，向私法领域渗透。在现代法治国家，随着给付行政的兴起，为完成行政职能，政府经常借助于私法手段。[②]

法国于第二次世界大战以后将行政合同广泛应用到经济发展和资源开发方面，是行政合同法律制度应用最早最广的国家。以公务理论为中心，通过行政判例构筑了行政合同理论。行政合同的基本标准有二，合同与公务有关或者合同为行政机关保有特殊权力，具备其一就使合同具有行政性。行政法院在行政审判中判断行政法调整范围的主要理论依据为"公务理论"，行政合同与公务有关，即只有直接执行公务而设定的合同才构成行政合同，其包括：一是合

[①] 王泽功：《论行政合同及其分类——一种比较法的研究》，《湖南行政学院学报》2002年第3期，第46页。

[②] 余凌云：《行政契约论》，中国人民大学出版社，2000，第6~109页。

同当事人直接参加公务的执行；二是合同本身构成执行公务的一种方式。对于合同为行政机关保有特殊权力，则是行政法院在审判中寻找有无民事合同所不具备的条款或者制度，从而界定行政合同与民事合同。

德国行政法上，行政主体可以依据"国库理论"，以私法主体资格，为完成国家任务而订立民事合同（即私法契约），或直接运用私法手段实现行政目的，虽然此类合同具有一定的公法因素，但其形成的合同关系属于民事合同，由普通法院管辖。德国行政合同（即公法契约）只指以行政法律关系为合同标的，而发生、变更或消灭行政法上权利义务的合意，其完全适用公法，受行政法院管辖。区别基于与"国库理论"①而签订的民事合同，在德国学说和判例上则根据"合同标的理论"，凡涉案的合同基础事实内容以及所追求目标属于行政法上的法律关系范畴，则属行政合同。

日本传统行政法学说将行政法上的合同分为公法契约（即行政合同）和私法契约（即民事合同），日本学者田中二郎认为行政合同是指"以发生公法上的效果为目的，两个以上对等的当事人之间根据相反方向的意思表示的一致而产生的公法行为"。②显然这种界定受到德国公法概念的影响。但多数学者对此界说持批评态度，而采用法国的公务概念界定，将为达到行政目的而签订的民事合同纳入行政法研究的范围，主张将由行政主体为达成行政目的而缔结的合同统称为行政合同。如南博方认为行政合同是"以行政主体作为当事人的契约"③；原田尚彦认为行政合同是"行政机关为实现行政目的缔结的契约。"④室井力认为"所谓行政契约就是

---

① 国库的观念源自罗马法，原指罗马帝国君主的私人财库，与公库相区别。15世纪起，国库概念被德国继受，与封建领主的高权相对应，国库代表国家的私法人格，公法上国家则为高权主体。参见余凌云《行政契约论》，中国人民大学出版社，2000，第29页。
② 应松年：《行政法学新论》，中国方正出版社，2004，第241页。
③ 南博方：《日本行政法》，中国人民大学出版社，1988，第62页。
④ 应松年：《行政法学新论》，中国方正出版社，2004，第241页。

行政主体与其他行政主体或私人之间所缔结的契约"。①

葡萄牙在1991年颁布、1996年修订的《行政程序法典》中规定，只要法律没有相反规定或者不是因为拟建立的关系的性质不允许，便广泛承认行政机关能够转用行政合同来替代传统的规章或行政行为，或者利用"合同"模式来灵活运用行政机关自身资源以外的其他资源，以求达到对公共利益最有利的结果。

我国目前尚未有法律规定"行政合同"，因此行政合同仅是学理上对某些合同分析、概括的结果。我国行政合同的出现始于1978年底党的十一届三中全会以后所进行的经济体制改革。经济体制改革前，政府对经济的管理主要依靠指令性计划或行政命令等方式，这种方式无须征得另一方当事人——企事业单位的同意或认可，是一种单方行政命令。党的十一届三中全会制定了关于加快农业发展的决定，提出了农业联产承包责任制。而农业联产承包责任制，是当前公认的以行政合同代替行政命令或指令性计划的开端。农民通过行政合同获得了土地的使用权，在承包期限内有一定的自主经营权，从而使农民的个体收益直接与其自身劳动成果结合起来，极大地调动了农民的农业生产积极性。1985年1月1日，中共中央、国务院发布了《关于进一步活跃农村经济的十项政策》，该"政策"规定："粮食、棉花取消统购，改为合同定购。"粮食、棉花订购合同在农村出现。

党的十三大报告明确要求：无论实行哪种经营责任制，都要运用法律手段，以契约的形式确定国家与企业、企业所有者与企业经营者之间的责权利关系。在农业改革中的农业承包方式，逐渐移植于工业改革中，出现了国有企业承包。1988年2月27日国务院发布了《全民所有制工业企业承包经营责任制暂行条例》，同年5月18日国务院又发布了《全民所有制小型工业企业租赁经营暂行条例》，行政合同开始运用于国有企业，其范围及于工业、商业、外

---

① 室井力：《现代行政法入门》，中国政法大学出版社，1995，第253页。

贸、交通运输、城乡建设等各个领域。随着政府管理方式向宏观管理和间接控制方向的转变，以及承包和责任制思想的深入人心，在许多固有的行政管理领域开始出现责任书形式和合同形式。政府借助合同方式强化和落实责任，调动和发挥了相对人的积极性，以改善行政管理，推进各项体制的改革。1990 年 5 月 19 日国务院发布了《中华人民共和国城镇国有土地使用权出让和转让暂行条例》，次日国务院又发布了《外商投资开发经营成片土地暂行管理办法》，国家对土地使用的管理开始从"三无"即无期限、无偿、无流动的行政划拨，部分地转变为有期限、有偿、有流动的行政合同管理方式。随着市场经济的发展，尤其是政府职能的转变，传统上以支配和服从为特征的行政领域相对缩小，政府为了实现行政规制目的，与相对人进行充分协商，劝导其自愿接受政府政策。行政合同作为一种权力色彩较弱、民主色彩较浓的新型行政管理方式，被广泛应用到我国社会各个领域，包括人口和计划生育行政管理领域。

（三）行政合同的法律特性

对行政合同概念的揭示，反映了对其本质的认识，也确立了识别和划分行政合同与民事合同的标准。为了深刻理解行政合同，就有必要了解行政合同的法律特性。

1. 行政合同当事人双方中一方必是行政主体。"行政合同的当事人一方必定是行政主体。行政合同是行政主体行使行政权的一种方式，因此，行政合同只能在行政主体与相对人之间或行政机关之间签订，而不能在公民之间签订。"[1] "行政合同的发动者是行政主体，合同的一方必须是行政主体。"[2] 但是，并非行政主体签订的所有合同都是行政合同，主要包括：一是行政主体非以实现行政管

---

[1] 罗豪才：《行政法学》，北京大学出版社，2000，第 71～230 页。
[2] 王泽功：《论行政合同及其分类——一种比较法的研究》，《湖南行政学院学报》2002 年第 3 期，第 46 页。

理为目的而与行政管理相对人签订的合同,一般属于民事合同;二是"双方当事人都是行政主体而签订的行政协议"。① 如在订立的农村计划生育行政合同中,一方是经法律、法规授权从事计划生育管理的基层行政主体——村民委员会(以下简称村委会),它在该行政合同中处于主导地位。另一方为行政管理相对人,即自依法登记结婚后的育龄夫妻至49周岁内的该村辖区公民(含流出育龄人口)。

2. 行政合同双方当事人地位不平等。民事合同中,双方当事人之间为民事法律关系,其地位平等。而在行政合同中一方当事人是行政主体,另一方是被管理的公民、法人或其他组织,因而双方当事人地位具有不平等性。如农村计划生育行政合同中,一方当事人是村委会等行政主体,另一方是该辖区承担计划生育义务的被管理的公民、法人或其他组织,双方地位是行政法律关系,签约双方当事人并不具有完全平等的法律地位。

3. 行政合同目的是为了直接实施行政管理,实现一定的行政目的。行政合同作为行政主体实施行政行为的一种新方式,在其性质上,体现出强烈的行政性。"行政合同签订的目的是为了行使行政职能,实现特定的国家行政管理目标。"② 行政主体运用行政合同实施行政管理应是"直接的",以区别于行政主体签订的间接地实现行政管理的民事合同。行政合同是为履行公法上的权利和义务而签订的,此时行政主体与相对人之间的权利义务关系通过合同形式加以体现。如农村计划生育行政合同是执行计划生育公共政策的一种手段,其最终目的是为了实现国家的计划生育管理目标。

4. 相对人对行政合同非公共利益内容具有选择权。"合同的本质是当事人的自主决定性,无自主性则无所谓合同自由。自由不自

---

① 王泽功:《论行政合同及其分类——一种比较法的研究》,《湖南行政学院学报》2002年第3期,第46页。
② 罗豪才:《行政法学》,北京大学出版社,2000,第71~230页。

由关键在于当事人有无选择的机会。"① 行政合同方式是一种双边行为,它虽是一种行政行为,但不同于行政命令等行政方式,相对人不是被动地、机械地接受,而是积极地、主动地参与协商,其具有独立的意志和利益,有自主地决定承诺或认可的自由。但是"行政相对一方无论有多大的选择权,对行政主体却不能选择。这是由行政事务管辖权的法定性所决定的。"② 相对人的这种选择权建立在相对人个人利益基础之上,在行政主体妥协范围内以实现其目的。由于行政合同内容具有可妥协性,"这种妥协性表现在行政相对一方有权提出修正行政合同内容的建议,行政主体可以根据具体情况对行政相对一方的要求作出适当的让步"。③ 如农村计划生育行政合同在不改变计划生育公益内容情况下,村委会可以对村民的合理要求作出让步。

5. 行政合同以双方意思表示一致为前提。"通过实现两个以上当事人不同意思表示的统一而成立的法律行为。"④ 行政合同既具有行政性,又具有合意性,其订立必须以双方当事人共同协商一致为前提,不能以行政命令强迫当事人签订行政合同。相对人对是否订立行政合同、订立的具体内容有一定的选择权,"这种选择权是合同自由原理的具体体现,行政合同在一定程度上仍然反映这一特点"。⑤

6. 行政主体享有行政优益权。在行政合同的履行、变更或解除中,行政主体享有行政优益权。所谓行政优益权,是指行政机关

---

① 王泽功:《论行政合同及其分类——一种比较法的研究》,《湖南行政学院学报》2002 年第 3 期,第 46 页。
② 姜明安:《行政法与行政诉讼法》,北京大学出版社、高等教育出版社,2003,第 113~252 页。
③ 姜明安:《行政法与行政诉讼法》,北京大学出版社、高等教育出版社,2003,第 113~252 页。
④ 室井力:《日本现代行政法》,吴微译,中国政法大学出版社,1995,第 141~143 页。
⑤ 姜明安:《行政法与行政诉讼法》,北京大学出版社、高等教育出版社,2003,第 113~252 页。

享有的优先处分的权益。① 行政主体的行政优益权适用是行政合同区别于民事合同的最本质特性之一。行政合同的最终目的在于实现一定的行政管理目标,基于社会公共利益的需要,在合同的履行过程中,行政主体有权进行指挥和监督,有权单方变更和解除合同,对于违反合同义务的相对人,可以进行相应制裁。但优益权的行使要受到一定的限制,"行政主体单方面解除合同的权利的行使是有条件的,要受公平、合理、合法原则的支配"。②

(四)行政合同的主要功能

我国学者在对行政合同功能的认识上,由于审视问题的角度不同,所以有不尽相同的结论。但是在构建行政合同制度以及运用行政合同手段时,可以充分发挥这些功能作用。纵观这些见地独到的结论,有代表性的观点如下。

1. 扩大行政参与,实现行政民主化。行政合同是行政管理使用法律规制相对缓和的非权力行政形式,作为权力限制的替代物而发挥作用,以确保现代行政的民主。在行政合同中,对行政管理目标实现的方式以及内容的选择均由行政机关和相对人协商确定,并将相对人是否同意,作为行政合同能否发生法律效力的条件。这就是说在行政政策的形成以及推行过程中,最大限度地融入了相对人的意见和建议,将相对人参与行政管理的程度提升到一个新水平,有利于积极推进行政民主化的实现。从民主宪政角度讲,行政合同具有扩大行政参与、实现行政民主化的功能。而且从更广泛和更深刻的意义上讲,在合同的履行中赋予行政相对人对行政合同的监督权、求偿权,将在极高的程度上改变现代法治国家中国家居高临下的优越地位,改变公民过去仅仅被作为行政客体的法律地位。如在推行计划生育村民自治过程中,农村计划生育行政合同一般由村民

---

① 邢鸿飞、赵联宁:《行政合同的制度分析》,《南京社会科学》2001年第5期,第52页。
② 罗豪才:《行政法学》,北京大学出版社,2000,第71~230页。

委员会与本辖区应签约村民签订。农村计划生育行政合同建立在由村民会议或者村民代表会议讨论决定形成的自治章程和计划生育村规民约基础上，最大限度地融入了村民的意见，在一定程度上体现了相对人自身在管理计划生育事务活动中的意愿。在合同订立过程中，村委会让参与合同的村民提出有利于落实计划生育工作的各种方案，选择最有能力协助村委会实现计划生育管理服务事务的最优方案，间接实现了村民对该村计划生育事务的民主决策、民主管理、民主监督。

2. 弥补立法不足，替代立法规制。政府通过缔结行政合同的方式，在法律没有规定或者规定不具体的领域，与相对人通过合意形成其所预期的行政法上的权利义务关系或者实施比法律规定更加严格的政策，以达到行政规制目的，并灵活根据时势需要不断地进行政策选择，从而弥补立法不足，达到替代立法规制的效果。英国学者丹梯斯对行政合同替代立法规制的价值有很高的评价，认为：通过统治行为方式追求目标的实现存在着限制和不足，由于立法可能在效果上显得冗长、复杂且不确定，因而通过立法方式有时可能是不可行的；而分配利益方式可以对于诸如讨价还价和非正式协议加以运用，这有助于对政策选择的短期尝试和避免所必需的立法授权。[1] 在我国，随着政府依法行政意识的深入，暴露出了新中国成立以来对行政组织立法的粗糙与空隙，鉴于立法程序的繁琐及滞后，行政机关便以合同的方式具体落实、明确各机关和岗位的责任。在法律未作出明确规定的经济及行政管理诸多领域，也利用行政合同方式进行政策调整。如通过缔结计划生育行政合同，行政主体能够在人口与计划生育法律法规没有明确规定或者规定不具体的情况下，与村民（相对人）通过合意形成人口与计划生育法上的权利义务关系，以达到计划生育管理目的，从而弥补计划生育合同法律法规的不足。计划生育行政合同具有行政创新性，行政主体往

---

[1] P. P. Craig, *Administrative Law*, Sweet & Maxwell, 1994, p. 698.

往借助行政合同方式在一定程度上达到了补充、完善计划生育管理服务的目的。

3. 强化行政组织运行管理，提供良好公共服务。从满足公民对公共秩序和管理的需求角度把握，行政管理不外乎是一种社会服务。通过对外承诺服务，激发工作制度建设、严格行政组织运行管理和提高服务标准与质量，加重行政主体一方的责任，对内则会产生一定有益的适度压力，推动行政组织内部制度建设和运行，提高公共服务的质量。如自计划生育行政合同被运用于人口和计划生育管理之初，除了起到强化人口和计划生育行政管理以外，一般还规定行政主体应该提供相对方避孕节育、生殖保健和宣传咨询等公共服务。目前将这些服务一般规定为行政主体的免费义务，实践证明合同提供的这些服务对计划生育管理非常有效。

4. 实现行政管理目标，平衡行政主体与相对人的利益。行政合同作为行政法上的手段是为政府推行行政政策、实现行政目的服务的，与其他行政手段相比，它用更加柔性、非强权力的方式来处理行政机关与相对人之间的利益关系。这是因为行政合同为行政主体和相对一方提供了协调各方利益的场所和选择的可能性，使彼此约定的条款内容能够满足各种不同利害关系人的不同要求，使各自的利益均达到最大化。由此产生的结果方案容易得到相对一方的配合、支持，并能有效地防止双方纠纷的发生，因为合同中通常都确定了纠纷的处理方式以及损害发生时责任方须负的赔偿责任。如计划生育行政合同作为一种有效的行政管理手段，是行政主体为推行人口和计划生育公共政策，实现计划生育行政管理目的服务的，它是签约双方通过选择、协商等非强制力手段来处理行政主体与行政相对人之间与计划生育相关的利益关系。相对于单方行政命令，计划生育行政合同能够充分考虑签约村民的知情权、参与权和建议权，其精神需要得到一定程度的满足，调动了村民实行计划生育的积极性和创造性。

5. 限制行政主体的管理权限，适当节约行政成本。"行政合同是引入传统私法的制度和手段，减少权力单向性的强制因素，大大改善了行政机关与相对人的关系。"① 行政机关与相对人在合同面前是相互合作的关系，这不仅给予了相对人参政的地位，而且行政合同一经签订行政主体也受合同约束，非经公益需要不得随意变更、撤销，因而行政合同的运用在一定程度上限制了行政主体权力的扩张。"从公民权利角度而言，行政合同的本质是运用契约精神限制政府无限扩大的权力。"② 行政合同的签订须与相对人的合意为要件，与相对人的协作而达到目的。因而，就管理者与被管理者之间的地位而言，减少了因利益和目标的差异所产生的对抗性，减少了双方的纠纷和争议，提高了行政效率，节约了行政成本。如计划生育村民自治全面推行后，作为行政主体的村委会与相对人在计划生育行政合同面前是相互合作的关系，这不仅给予行政相对人自我管理的地位，而且行政合同使签约双方均受约束，非公益需要不得变更、撤销，因而在一定程度上限制了行政主体的权力。

三 农村计划生育行政合同

1998年11月4日颁布施行的《中华人民共和国村民委员会组织法》第四条明确规定"乡、民族乡、镇的人民政府对村民委员会的工作给予指导、支持和帮助，但是不得干预依法属于村民自治范围内的事项。村民委员会协助乡、民族乡、镇的人民政府开展工作"，明确了乡（镇）政府与村民委员会之间不是传统上的领导关系，并且《中华人民共和国村民委员会组织法》将村级计划生育工作纳入村民自治范围。比如，对于农村计划生育行政合同，在2000年以前酒泉市一般由乡镇人民政府或者乡镇计划生育机构直接与本乡镇辖区育龄村民签订。2001年全市推行计划生育村民自

---

① 沈瞿和：《WTO与我国行政合同运用》，《福建行政学院福建经济管理干部学院学报》，2003（增刊），第17页。
② 沈瞿和：《WTO与我国行政合同运用》，《福建行政学院福建经济管理干部学院学报》，2003（增刊），第17页。

治之后，由村委会与辖区应签约村民签订。目前由于计划生育村民自治的广泛推行，农村计划生育行政合同一般由村民委员会与本辖区应签约村民签订，所以本章主要探讨由村民委员会与本辖区应签约村民签订的计划生育行政合同。

（一）计划生育行政合同的出现及其发展概况

计划生育行政合同始于 1979 年 12 月 15 日召开的全国计划生育办公室主任会议。在成都召开的这次会议上，时任全国计划生育办公室主任的陈慕华肯定了甘肃省永靖县刘家峡公社签订的计划生育行政合同，因为该合同能够控制人口过快增长，并且能够在一定程度上实现计划生育管理和服务。[①] 此后，才逐步认识到计划生育行政合同能够强化和落实计划生育责任、改善计划生育管理、调动相对人的积极性等优势在农村计划生育经常性管理过程中发挥的有效作用，在全国一些地方重视和推广合同管理，运用合同实施计划生育管理和服务。在运用计划生育行政合同形式落实责任、强化工作的地方，在农村计划生育行政合同几乎涉及每个家庭，但在城市仅涉及诸如流动人口、出租房屋主等特殊人群。比如，1985 年国家批准酒泉市在农村试行二孩政策，经过玉门市清泉乡试点，在确认计划生育行政合同能够将计划生育责任有效落实到单位、个人，能够实现计划生育工作的经常化管理之后，才将计划生育行政合同逐渐推广运用到全市农村和城市部分特殊人群。后来在 1989 年《甘肃省计划生育条例》颁布之前，为了保留农村二孩政策，酒泉市在农村全面实行合同管理，直至目前。

随着承包和责任制思想的深入发展，以及政府的积极推广，计划生育目标管理责任书开始出现，作为行政机关内部签订的行政合同或行政机关与企事业单位之间签订的行政合同，时至今天仍然发挥着重要作用。"20 世纪 80 年代末 90 年代初，一些地方在实行计划生育工作经常化管理过程中，积极探索形成计划生育合同管理制

[①] 史成礼：《中国计划生育活动史》，新疆人民出版社，1988，第 185 页。

度。近十年来，各地普遍推行了这一制度，并作为加强计划生育管理与服务工作的一项有效措施。"① 比如，1985年酒泉市在开始试行农村二孩政策时，规定"乡无计划外多孩生育，村无计划外二孩生育"的县才有条件试行农村二孩政策，市对县首次实行了计划生育目标管理责任制。历经多年后，从1989年开始酒泉市每年与县级政府签订计划生育目标管理责任书，落实计划生育目标管理责任，此后从未间断，并且将签订范围扩大到县对乡。

在计划生育行政合同法制化进程中，首次地方性立法均没有将计划生育行政合同纳入其中。直到20世纪末随着依法治国方略的确立和依法行政进程的加快，才将计划生育行政合同纳入地方性法规，并且作为其中一条款。比如，1989年颁布实施的《甘肃省计划生育条例》没有对计划生育行政合同作相关规定，直到1997年9月29日修订后才明确规定：实行计划生育合同管理制度（此处所称的"计划生育合同"就是本文所要探讨的计划生育行政合同）；计划生育合同应当设定双方的权利和义务，明确违约责任；乡（镇）人民政府、街道办事处可以与本辖区内的机关、社会团体、企业事业组织，签订计划生育合同，落实人口与计划生育工作目标管理责任制。2005年11月25日再度修订后的《甘肃省人口与计划生育条例》除保留了上述该条款外，还强化了计划生育行政合同管理，规定"实行计划生育合同管理制度。计划生育合同应当设定双方的权利和义务，明确违约责任。依法签订的计划生育合同受法律保护"。"村民委员会、居民委员会和机关、社会团体、企业事业组织，可以与辖区或者本单位的育龄夫妻签订计划生育合同，并依照合同的约定，履行各自的权利与义务"，还规定"县级以上人民政府人口和计划生育行政部门，应当加强对计划生育合同的指导、管理和监督。"2001年之后，酒泉市开始将目标管理责任

---

① 中华人民共和国国家人口和计划生育委员会政策法规司：《人口和计划生育相关政策文件工作手册》，上海科学普及出版社，2003，第506页。

制分为党政线（主要针对党政机关领导）、相关部门线（主要针对同级教育、工商、民政、卫生等部门）、业务线（仅包含人口和计划生育部门），按年度分别签订和考核评估。

（二）计划生育行政合同的概念

中共中央党校政法部教授王红认为，计划生育合同主要是基层行政机关与计划生育对象的公民之间，为落实控制人口的计划生育政策而签订的明确双方权利义务的合同。①

国家人口和计划生育委员会主任张维庆认为，计划生育合同是基层人民政府、基层计划生育机构、计划生育技术服务机构或村（居）民委员会与公民、法人或者其他组织关于计划生育方面的约定（包括合同、协议、责任书等）。②

在国家人口和计划生育委员会原副主任张玉芹主编的《计划生育法制》一书中，将计划生育合同定义为"基层人民政府、基层计划生育部门或村民委员会（居民委员会）与育龄群众在自愿的基础上签订的计划生育协议"。③

本文认为，以上对计划生育行政合同概念的阐述，均没有将计划生育民事合同排除于计划生育行政合同范围之外，此外王红教授还将行政主体仅限于基层行政机关，缩小了计划生育行政合同的行政主体一方范围，其实还应当包括法律、法规授权的组织——行政主体，即依法享有国家行政职权，能代表国家独立进行行政管理并独立参加行政诉讼的组织。④

借鉴国外，尤其德国、葡萄牙等国对行政合同的立法及其定义，并根据本文对行政合同的概念结论，本文认为计划生育行政合

---

① 尚曙光：《政府合同，政府职能转变的重要形式》，《中国公务员》2002年第2期，第21页。
② 中华人民共和国国家人口和计划生育委员会政策法规司：《人口和计划生育相关政策文件工作手册》，上海科学普及出版社，2003，第506页。
③ 张玉芹：《计划生育法制》，中国人口出版社，1998，第65页。
④ 皮纯协、张成福：《行政法学》，中国人民大学出版社，2002，第57页。

同，又称计划生育行政契约，是指包括村民委员会（以下简称村委会）等法律、法规授权的组织或者乡镇人民政府等行政机关在内的这些行政主体作为一方当事人，能够引起人口与计划生育行政法律关系发生、变更、终止，从而实现人口与计划生育行政管理目标的合意。

在推行计划生育村民自治之后，农村计划生育行政合同一般由村民委员会与本辖区应签约村民签订。农村计划生育行政合同作为基层行政主体依法管理计划生育的一种形式，在一定程度上体现了村民自身在管理计划生育事务活动中的意愿，间接实现村民对计划生育事务的自我管理、自我教育、自我服务。

（三）相关农村的几类重要的计划生育行政合同

在实践中，由于有几类计划生育行政合同与农村计划生育行政合同关系十分密切，且运用范围广泛、产生的效果相对突出，并且长期发挥着作用，因此，为了全面探讨农村计划生育行政合同，本文特意对其作一简要概述。

1. 人口与计划生育目标管理责任书

产生时间比计划生育行政合同略晚，一般包括两种：一种在地方人民政府之间，即由上级人民政府与受其直接管辖的下级人民政府之间，或者上级人口和计划生育行政机关与受其直接指导的下级人口和计划生育行政机关之间签订，属于行政机关内部行政合同。每年签订一次，一般在每年年初签订。由上级人民政府首长代表本级政府与受其直接管辖的代表本级政府的下级人民政府首长之间，或者上级人口和计划生育行政机关的行政首长代表本部门，与代表本部门的下级人口和计划生育行政机关的行政首长之间签订。在内容设置上，主要包括一些人口控制指标、事业投入指标、决策过程指标等可以量化的年度重点工作内容。责任书内容由上级人民政府或者上级人口和计划生育行政机关直接决定，有时在签订前可能征求下级人民政府或者下级人口和计划生育行政机关的意见或建议。上级政府一般在年底对责任内容完成情况进行考核评估的基础上，根据责任指标的完成情况，兑现责任奖惩。

另一种由基层人民政府与辖区所在的企事业单位、社会团体、机关之间签订，属于行政机关与外部各类法人之间签订的行政合同，不一定每年签订。一般由基层人民政府首长代表本级政府与辖区所在的代表本企事业单位和本社会团体的法定代表人、与辖区所在的代表本机关的行政首长之间签订。在内容设置上主要包括一些人口控制指标、人口出生素质等可量化的近期工作重点内容，责任书内容一般由基层人民政府决定，有时在签订前可能征求辖区所在的企事业单位、社会团体、机关的意见或建议。一般对责任指标完成情况进行考核评估，根据责任完成情况兑现奖惩。

人口与计划生育目标管理责任书一般只涉及单位、组织、机关等各类法人，不涉及公民个体。

2. 计划生育行政合同

主要包含农村计划生育行政合同（含流出或外出人口计划生育行政合同）和城市特殊人群计划生育行政合同两类。

由于群众深受早婚早育、多子多福、重男轻女等落后观念影响，农村计划生育自然成为重点管理领域，所以计划生育行政合同在农村运用的范围最广、运用的时间最早。在推行计划生育村民自治之前，签约主体一般由乡镇人民政府或者乡镇计划生育管理机构直接与本乡镇辖区育龄村民签订；实行计划生育村民自治之后，签约主体发生了变化，计划生育行政合同由村委会与辖区应签约村民签订。比如，在2000年以前酒泉市一般由乡镇人民政府或者乡镇计划生育机构直接与本乡镇辖区育龄村民签订；2001年全市推行计划生育村民自治之后，由村委会与辖区应签约村民签订。签订的相对人主要为农村育龄人口（即自依法登记结婚的夫妻至49周岁内的育龄人口），且为当地常住人口。一般而言，村民退出育龄期，即年龄超过49周岁后，若无其他合法事由，合同要么撤消，要么自然失效。合同约定内容主要包括节育措施落实、生育奖励和优惠政策享受、生殖健康服务、法律救济等签约双方享有的与计生育管理服务相关的各项具体权利和所承担的主要义务。

对于城市特殊人群计划生育行政合同而言，则签约相对人主要包括流动人口（即流入本地育龄人口或外来育龄人口）和城市无业、失业等特殊育龄人群。由于处在社会转型期，企业改制、事业单位改革等诸多因素造成城市无业、失业等特殊育龄人口数量增加，而这些人群几乎与原有单位解除了雇用、聘任、聘用等劳动合同关系；原来实行的企业、事业等单位计划生育法人代表负责制，随着与这些人群劳动合同关系的解除而终结，需要城市街道、社区对其生育行为进行有效管理。在这种背景下，城市特殊人群计划生育行政合同成为一种行之有效的管理手段，而将计划生育责任落实到这些特殊人群中的每个相对人。城市计划生育行政合同的签约主体一般为社区居民委员会，但也有街道办事处直接与这些相对人形成计划生育行政合同关系的。合同内容的其他方面，一般均与农村计划生育行政合同内容相同。对于流动人口计划生育行政合同见于下段。

3. 流动人口计划生育行政合同

相对人主要为流入本地育龄人口，或称作外来育龄人口。根据1998年8月6日国务院批准颁布、1999年1月1日实施的《流动人口计划生育工作管理办法》和1999年11月29日颁布、2000年1月1日施行的国家人口和计划生育委员会《流动人口婚育证明管理规定》规定，流动人口一般指流入本地且居住30日以上从事务工经商等活动的育龄人群。由于这类人群具有流动性强、住所易变、劳动工种更换频繁等特征，所以计划生育管理难度较大，通过居住地管理为主、户籍管理为辅和谁用工、谁负责的原则，借助公安、建设、劳动保障、工商、卫生等行政机关，共同实行计划生育管理（这些行政机关一般都是同级人口和计划生育行政部门的兼职委员单位，负有一定的计划生育管理义务）。流动人口计划生育行政合同内容的其他方面，一般而言，流入城市，均与城市计划生育行政合同内容相同；流入农村，均与农村计划生育行政合同内容相同。

(四) 农村计划生育行政合同签约双方主体

1. 行政主体

首先，就理论而言，村民委员会是依法授权的行政主体，行使该村计划生育行政管理职能。

> "居民委员会、村民委员会根据相应组织法的授权行使多种行政职能。例如，《村民委员会组织法》授权村民委员会办理本村的公共事务和公益事业，调解民事纠纷，协助维护社会治安，协助乡、民族乡、镇的人民政府开展工作（包括救灾救济款物的发放、水电费的收缴、公共卫生和计划生育工作等），维护村民的合法权益等。"①

> "被授予一定行政职权的社会团体、群众性组织及其他社会组织。在行政管理活动中，经法律、法规授权，或经有权行政机关依法授权，社会团体、群众性组织及其他社会组织，都可以从事一定的行政职能活动，成为行政主体。"②

> "就实际状况而言，行政活动并非只有行政机关才能实施，尤其是近现代以来，随着国家职能的扩张，许多公务活动都是由非行政机关的社会组织实施。在我国目前，法律法规授权组织，虽然不是行政机关，但依法享有行政职权，可以在法定范围内实施行政活动。"③

> "村委会依法办理本村的公共事务和公益事业，调解民间纠纷，做好计划生育工作，协助公安机关维护社会治安。"④

> "行政主体是代表国家实现行政职能、向相对人提供服务

---

① 姜明安：《行政法与行政诉讼法》，北京大学出版社、高等教育出版社，2003，第113~252页。
② 罗豪才：《行政法学》，北京大学出版社，2000，第71~230页。
③ 吴勤、贺信耀：《行政合同若干问题探讨》，《宁波大学学报》2003年第3期，第132页。
④ 中华人民共和国司法部法制宣传司：《农村基层民主法制建设讲话》，中国青年出版社，2003，第17页。

的法律主体,包括国家行政机关和法律、法规授权的组织。"①

可见,作为依法授权的行政主体——村民委员会,能够行使该村计划生育行政管理职能。

其次,从法律角度讲,村民委员会能够与辖区相对人签订计划生育行政合同,行使计划生育行政合同约定的行政管理职能。

《中华人民共和国宪法》第一章第二条第3款规定:"人民依照法律规定,通过各种途径和形式,管理国家事务,管理经济和文化事业,管理社会事务。"

《中华人民共和国人口与计划生育法》第12条第1款规定:"村民委员会、居民委员会应当依法做好计划生育工作。"

《甘肃省人口与计划生育条例》第11条第1款规定:"实行计划生育合同管理制度。计划生育合同应当设定双方的权利和义务,明确违约责任。依法签订的计划生育合同受法律保护。"第3款规定:"村民委员会、居民委员会和机关、社会团体、企业事业组织,可以与辖区或者本单位的育龄夫妻签订计划生育合同,并依照合同的约定,履行各自的权利和义务。"

《甘肃省实施〈中华人民共和国村民委员会组织法〉办法》第5条"村民委员会的职责"第1款第五项规定:"宣传国家法律、法规和政策,教育和推动村民遵纪守法,依法履行纳税、服兵役、计划生育、义务教育等义务。"

因此,村民委员会作为依法授权的行政主体,可以与辖区相对人签订计划生育行政合同,行使该村计划生育行政管理职能。比如,依照以上法律、法规的规定,酒泉市各村委会作为行政主体在自治章程和计划生育村规民约的基础上,与本辖区应签约村民签订了计划生育行政合同。根据2005年度甘肃省酒泉市人口和计划生育委员会统计资料,全市132625对农村育龄夫妻每对至少签有一

---

① 叶必丰:《行政法的人文精神》,北京大学出版社,2005,第82页。

份计划生育行政合同。

2. 行政相对人

首先，就理论而言，行政相对人是行政法律关系中的一方主体。

"行政相对人是指行政管理法律关系中与行政主体相对应的另一方当事人，即行政主体行政行为影响其权益的个人、组织。"①其法律地位主要表现为行政相对人是行政主体行政管理的对象，也是行政管理的参与人。

"公共利益的最终完成，需通过各个行政相对方的具体权利和利益得以确实保障来完成"。②

可见，签订计划生育行政合同的行政相对人，是村委会行政管理的对象，也是行政管理的参与人。具体而言就是村委会通过计划生育行政合同约束其生育行为的该辖区公民，一般指49周岁内依法登记结婚的该村育龄期夫妻（含该村流出育龄人口）。其中流出育龄人口是指依法登记结婚的育龄期夫妻且流出本村于异地居住30日以上从事务工经商等活动的公民。

其次，从法律角度讲，育龄村民就是接受村委会计划生育行政管理的相对人。

2000年5月26日颁布施行的《甘肃省实施〈中华人民共和国村民委员会组织法〉办法》明确规定："村民应当履行宪法、法律和政策规定的义务，自觉遵守村民自治章程和村规民约，接受村民委员会的管理。"

签约村民在计划生育行政合同中依法具有与签订合同事务相关

---

① 姜明安：《行政法与行政诉讼法》，北京大学出版社、高等教育出版社，2003，第113~252页。

② 罗豪才：《行政法学》，北京大学出版社，2000，第71~230页。

的申请、参与、了解、批评建议、申诉控告检举、陈述申辩、申请行政复议、提起行政诉讼和请求行政赔偿等权利，同时承担服从行政管理、协助公务、维护公益、接受行政监督等义务。比如，酒泉市农村计划生育行政合同中签约的相对人是该辖区应签约的村民，既包括具有本辖区农业人口户籍且常年居住在该辖区的育龄期公民（含流出育龄人口）；又包含年龄在49周岁内且依法登记结婚、居住于该村30日以上从事务工经商等活动的公民。

（五）农村计划生育行政合同主要内容

1. 行政主体享有的主要权利

（1）对签约村民的选择权。对于计划生育行政合同而言，"如没有法律规定的理由和依据，一般不能拒绝行政机关选择其为相应行政合同的当事人"[1]，作为村委会辖区育龄村民一般不能拒绝该村委会选择其为合同的另一方当事人。

（2）对合同履行的监督权、指挥权。在计划生育行政合同的执行过程中，为确保签约村民的行为符合人口与计划生育等法律、法规的规定，村委会对行政合同的履行有监督和控制的权力，在某些情况下对合同的具体执行有指挥权，以减少因履行合同导致的纠纷，保证合同执行向行政主体预期的方向发展。"行政主体这一权力来自于其维护公共利益的职责。"[2]

（3）单方变更、解除行政合同权。在计划生育行政合同履行过程中，基于国家人口和计划生育等法律、政策的变更和公共利益的需要，在不经签约村民同意的前提下有权变更合同的部分具体条款或者解除合同。但是，这项权利的行使只能以国家计划生育利益的需要为限，与公共利益无关的条款除外，对相对人造成损失的应当给予补偿。

---

[1] 罗豪才：《行政法学》，北京大学出版社，2000，第71~230页。
[2] 姜明安：《行政法与行政诉讼法》，北京大学出版社、高等教育出版社，2003，第113~252页。

（4）违约制裁权。"制裁权是行政机关保障行政合同履行的一种特权。"① 其是从行政管理角度出发，为保障合同义务必须履行而施加于相对人的法律责任，对不履行或不适当履行合同义务的签约村民具有制裁的权力。行使这项权力的主要目的是保证计划生育管理目标的实现。

（5）对合同的解释权。在合同履行过程中，可能发生双方对原订立合同条款理解的分歧或者条款规定不够明确等问题，基于行政合同是行政主体推行计划生育行政政策的手段，行政主体对计划生育行政目的的理解具有权威性，因而赋予行政主体对计划生育行政合同的解释权。

2. 行政主体承担的主要义务

（1）承诺兑现义务，兑现其在行政合同中承诺的免费的计划生育技术服务和计划生育扶助奖励等优惠政策。

（2）给予签约村民物质损害赔偿或补偿义务，如违反合同的约定或不当变更、解除合同，给村民造成合法权益损害的，应承担赔偿或补偿责任。

（3）向签约村民宣传人口与计划生育法律、法规和政策，普及人口与计划生育科学知识，教育村民优生优育、树立生殖保健意识等。

（4）协助政府落实法律、法规和国家政策规定的对签约村民奖励与优待的规定。如协助政府申报落实农村独生子女升省内大学文化课成绩加10分和农村"两户"（即独生子女户和两女户）办理养老储蓄等优待政策。

（5）协助政府开展计划生育技术服务，如协助计划生育技术服务机构开展妇女病的普查、诊治。

（6）开展避孕节育方法知情选择，让签约人群在充分知情的前提下，选择适合自己身心的避孕节育措施。

---

① 罗豪才：《行政法学》，北京大学出版社，2000，第71~230页。

(7) 组织村民参与人口与计划生育方案的制定、落实。如组织签约村民参与讨论、制定计划生育村民自治公约。

(8) 通报人口与计划生育有关情况和信息,让签约人群享有知情权、监督权。①

3. 行政相对方享有的主要权利

(1) 依法生育权,村民有生育或不生育的自由,享有法律上的平等生育权,有实行计划生育的权利,有依法收养的权利。

(2) 生殖健康服务权,主要有获得科学知识和信息的权利,获得避孕节育、生殖保健技术服务、咨询、指导的权利和患有不孕症的育龄夫妻获得咨询、指导与治疗的权利。

(3) 实行计划生育男女平等权,女性与男性在实行计划生育方面地位平等,双方都有要求实行计划生育的权利。女性与男性有同等的参与权、决定权,不仅仅处于受支配地位。

(4) 知情选择权,指避孕节育方法的知情选择权。通过提供的充分有效的计划生育和避孕方法的信息,介绍的各种避孕方法的效果、优缺点和适应对象,使需要采取避孕措施的育龄夫妻在充分了解情况的基础上,自主、自愿且负责任地做出决定,选择安全、有效、适宜的避孕措施。

(5) 健康及安全保障权,对于实行计划生育的村民怀孕生育期间应享有健康安全及劳动保护等权利,即向育龄夫妻提供的避孕药品、工具应当安全、可靠;提供的节育技术服务应当保障受术者的安全、健康;向育龄夫妻提供有效的计划生育和生殖保健服务,避免非意愿妊娠,减少人工流产;防止性病、艾滋病传播,并使患者得到治疗;降低孕产妇和新生儿死亡率;妇女怀孕生育期间享有特殊的健康安全保障及劳动保护权等。

---

① 张巍:《农村计划生育行政合同的基本特性和主要内容分析》,甘肃人口(理论研究)网,http://www.gsjsw.gov.cn/html/lyyj/15_13_04_898.htm,2006年4月4日。

（6）获得奖励、扶助、社会福利、社会保障、社会救助权，如农村独生子女家庭一次性可获得600元养老储蓄金，农村独生子女家庭成员身患重大疾病或者伤残、死亡时可获得国家的救助等。

（7）免费享受基本项目的计划生育技术服务的权利。①

（8）实行计划生育的其他合法权益受法律保护权。

（9）法律救济权。如签约村民计划生育合法权益受到侵害时，可依法申请行政复议或提起行政诉讼。

4. 行政相对方承担的主要义务

（1）全面履行义务，按照合同的约定，全面履行合同所确定的全部条款，如果发生客观情况导致行政合同不能履行或者不能完全履行时，应当与村委会协商一致后，才能变更或者解除计划生育行政合同。

（2）接受指挥、监督义务，在履行合同过程中，必须接受村委会实施的计划生育管理行为和监督检查，无正当理由不得拒绝。

（3）依法生育的义务，生育须遵守相关法律法规规定，如依法结婚后始得生育；生育不得违反法定条件；禁止非医学需要的胎儿性别鉴定和选择性人工流产等。

（4）夫妻双方共同承担实行计划生育的义务，自觉执行人口与计划生育法律法规，主动落实避孕节育措施。男性应当参与计划生育，主动承担避孕节育措施的落实。

（5）自觉落实避孕节育措施，接受计划生育技术服务指导的义务。自觉落实避孕节育措施，可以防止非意愿妊娠，避免和减少人工流产，有利于保护妇女的身心健康。②

---

① 中华人民共和国国家人口和计划生育委员会、中华人民共和国民政部、中国计划生育协会：《关于加强和完善村级计划生育民主管理和民主监督的意见》，2004年10月12日。

② 张维庆：《中华人民共和国人口与计划生育法释义》，中国人口出版社，2002，第50~58页。

四 当前农村计划生育行政合同存在的主要问题

随着我国民主管理意识的逐步提高，法制建设进程的加快，行政合同制度的日益完善，都将不可避免地促进计划生育行政合同理论研究与行政实践的发展。然而，对于我国这样一个缺乏民主和法治传统的国家而言，如何运用计划生育行政合同维持和发展"法治行政"，防止行政权力滥用，保障农村公民通过计划生育行政合同达到诸如参与行政、监督行政等目的，在理论研究和行政实践中农村计划生育行政合同还存在诸多问题。本文以酒泉市农村计划生育行政合同为案例，试图从其入手透视当前我国农村计划生育行政合同存在的问题。

（一）作为案例的酒泉市农村计划生育行政合同概况

自1985年开始至目前的20年间，在酒泉市农村一直运用计划生育行政合同手段实行计划生育管理，实现了人口规模的控制、稳定了低生育水平、提高了出生人口素质等诸多管理目标，使酒泉市人口和计划生育工作自实行计划生育以来始终位于甘肃省和全国的前列。显然，这些成果的获取，无法离开计划生育行政合同在计划生育管理过程中发挥的积极作用。

1. 酒泉市农村计划生育行政合同的出现及其发展变化

（1）计划生育行政合同的出现及其发展概况

早在1985年，国家批准酒泉市在农村试行二孩生育政策，经过玉门市清泉乡试点，在确认计划生育行政合同能够将计划生育责任有效落实到单位、个人，能够实现计划生育工作的经常化管理之后，才将计划生育行政合同逐渐推广运用到全市农村和城市部分特殊人群。后来，在1989年《甘肃省计划生育条例》颁布之前，为了继续保留农村二孩生育政策，酒泉市通过行政手段在农村全面实行合同管理。与此同时，1989年前后酒泉市计划生育目标管理责任书开始出现，市对县首次实行了计划生育目标管理责任制，随后几年将签订范围扩大到县对乡，这显然是合同承包和责任制思想深入发展的结果，这种行政机关内部签订的行政合同或行政机关与企事业单位之间签订的行政合同，至今发挥着作用。1997年9月29日修订后的《甘肃省计划生育条例》明确规定：实行计划生育合同管理制度；计划生育合同应当设定双方的权利和义务，明确违约责任；乡（镇）人民政府、街道办事处可以与本辖区内的机关、社会团体、企业事业组织，签订计划生育合同，落实人口与计划生育工作目标管理责任制。计划生育行政合同作为其中一条款随之纳入地方性法规，酒泉市按照《甘肃省计划生育条例》要求对全市农村计划生育行政合同予以规范，取消了诸如"行政处罚"等违反法律规定的合同内容。2005年11月25日再度修订后的《甘肃省人口与计划生育条例》强化了计划生育行政合同管理，除再度对计划生育行政合同予以规范外，酒泉市还将计划生育村民自治内容渗透于行政合同，开始关注合同签订的合意性。2001年后，酒泉市开始将目标管理责任制分为党政线（主要针对党政机关领导）、相关部门线（主要针对同级教育、工商、民政、卫生等行政部门）、业务线（仅包含人口和计划生育行政部门），按年度分线予以签订和考核。

（2）计划生育行政合同行政主体的变化简述

在农村，运用计划生育行政合同实行计划生育管理之初，一般而言，酒泉市是乡镇人民政府或者乡镇计划生育办公室与本辖区应签约育龄村民签订计划生育行政合同。个别地方出于交通阻碍或方便村民等原因则由村民委员会与本村育龄村民签订计划生育行政合同。2001年酒泉市在金塔县开展计划生育村民自治试点后，2002年开始计划生育村民自治在全市逐步推广，此后乡镇人民政府和乡镇计划生育管理机构（包括乡镇计划生育技术服务机构）不再与本辖区育龄村民签订计划生育行政合同，计划生育行政合同直接由村民委员会与本辖区应签约村民签订。实质上，由于《村民委员会组织法》的施行，村级计划生育事务归属于村民自治范围，并且根据《村民委员会组织法》规定乡镇人民政府"不得干预依法属于村民自治范围内的事项",乡镇政府对村民委员会是指导关系,所以计划生育行政合同的行政主体应当是村民委员会。

(3) 农村计划生育行政合同其他规定的变化

1997年以前,在农村签订计划生育行政合同时,收取300～500元不等的合同保证金或生育押金,若相对人违约则直接从保证金或押金中减除;此外,酒泉市所辖乡镇还借助行政合同手段实施行政处罚。1997年之后,行政处罚条款从合同中被清除,各乡镇只收取300～500元不等的合同保证金或生育押金,此前这项费用虽然一直收取,但在合同中没有明确规定;2000年以后,市、县直接取消合同保证金或生育押金,所收保证金或押金——退还育龄村民。村民委员会通过相对人承担计划生育行政合同违约责任的方式,要求相对人支付违约金。

2. 酒泉市农村计划生育行政合同内容发展概述

1997年以前,酒泉市实行行政命令方式签订计划生育行政合同,且合同文本由市、县人口和计划生育行政机关制定后,统一发放到乡、村,再由乡、村两级与育龄村民一一签订。合同内容基本表现为行政主体一方的管理意志,一般不与相对人直接协商而签订,所以合同内容一方面更多地反映出行政主体的义务十分有限,处罚、命令等权力性条款充斥其中,行政处罚条款替代了违约责任,行政合同的行政特性十分突出;另一方面相对人的权利有限,而其承担的计划生育义务性条款过多,合同的签订缺乏合意性,违反合同规定随时可能被实施行政处罚。

1997年《甘肃省计划生育条例》修订之后,酒泉市修订了合同文本内容,相对增加了行政主体的义务,基本上取消了行政处罚、命令等权力性条款,违约责任替代了处罚性条款,使合同内容的统一性有所增强。到2001年,随着计划生育村民自治的推行,酒泉市将计划生育村民自治内容渗透于计划生育行政合同,村民委员会替代乡镇政府或乡镇计划生育管理机构直接与育龄村民签约,降低了合同的行政性,反映出村民一些的意愿。

2004年再度修订后，合同文本仍然由市、县统一制定，但在内容方面配置了双方的权利和义务，注重了合同内容的统一性；违约责任方面，除设置了双方的违约条款外，也大幅度降低了违约金数量；增加了行政主体由于违法、违约或公益需要损害相对人合法权益的承担赔偿或补偿责任。具体而言，2004年修订后的酒泉市计划生育行政合同（见本文附录2）设置村民委员会的权利、义务条款共4条，且全部为义务条款；而育龄村民的权利、义务共9条，其中权利条款至多只有3条，其余为义务条款。违约责任方面，设置了双方的违约条款，其中规定行政主体不得违反"七不准"规定，违约侵权将承担行政赔偿责任；签约村民违约条款设置为6条。

3. 对酒泉市农村计划生育行政合同的简短评述

酒泉市农村计划生育行政合同从其出现到目前，始终处于持续发展状态。总体而言，计划生育行政合同替代了行政命令等规制色彩浓厚的单方行政管理方式，在一定程度上激发了育龄期公民参与的热情和创造性，实现了计划生育管理目标，其发挥的作用是有目共睹的。然而，由于多种因素的存在，制约了农村计划生育行政合同的快速发展，本文认为导致其发展缓慢的因素主要有以下几个方面。

（1）由于行政合同制度的构建处于理论探讨阶段，且计划生育行政管理所具有的特殊性，长期以来使行政合同理论对计划生育行政合同实践运用的指导作用有限。伴随着国内外行政合同理论研究和行政实践的发展，虽然计划生育行政合同制度在一定程度上得以发展，但由于其管理性质的特殊性、制度建设的滞后性和当事人利益观念淡薄等因素，计划生育行政合同制度的发展比较缓慢。在国内行政合同理论研究与实践运用两方面还不够完善的前提下，我国计划生育行政合同基本处于实践摸索阶段，迫切需要国内行政合同理论作指导。通过理论探讨、制度建设，计划生育行政合同才能不断得以完善，弥补目前其在行政实践运用中的不足。

(2) 由于行政主体对依法行政理念、行政合同管理等方面理解的深刻程度，对行政合同的行政优益权、计划生育自由裁量权等实体权力运用的得当与否，反映在计划生育行政合同实体内容、程序内容方面则显现出规范程度的差异性，并且有些地方的计划生育行政合同内容明显违反行政合同原则，行政强制、行政命令等行政性特征突出，而协商、合意等合同性特性不足，显然将行政强制、行政命令等与行政合同相混同。具体而言，对相对人权利条款配置不够明确，但配置的义务条款较多；双方违约责任配置不对等，显失公平；有些合同的签订甚至缺乏法律依据，如将"行政处罚"纳入合同内容；计划生育行政合同的行政优益权运用不当、程序上存在缺陷等。计划生育行政合同内容亟待规范，首先应当通过规范行政主体的行政合同行为形成有效的双向约束机制。

(3) 由于计划生育行政合同缺乏有效的参与途径，或者说行政合同程序制度缺位和相对人的计划生育行政合同参与意识欠缺，在计划生育行政合同签订过程中尚未形成积极协商、主动建议的参与习惯，致使计划生育行政合同签订缺乏合意性，合同反映出的主要是行政主体一方的管理意志，相对人的合同意愿微弱。

(4) 由于行政合同是多元利益主体在利益问题上相互协商、相互妥协的结果，合同从签订到履行及其内容都体现出合作精神，但是由于行政主体单方拥有行政优益权。相对人处于弱势地位，有时行政主体以公共利益的名义，滥用特权或侵害相对人的私人利益，相对人往往被迫接受一些不合理的义务。

(二) 当前农村计划生育行政合同存在的问题

通过前文对作为个案的酒泉市农村计划生育行政合同的介绍，当前农村计划生育行政合同存在的主要问题有以下几个。

1. 计划生育行政合同理论体系尚不完善

行政合同的基本理论体系尚未建立，致使计划生育行政合同从概念、适用范围、原则、价值和功能、权利和义务配置、程序到法律救济等方面都还不够完善。德、法两国行政合同理论与实践的完善，关键是行政法学者的积极探索以及行政法院法官大胆借鉴私法规则，适应当前社会发展所建立起来的一套系统有效的理论体系。而我国行政合同研究与实践由于起步晚，缺少这一理论体系，一方面表现为我国公法学者与私法学者对行政合同的定义、适用范围以及基本原则等一些基本问题尚存在分歧，对实践中已经出现的几类合同（例如国有土地使用权出让和转让合同、粮棉定购合同等）的归属至今尚未统一认识。另一方面表现为我国行政法学在行政合同甚至在行政行为理论领域上的薄弱，行政合同理论缺少像法国、德国行政法上那样强大的公法规则甚至是私法规则的支持。[1] 我国计划生育行政合同理论研究的深度、广度更是有限，如在界定计划生育行政合同的范畴、解决依法行政与计划生育行政合同的关系、民法原理在计划生育行政合同中援用的范围与程度、计划生育行政合同当事人双方权利与义务的配置原则、行政程序有效控制和规范计划生育行政主体合同权力的行使、相对人合法生育权利的保障以及计划生育行政合同的法律救济制度的构筑等方面的研究十分有限，而这一系列内容均是我国计划生育行政合同理论体系研究中亟待解决的重要课题。这些理论课题基本处于理论探讨阶段，因此，目前尚未明确我国计划生育行政合同法制化的构建取向，计划生育行政合同理论研究与行政实践之间还没有形成良好的互动关系。

2. 计划生育行政合同合意性缺失

"行政合同的实质是在行政法领域形成的发生行政法律效力的合意"，[2] 日本著名学者美浓部达吉充分肯定了在公法领域存在合意的可能，甚至认为，即便是在国家处于优越的意思主体的地位时也不例外，也就是说，即使在权力与服从关系下，也不意味着一味地通过命令强制手段来形容公法关系。他指出："不但对等的公共

---

[1] 陈海萍：《行政合同适用范围论略》，《上海大学学报》2004年第11期，第90页。

[2] 余凌云：《行政契约论》，中国人民大学出版社，2000，第6~109页。

团体之相互关系常有依双方的同意而构成公法关系之例，即在国家（或公共团体）和人民间的关系上，即当国家站在优越的意思主体的地位而对付人民的场合，两者间的法律关系之形成，亦不是绝对不许人民参加意见的"。① 计划生育行政合同作为一种特殊的行政合同，理所当然其签约双方当事人意思与一般行政合同一样具有合意性，"行政合同订立的原则虽然多是行政主体要求前提下的自然和对等，但仍是双方或多方意思表示一致的产物。主体合意性是行政合同与一般行政行为区分的主要标志所在。"② 计划生育行政合同虽然具有行政性，村民委员会等行政主体拥有单方变更或者解除合同的行政优益权，但是，行政优益权的行使要受公共利益需要的前提限制，况且合同在订立之初仍遵循"当事人依法享有自愿订立合同的权利，任何单位和个人不得非法干预"，"签订计划生育合同，要在协议双方自愿的基础上进行"。③ 只要不涉及计划生育公共利益，相对人对是否订立计划生育行政合同、合同当事人双方权利和义务的具体配置等内容，具有选择权。"行政合同的内容能否由双方当事人自行协商决定，取决于合同所涉利益的性质，私人利益可以自主，公共利益则不可以"④；对修正诸如违约责任的设定、违约金额的数量等合同具体内容具有建议权，合同的订立须经双方协商。但是在行政实践中，计划生育行政合同的订立往往是行政主体凭借行政权力迫使相对方签订，相对方在合同签订方面常常没有选择权利可言，合同具体权利、义务和责任往往由行政主体设定，在不经协商的情况下签订了计划生育行政合同，合同的签订缺乏合意性。

---

① 余凌云：《行政契约论》，中国人民大学出版社，2000，第 6~109 页。
② 郭百顺：《质疑土地使用权出让合同是行政合同》，《当代法学》2003 年第 11 期，第 67 页。
③ 中华人民共和国国家人口和计划生育委员会政策法规司：《人口和计划生育相关政策文件工作手册》，上海科学普及出版社，2003，第 506 页。
④ 李卫华：《行政合同的性质》，《山东师范大学学报》2001 年第 5 期，第 108 页。

3. 计划生育行政合同立法缺位

显然，由于当时行政合同的理论研究相对滞后，在《中华人民共和国合同法》起草阶段，匆忙将行政合同纳入其中是不适宜的，但是随着行政合同成为当代各国政府公共管理方式的必然选择，将其纳入法制轨道乃是大势所趋。我国计划生育行政合同始于1979年，虽然在行政实践中发挥了20多年的作用，但缺乏完善的行政合同理论体系作支撑，致使立法滞后于行政实践，行政合同主要是以一种事实状态存在，计划生育行政合同立法缺位。

近年来，虽然计划生育行政合同在行政实践和理论研究两方面得到了重视，地方性法规把计划生育行政合同正式纳入其中，作为该法规的一条款，但是国家仍然没有把计划生育行政合同纳入人口与计划生育立法视野。在2001年12月29日颁布、2002年9月1日施行的《中华人民共和国人口与计划生育法》尚未涉及计划生育行政合同，根本没有规范计划生育行政合同的具体条款。虽然计划生育行政合同仅在地方性人口和计划生育法规中占有一席之地，但其规定也是原则性的。如于1997年9月29日修订的《甘肃省计划生育条例》明确规定：实行计划生育合同管理制度；计划生育合同应当设定双方的权利和义务，明确违约责任。2005年11月25日再度修订的《甘肃省人口与计划生育条例》，规定："实行计划生育合同管理制度。计划生育合同应当设定双方的权利和义务，明确违约责任。依法签订的计划生育合同受法律保护"；"村民委员会、居民委员会和机关、社会团体、企业事业组织，可以与辖区或者本单位的育龄夫妻签订计划生育合同，并依照合同的约定，履行各自的权利与义务"；"县级以上人民政府人口和计划生育行政部门，应当加强对计划生育合同的指导、管理和监督"。目前，由于我国尚未将计划生育行政合同纳入人口与计划生育法修订规划，尚未制定计划生育行政合同的行政法规和专门的部门规章，因而还没有统一的计划生育行政合同法律法规。由于计划生育行政合同的规定只存在于地方性人口与计划生育法规或者政府规章中，仅为原则性规定，自由裁量的权限较大，且由于基层管理者个人素质等因素的影响，增加了合同规范执行的难度。因此，加快我国计划生育行政合同立法，制定统一的计划生育行政合同法律法规显得十分必要。

4. 计划生育行政合同中相对人利益维护与行政程序缺失

"私人利益是公共利益的源泉和基础，公共利益是合理、正当的私人利益有序、有机的结合"，"传统中国文化对私人利益的不齿，现代法制文明对私人利益的不屑一顾，只会导致各种追求私利的不规范、无秩序、不合法扭曲现象的产生，造成社会的不公正和混乱无序，从而损害公共利益"。[①] 所以在合同中必须有效维护私人权益，根据不同人群、不同个体拟定计划生育行政合同内容，公开公民应当知情和监督的各种计划生育行政合同的相关信息，畅通公民在合同信息获取和传递、反馈方面的渠道，通过事前充分讨论、协商，保障公民对计划生育行政合同的知情权、建议权、监督权以及求偿权等合法权益，最大限度地维护不同人群、不同个体的计划生育合法权益。"有的地方在签订计划生育合同时建立了'三不签'制度，即不入户见人不签，本人不同意不签，不做谈话笔录不签。"[②] 但是在合同缔结过程中，行政主体往往只能做到事前公开有关信息，常常不与缔约公民讨论、协商，公民在不充分知情、信息不够对称的情况下就签订计划生育行政合同，不同人群、不同个体的差异性无法在计划生育行政合同中得以体现，一方面尚未达到维护相对人合法利益的目的，另一方面阻塞了公民订立合同的热情与在合同完善过程中激发出现的创造性。

"在程序上应当确认协商制度；听证制度；书面要式主义；公开、回避、平等竞争原则；说明理由制度等项重要的程序制度，同

---

① 张庆彬：《行政合同制度立法价值取向及其基本原则问题研究》，《检察实践》2002 年第 3 期，第 42 页。
② 中华人民共和国国家人口和计划生育委员会政策法规司：《人口和计划生育相关政策文件工作手册》，上海科学普及出版社，2003，第 506 页。

时建立上级机关的'参与保留'制度、严格审计制度以及通过行政监察等途径追究失职者责任的归责机制。"① 纵观酒泉市计划生育行政合同的发展及现状，不难发现在合同的行政程序方面还不够完善，计划生育行政合同必要的行政程序缺失。目前尚未完全建立协商制度、听证制度、书面要式主义、公开原则、说明理由制度等必要的行政程序。在行政实践中，一般仅能做到书面要式主义和公开原则，其他各项行政程序制度尚在理论探讨阶段，至今没有付诸实践。计划生育行政合同的签订没有经过协商程序，则协商制度所具有的符合合同根本属性，得到相对方理解、支持和协调各方利益的优势无法得到充分发挥；缺乏听证制度和说明理由制度，就无法防止行政恣意，签约双方就对合同履行的指挥权、监督权与在情势变迁情况下的单方变更合同权、严重违约制裁权等赋予行政主体的主导性权利的行使无法疏通意见，对行使主导性权利而产生的行政决定的正确性则事后无法进行审查。

5. 计划生育行政合同补偿非法定化

"计划生育行政机关在设立合同条款时，更应注意双方权利与义务的统一性。合同的内容既要明确公民履行计划生育的义务，又要有保护公民实行计划生育的合法权益的规定；既要规定计划生育行政机关依法行政的权力，又要规定为育龄群众提供服务的义务和违法行政应承担的责任，避免对公民规定义务多、对行政机关规定权力多的倾向。"② 行政主体基于计划生育行政管理的需要给相对人造成实际损害的应当给予补偿，因为行政主体是作为公共利益维护者的合法地位做出的，且行政合同补偿主要弥补由于相对人因行政主体行使计划生育行政合同特权行为受到的损失。在签订的计划生育行政合同具体条款中，应将行政补偿内容纳入其中，相对人享

---

① 皮纯协、张成福：《行政法学》，中国人民大学出版社，2002，第57页。
② 中华人民共和国国家人口和计划生育委员会政策法规司：《人口和计划生育相关政策文件工作手册》，上海科学普及出版社，2003，第506页。

有要求行政主体予以补偿的权利,"如果行政机关单方面解除或者变更合同给相对方造成经济损失,相对方有权提出由行政机关给予适当经济补偿的要求;如果相对方认为行政机关有过错导致行政管理目的不能实现,以致给相对方造成经济损失,则有权要求行政赔偿。"① 如果行政主体变更或解除合同,非出于相对人的违约原因,行政主体在变更或解除合同的同时,就应给予对方以补偿,"行政主体的补偿义务,应是行政优益权的必然附属物,是对行政优益权的一种补充,否则就有失公平"。② 作为行政优益权相应的弥补或平衡措施,行政主体应当承担补偿义务,相对人也有权要求行政主体予以补偿,补偿的范围应以全部实际损失为限。但是,在计划生育行政合同中往往没有规定相对人由于行政主体单方面解除或者变更合同不当,给相对人造成经济损失,行政主体应该承担行政补偿责任的具体条款,所以一般情况下行政主体如果不主动予以补偿或相对人不主动行使求偿权,则无补偿可言,更何况目前由于补偿的范围、标准、计算方法等内容尚无具体、明确规定,甚至没有进入理论探讨的视野,补偿无依据和标准可言,事实上计划生育行政合同补偿处于非法定化状态,所以其在计划生育行政合同中仅为一纸空文。

6. 计划生育行政合同行政优益权规定失当

在行政合同制度的构建中,应明确规定行政合同所适用的特殊规则,即肯定在行政合同的签订和履行过程中,行政主体享有行政优益权,包括监督和指挥相对方合同履行权、单方变更合同或解约权、对违约相对方的制裁权。行政合同是为公共利益而存在的合同,应有特殊手段予以保障。此外,行政优益权的享有,应该以公共利益为前提条件。对公共利益的规定越具体,越利于执行,更能有效防止行政恣意,保护处于弱势地位的相对人合法权益。行政合

---

① 杨素云:《行政合同的基本理念》,《学习与探索》2004年第6期,第79页。
② 应松年:《行政法学新论》,中国方正出版社,2004,第241页。

同不同于民事合同，两者最主要的区别之一是行政合同具有行政优益权，而行政优益权的赋予是因为"国家为了保障行政机关有效地行使职权，履行职责，赋予行政机关许多职务上的优益条件"。①行政优益权是保障计划生育行政合同履行的一项特权，可以制裁违约的相对人，保证合同全面、正确、及时地履行。然而，由于目前法律法规对行政优益权尚无统一性规定，致使行政主体将行政合同误以为民事合同，时时将两者混同。如张维庆在《关于规范计划生育合同管理的讲话》中并没有将计划生育行政合同从民事合同中区别开来，没有明确行政主体在计划生育行政合同中享有的行政优益权。表现于司法，由于计划生育行政合同是双方行政行为而通常被排斥于行政救济之外而适用民事救济规则。表现于计划生育行政合同，行政优益权也无具体条款加以规定，在一定程度上妨碍了签约公民知情权、监督权等合法权利的行使，无法防止和约束行政恣意，即使在目前的地方性人口与计划生育法规中对行政优益权也无明确规定。

五 构建我国农村计划生育行政合同制度的对策

随着依法治国方略的深化和依法行政的发展，行政合同作为市场经济理念不断向公共行政领域渗透的结果，在法律允许的空间内通过合意来确定行政法上具体的权利义务及其内容，并在没有法律依据领域，要求相对人自愿接受限制其自身利益和行政主体享有特权的条款，同时考虑个体的特殊性，有区别地实施。计划生育行政合同作为行政合同的一种与行政合同一样日益受到重视，其在人口和计划生育行政管理中作用日趋增强，同时我国公民的法律水平不断提高，维权意识增强。行政合同在极高的程度上改变现代法治国家中国家居高临下的优越地位，改变公民过去仅仅被作为行政客体的法律地位。《中华人民共和国宪法》第一章第二条第3款规定：

---

① 张玉芹：《计划生育法制》，中国人口出版社，1998，第65页。

"人民依照法律规定，通过各种途径和形式，管理国家事务，管理经济和文化事业，管理社会事务。"《中华人民共和国人口与计划生育法》第12条第1款规定："村民委员会、居民委员会应当依法做好计划生育工作。"作为地方性法规的《甘肃省人口与计划生育条例》第11条第1款规定："实行计划生育合同管理制度。计划生育合同应当设定双方的权利和义务，明确违约责任。依法签订的计划生育合同受法律保护"；第3款规定"村民委员会、居民委员会和机关、社会团体、企业事业组织，可以与辖区或者本单位的育龄夫妻签订计划生育合同，并依照合同的约定，履行各自的权利和义务"。在人口和计划生育行政管理领域，计划生育行政合同发挥着诸多优势，目前无疑是不可或缺的。前文对行政合同有关理论及国内外行政合同理论实践情况的介绍，以及对酒泉市农村计划生育行政合同存在问题的剖析，展现了农村计划生育行政合同的基本轮廓。在此基础上，本文将着重就构建我国农村计划生育行政合同制度的对策进行设想，希望对我国农村计划生育行政合同构建有所帮助。

（一）健全理论研究体系和强化政策性指导，确定计划生育行政合同概念

王红教授认为，计划生育合同主要是基层行政机关与计划生育对象的公民之间，为落实控制人口的计划生育政策而签订的明确双方权利义务的合同。张维庆认为，计划生育合同是基层人民政府、基层计划生育机构、计划生育技术服务机构或村（居）民委员会与公民、法人或者其他组织关于计划生育方面的约定（包括合同、协议、责任书等）。张玉芹主编的《计划生育法制》，将计划生育合同定义为"基层人民政府、基层计划生育部门或村民委员会（居民委员会）与育龄群众在自愿的基础上签订的计划生育协议"。

"因为行政机关有时也可以通过纯粹的民事合同而达到服务的目的，这时便不具有公法性，也不涉及到行政法律关系，也不必用行政法来进行救济。"① 即为实现特定的行政管理目的，行政主体为一方当事人签订的纯粹的民事合同也可能能够达到目标。诸多对计划生育行政合同概念的理解，其缺陷在于没有将行政合同从民事合同中分离。虽然行政合同与民事合同是两类性质异同的合同，但在我国现实生活中这两类合同却没有遵守各自的规则，存在民事合同规则取代行政合同规则的错位现象。如多年来公开发表于《人口与计划生育》杂志中的多篇关于计划生育行政合同实践与理论性的文章，将行政合同与民事合同相混同。发表于2002年第10期的《积极推行计划生育合同管理》一文，由河北省计生委政法处撰写，认为合同"主体平等""合同双方也不再是简单的管理与被管理的关系，而是按《条例》规定各自享受权利、承担义务的平等主体"；"相互监督。由于合同双方的地位完全平等，所以任何一方履行合同的情况都处于对方的监督之下，通过互相监督，促进合同履行"。2003年第7期《计划生育合同管理的实践与思考》一文，提出"严格按照法律对民事合同和经济合同的要求，对计划生育管理合同的条款内容进行审定，对计划生育管理合同的设立、变更和终止等程序进行规范，对计划生育管理合同的履行和违约都严格依法兑现"。2004年第1期《推行计划生育合同管理的探索》一文，提出"在具体工作中，我们坚持'公平、自愿、平等、协商'的原则"。以上文章显然将两类合同混淆，究其原因，一方面置行政合同规则于不顾，而直接适用民事合同规则，是由于民事合同理论对行政合同理论影响很大；另一方面于行政实践中暴露出的问题源于理论上没有清楚辨别、清楚判断民事合同与行政合同的关系，尤其是计划生育行政合同的概念及其特性。因此，应当健全行政合同理论研究体系和加强行政合同的政策性指导，首先确定计划生育行政合同概念，为行政合同规则于行政实践中遵循提供基础性

---

① 孙峰：《行政合同与依法行政的冲突》，《河南纺织高等专科学校学报》2004年第1期，第38页。

前提条件，使人们能够清楚辨别、判断行政合同是与民事合同性质异同的另类合同。

国外行政合同理论与实践，尤其德国、葡萄牙等国的行政合同概念，将行政合同归属于行政法调整和规范，完全排除了受民事合同法律规制的可能性，值得我国效仿。即计划生育行政合同是指行政主体作为一方当事人，能够引起人口与计划生育行政法律关系发生、变更、终止，从而实现人口与计划生育行政管理目标的合意。因此，有必要加强行政合同理论研究和政策性指导，明确计划生育行政合同概念。在签订、履行行政合同之时，分清两者最主要的区别，明确行政合同的目标是实现行政管理之目的，计划生育行政合同的目的是实现国家计划生育公共利益，以区别民事合同是实现私人利益之目的；计划生育行政合同中行政主体依法享有行政优益权，而民事合同双方主体平等，当事人之间任何一方没有特权，否则就违背了公平原则。计划生育行政合同概念的明确、规范，既可以通过计划生育行政合同理论研究，达到理论指导行政实践；亦可以通过计划生育行政合同的政策指导，将规范的计划生育行政合同概念以行政手段予以传递。只有完全把握了计划生育行政合同概念，以区别受民事法律规制的计划生育民事合同，使基层行政主体拟订、规范计划生育行政合同内容，正确签订合同、履行合同义务、行使行政优益权、承担违约责任和按照合同程序签约等方面，不违背行政合同基本原则和行政法精神，加快计划生育行政合同制度的构建步伐。

（二）推进行政合同法制化建设，加快计划生育行政合同立法

英国《王权诉讼法》规定政府契约（即行政合同）纠纷可以向普通法院直接起诉，适用普通法规则，但除此之外还包括：一是契约不能束缚行政机关自由裁量权行使的特殊规则以及1974年《工会和劳动关系法》的英王雇佣契约规则；二是地方政府所制定的法规、公共部门所颁布的规章以及政府部门对有些契约规定的标准格式或标准条款的规定。在法国虽未有法律对行政合同作统一规定，但行政合同由行政法院管辖，适用公法规则，关于行政合同的基本规则主要由行政法院的判例组成，司法判例的不成文规定发挥了成文法无法发挥的优势，此外还包括诸如1964年颁布的《公合同法典》等一些成文法。在日本，虽然在行政法院被看作行政契约的合同较少，但法院有权审理公法上法律关系的诉讼。

德国《联邦行政程序法》专设一章共九条对行政合同作了规定。虽然我国已对某些特殊合同的单行法规作了一些规定，对完善我国计划生育行政合同提供了有益参考，但对于构建比较完善的计划生育行政合同制度而言还是远远不够的。然而，在行政合同法制化建设过程中，加快计划生育行政合同立法有其必然性，是基于以下三点原因做出判断：①国家观念转变导致行政合同及其计划生育行政合同法制化。在传统国家观念中，国家对公共事务的管理是行使权力的过程，相对人处于受支配地位，只能服从权力，无协商选择的余地。进入近现代之后，随着市场失灵，国家开始干预经济，实行间接宏观调控。其后果直接影响并改变了人们的国家观念，"片面地强调国家权力不一定能获得最佳的管理效果，国家管理公共事务的效果是取决于公众的认同而不是国家权力本身，权力不是目的，权力的存在源于公共利益。而行政合同的一个重要特征正是基于公共利益而形成合意的过程，在这个过程中，行政主体必须取得相对一方（即公民、法人和其他组织）的同意，否则就无法实现对该公共事务的管理"。① 显然，某些国家管理活动只能依靠行政合同方式，采用行政命令是无法实现其预期效果的。正如英国学者克雷格所阐述的"对于某些公共管理事业，如果由行政机关来实施，可能会导致较低的生产效率，不计较成本，忽视竞争所带来的新观念和新技术。而要改善这种状态，最佳途径是通过和相对人

---

① 张宁：《由民法学者的质疑而引起的对行政合同的再思考》，《河北法学》2004年第6期，第109页。

签订合同将该事务转包出去"。① 因此，行政合同方式的出现，是国家观念转变的客观结果。②政府职能转变导致行政合同及其计划生育行政合同法制化。自从我国市场经济体制目标确立以来，国家管理方式从直接行政管理转变为间接宏观调控，政府职能的转变通过管理方式的转变表现出来，运用更多的更为灵活有效的方式对公共事务进行管理。采取行政命令等方式，显然不符合法制化环境，又可能造成改革前行政管理呆滞局面，而行政合同既不像行政命令那样僵化，又避免了民事合同的随意性对公共利益造成不必要的损失；既能实现公共利益，又能满足个人需求。③行政合同的自身优势致其法制化。一方面，行政合同充分尊重相对人的意愿，并通过协商方式达成一致，摒弃了行政命令僵化、强硬缺点，有利于激发相对人积极性，更能为其接受。相对人在合同制定过程中具有选择权利，首先要从其个人利益出发，分析判断在行政管理目的实现过程中，个人目的和要求能否得到实现，然后决定是否同意签订该合同。另一方面，行政合同能够有效地将公共利益与个人利益融合于合同，扬民事行为灵活性之长，避民事行为随意而难以实现公共管理目的之短。行政合同中行政主体的一些主导性权利正是实现公共利益的重要保证。综合行政合同两方面特征，不难发现行政合同顺应了现代社会现实变化，满足了政府干预经济社会生活需要，它既实现了政府对社会经济的有效管理，又不破坏社会经济活动本身秩序，无疑成为当代各国政府的最佳选择。

目前，我们应当加快计划生育行政合同立法，一是"现有的一般行政法对合同能否应用于行政领域之中并未作出明确规定"②，于2001年12月29日颁布、2002年9月1日施行的《中华人民共和国人口与计划生育法》，没有将计划生育行政合同纳入其中。应

---

① 张宁：《由民法学者的质疑而引起的对行政合同的再思考》，《河北法学》2004年第6期，第109页。
② 陈海萍：《行政合同适用范围论略》，《上海大学学报》2004年第11期，第90页。

当在《中华人民共和国人口与计划生育法》修订规划中将计划生育行政合同纳入其内容，或者加紧制定计划生育行政合同部门规章。二是我国尚未制定行政程序法，应当借鉴国外行政合同立法，制定我国行政程序法，通过对行政合同立法，以规范我国计划生育行政合同。三是在我国地方性法规中目前尚无计划生育行政合同法规，应当在修订《中华人民共和国人口与计划生育法》、制定行政程序法等规范我国计划生育行政合同的同时，加快地方性计划生育行政合同立法，以地方性法规或政府规章的形式先行立法，达到规范计划生育行政合同实体内容和行政程序等各个环节之目的，为国家立法提供参考依据。

（三）构建行政合同法律救济制度，保障计划生育行政合同双方主体合法权利

国外对于行政合同引发的纠纷，一般均通过行政诉讼途径救济，适用特别的规则。在法国行政法上，将行政机关为履行公职所实施的行政活动纳入公共管理行为，为该管理行为所缔结合同被视为公法上的行政合同，其争议通过行政诉讼救济。德国法律规定行政合同一方当事人不履行合同义务，则通过向法院提起诉讼的方法解决合同履行问题。但是行政合同救济制度的运作表明，因行政合同引起的纠纷几乎很少诉诸法院，通常通过司法外途径加以救济，即通过司法外途径消除合同缔结或履行产生的争议往往是较成功的。目前，我国行政合同法律救济制度存在诸多问题，主要有：①在理论研究方面，没有形成行政合同法律救济的完整理论体系，理论探讨有限，且大多尚停留在表面化、感性化认识阶段。②在法律制度建设方面，尚未形成有关行政合同及其法律救济制度的完整体系，只在国务院各部委的规章、条例和最高人民法院的司法解释和批复中时有显现，且受民法、经济法理论的深刻影响。③在行政实践方面，全国各地高级法院对同一类型行政合同纠纷案件的认识和裁判存在着差异。

由于对行政合同与民事合同的性质及其界限与联系的理论研究

有限，对行政合同立法滞后，致使行政实践中已被广泛运用的行政合同缺乏应有的法律地位和明确的救济途径。

行政合同若无有效的救济途径，合同当事人双方权利则无法保障。随着行政合同在我国国家行政中作用的日益突出，计划生育行政合同制度的理论研究显得极为迫切，构建计划生育行政合同法律救济制度也十分必要。目前计划生育行政合同法律救济主要途径，与行政合同的法律救济途径相同，有司法外救济途径和司法救济途径，具体而言包括协商、行政仲裁、行政复议等司法外救济途径和司法救济途径——行政诉讼。

1. 司法外救济

（1）协商，是诸解决方法中成本最低、效率最高的解决方式。作为非制度化的解决方法，当事人双方通过非正式谈判与意见交流来消除合同争议或纠纷，使相对人对行政主体的计划生育行政合同管理行为给予理解和支持，通过协调双方利益关系，最终达成一致。其解决纠纷的优势在于相对人基于其与行政主体之间存在着管理与被管理的行政隶属关系的考虑而期望与行政主体保持良好的关系。协商能够通过互相妥协、让步，最终达到化解矛盾、协调利益的目的。

（2）行政仲裁。借鉴国外的有关制度，在行政机关内部专设一个仲裁机构，一方面处理行政机关之间诸如责任制等合同纠纷；另一方面主要解决行政主体与相对人之间在计划生育行政合同中产生的非权力（私权利）因素纠纷。

（3）行政复议。在行政合同制度中，由于行政主体所享有的主导性权利是以公共利益必需为限度的，因而是适度的，但是在行政主体行使合同主导性权利时，除将自己对合同履行的预期与要求通过单方行为实现外，一般情况下契约双方当事人发生纠纷和争议，只能诉请第三方裁决，而现行行政复议制度的仅对相对人救济的单向性结构根本不符合行政合同纠纷解决的要求。因为行政复议制度是从保障相对人权益出发，在启动复议机制上只允许相对人提出申请，复议过程中只审查行政机关的具体行政行为（目前，尚不包括法律、法规授权组织——行政主体），复议裁决结果是针对行政机关做出的处理决定。因此，"有必要对我国的行政复议制度进行修改，制定专门解决行政合同纠纷的特别规则，即在行政复议制度原有的单向性救济结构中建立专门解决行政合同纠纷的双向性救济结构"[①]的同时，将行政主体做出的某些具体行政行为纳入行政复议范围，使农村计划生育行政合同通过行政复议途径而得到司法外救济。

对于计划生育行政合同而言，若能通过上述救济途径，则"行政合同的司法外救济机制是，若涉及权力性因素的纠纷就适用行政复议解决；若涉及非权力性因素的纠纷就通过行政仲裁解决"[②]。

2. 司法救济

司法救济即行政诉讼。"行政合同是一种行政行为，由此引起的纠纷应适用行政诉讼程序加以解决。"[③] 行政合同的性质决定了行政诉讼制度是其唯一的司法救济途径。在行政诉讼制度构建之初，缺乏对行政合同的双方行为特征的深入认识与考虑，表现在具体制度的构筑上就是仅对相对人的单向救济。比如，行政诉讼仅受理行政机关实施的侵犯相对人合法权益的具体行政行为；诉讼只能由受行政机关具体行政行为侵害的相对人提起；在诉讼中，作为被告的行政机关负主要举证责任；行政机关所采取的行政行为是否符合实体法与程序法的要求等。但行政合同争议是在双方约定条款的基础上产生的，要求解决争议的一方并不仅限于相对人，行政机关

[①] 武俊山：《我国行政合同法律救济制度的反思与重构》，《忻州师范学院学报》2004年第2期，第78页。

[②] 沈跃东：《试论行政合同的性质与法律救济机制》，《江苏经贸职业技术学院学报》2003年第1期，第43页。

[③] 毕可志：《论对行政合同纠纷的司法救济》，《长白学刊》2004年第5期，第47页。

也存在要求法院裁决是非，并通过法院判决强制相对人履行义务的要求，而现行的行政诉讼制度的单向性构造显然不能满足行政合同救济的需要，因此，有必要针对行政合同纠纷的特点对目前的行政诉讼制度进行重构，即在原有单向性构造的行政诉讼制度框架中针对行政合同特点建立专门适用于解决行政合同纠纷的双向性构造的诉讼结构，反映在具体制度与规则的构建上就是，将行政合同与具体行政行为并列纳入行政诉讼受案范围；在行政诉讼中专门规定解决行政合同纠纷的特别规则。[①]

（四）完善行政合同监督体系，构建计划生育行政合同监督机制

若要有效遏制行政合同失控现象，除完善行政合同程序外，还要建立、健全内部、外部监督机制。目前，监督机制主要有行政系统内部设立的自我监督机制和外部监督制约机制。

首先，行政系统内部设立的自我监督机制，能够对行政合同的缔结和履行过程实施经常性、全方位的监督，是保证行政合同的目标实现、遏制权力腐败的重要途径。内部监督机制的主动性、经常性、全面性和便捷高效性是外部监督方式无法比拟的。

针对农村计划生育行政合同，建立行政系统内部设立的自我监督机制，目前主要依靠以下几种方式。

（1）行政主体自我监督。村委会与村民签订的计划生育行政合同，根据《甘肃省实施〈中华人民共和国村民委员会组织法〉办法》等地方性法规的规定"村级成立村务公开监督小组"，专门设立村级监督组织，对村民委员会开展工作实施监督。

（2）复议监督。是相对人认为行政机关的具体行政行为侵犯其合法权益，依法向行政复议机关提出复查申请，行政复议机关依照法定程序对被申请的具体行政行为进行合法性、适当性审查，并

[①] 武俊山：《我国行政合同法律救济制度的反思与重构》，《忻州师范学院学报》2004年第2期，第78页。

做出行政复议决定的一种法律制度。现行行政复议是基于对权力支配关系的行政行为的控制需要而建立起来的单向性救济结构，整个制度的基本设计思想主要是从保障相对人权益角度出发的，包括只允许相对人提出复议申请，只审查行政机关的具体行政行为，复议裁决只是针对行政机关做出处理决定。行政合同虽然以行政机关为主要监督对象，但并不意味着不监督相对人。行政合同目的的实现，也有赖于相对人对合同义务的积极履行。行政合同是一种双方行政行为，行政机关尽管在合同缔结和履行中拥有主导性权利，但这些权利的行使要受到公共利益必需原则的限制，不是任何时间和场所都能行使，也就是说行政机关有时也需要通过复议来解决争议（如在补偿、赔偿等问题上），这就要求法律提供一个可供双方都能主动申请解决问题的场所与制度，而且解决问题的基础应建立在双方行为的审查上，处理结论是针对双方中违约的一方做出。因此，现行行政复议制度的单向性救济模式不能适应全面监督行政合同的需要，应在行政复议制度的单向性救济结构中建立专门解决行政合同纠纷的双向性救济结构，制定解决行政合同纠纷的特别规则。当然，特别规则只适用于解决基于双方约定义务基础上所产生的纠纷。此外，必须修订《中华人民共和国行政复议法》，将行政主体做出的某些具体行政行为纳入行政复议范围，则复议监督范围就能够扩大至农村计划生育行政合同，行政主体的计划生育行政合同行为理所当然受复议监督。

其次，建立有效的外部监督制约机制。单凭内部设立的自我监督机制，还不足以有效保证监督预期效果的实现，因此，还必须针对农村计划生育行政合同建立有效的外部监督制约机制。

（1）审判监督是指人民法院对行政主体及其工作人员所进行的监督，人民法院对行政合同的监督主要通过行政诉讼来实现。由于理论上的误区和有关法律及法律解释的误导，长期以来，很多行政合同纠纷被划入经济庭管辖。自 2000 年 3 月 10 日实施的最高人民法院《关于执行〈中华人民共和国行政诉讼法〉若干问题的解释》,恢复了《行政诉讼法》的立法原意。具体行政行为既包括单方行为,也包括双方行为,行政合同是一种双方行为,当然在行政诉讼的受案范围内。但行政合同毕竟不同于单方行政行为,而我国现行的行政诉讼制度与行政复议制度一样,在制度设计上表现为以审查行政机关行政行为为唯一目标的单向性构造模式,不能满足行政合同监督的需要。因此必须针对行政合同纠纷的特点对目前的行政诉讼制度进行重构,即在原有单向性构造的行政诉讼制度框架中针对行政合同特点建立专门适用于解决行政合同的双向性构造的诉讼结构,反映在具体制度与规则的构建上就是:①规定允许行政机关起诉的条件,比如,要相对人违约时对赔偿金的确定,行政机关只能求助于法院裁决;②在举证责任分配上,除行政机关行使合同优先权时应负主要举证责任外,在一般情形下,应适用"谁主张,谁举证"的原则;③在诉讼中对非法律强行性规定的合同内容的履行纠纷可以进行调解;④在判决形式上,对行政机关行使主导性权利行为以及不履约行为可以运用行政诉讼中维持、撤消、责令履行职责等判决形式,同时还要针对行政合同纠纷中的效力确认以及违约责任的处理增加确认判决和给付判决形式。①

除行政诉讼外,法院还可以通过审查行政合同的强制执行申请来监督行政合同行为合法化。

(2) 群众监督,除对行政机关的行政合同行为依法进行监督外,群众还根据《中华人民共和国村民委员会组织法》,在村民自治中依法选举村民委员会成员,依法罢免村民委员会成员。《甘肃省实施〈中华人民共和国村民委员会组织法〉办法》,明确规定"村民委员会成员受村民监督"。

最后,舆论监督,除建立有效的上述监督机制之外,还应当包括社会舆论的有效监督。

---

① 马英娟:《行政合同监督机制初探》,《河北大学成人教育学院学报》2002年第3期,第11~22页。

六 结语

本文通过农村计划生育行政合同发展现状的分析，对典型实例——酒泉市农村计划生育行政合同的剖析，找出了我国农村计划生育行政合同存在的问题。针对当前农村计划生育行政合同存在的问题，本文提出了构建我国农村计划生育行政合同制度的设想。

本文论述的农村计划生育行政合同是从规范角度展开的。计划生育行政合同是一种富有弹性的管理方式，其作为一种双方行政行为，以当事人双方的意思表示一致为基础，有利于改变相对人的弱势地位，从而维护其权利；作为非强制性行政行为，能够使相对人以平等身份与行政主体协商，从而扩大行政参与，促进行政民主；作为权力色彩较淡的行政行为，行政合同意味着行政权力在强度、深度和广度上减弱，从而有利于民主行政。农村计划生育行政合同具有控制行政权力的本质，在保证行政主体适度的主导性权利的同时，也规范、约束了行政主体的行政合同行为，如违反约定承担违约责任，由于公共利益需要而变更、撤消行政合同给相对人造成损害的行政主体承担补偿责任。

另一方面随着相对人法治观念的增强，不愿被动地被行政主体驱使，而是积极采取行动，参与行政事务。在农村计划生育行政合同中表现出，要求行政主体平等对待相对人，尊重其意志，重视其权利，在合同中有责任感和信用。具体而言，就是通过双方平等协商达成一致，在合同条款中明确各自的权利和义务，一旦发生争议则依据合同条款合理解决等。

通过上述阐述，对酒泉市农村计划生育行政合同，无论是行政主体，还是相对人（村民）都将会有全新的认识。诚如酒泉市再次规范农村计划生育行政合同，行政主体定会规范其行政合同行为、依法维护和保障农村公民约定的计划生育权益，相信随着我国行政合同管理的法制化进程的深入发展和公民依法维权意识的逐步提高，酒泉市农村计划生育行政合同迈向规范化、制度化的步伐将会加大，其发挥的计划生育管理作用将会更大。唯其如此，才能扩大行政参与，促进行政民主，进一步提高人口和计划生育管理的民主化、法制化水平。

附录1　计划生育管理合同
（肃州区计划生育局 2002 年修订）

甲方：肃州区_____乡镇_____村民委员会

乙方：_____乡镇_____村_____组_____夫妻

为贯彻落实计划生育基本国策，依法管理计划生育，维护育龄夫妇的合法权益，根据《宪法》、《婚姻法》、《收养法》、《人口与计划生育法》、《流动人口计划生育工作管理办法》、《甘肃省人口与计划生育条例》和国家有关法律、法规、规章，经甲、乙双方协商，签订本合同，供双方遵照执行。

一　甲方的权利、义务

1. 依法管理本辖区（包括外来流动人口）的计划生育工作，检查监督育龄夫妻怀孕、生育、节育情况，配合乡（镇）查处违反计划生育政策、法规的行为。

2. 向育龄夫妻宣传党的计划生育方针、政策和避孕节育、优生优育、生殖保健科学知识。

3. 按照政策条件和规定程序，及时审核上报生育对象，禁止早婚早育、非法收养、无证生育。

4. 对决定终身只生育一个子女，领取《独生子女父母光荣证》的夫妻，落实《条例》及政府规定的有关优惠政策。

5. 配合乡（镇）做好孕前管理和服务，及时掌握育龄夫妇怀孕、生育和节育情况。

6. 在乙方妇女产后，及时提供避孕节育技术服务。登门入户发放避孕药具和访问使用效果，动员和指导夫妻如期落实节育和补救措施。

7. 关心照顾独生子女领证户和双女结扎户，落实有关奖励优待政策和规定。

二 乙方的权利、义务

1. 公民依法登记结婚后，享有生育的权利。晚婚晚育的，享受《条例》规定的优惠政策。

2. 严格执行计划生育政策和法规，做到持证怀孕，持证生育。对外出租房者，必须在一周内将租房人情况告知甲方村计生主任，同时，协助甲方做好计划生育管理。

3. 乙方妇女在怀孕期间，依法按要求接受乡（镇）、村开展的妇科和孕情服务。

4. 乙方妇女离开本乡（镇）外出务工经商一月以上的，外出前必须到乡（镇）办理《流动人口婚育证明》。外出后，每季度在当地计划生育服务机构进行一次环孕情检查，并将检查证明寄给甲方（村委会）。

5. 非医学原因，乙方不得进行胎儿性别鉴定，不准遗弃女婴。

6. 婴儿出生当日告知甲方计生主任，当月向村、组申报出生登记。

7. 生育第一个子女后，在 90 天内采取一种有效避孕措施。按政策规定生育第二个子女后，在 90 天内，及时采取以绝育为首选的长效避孕节育措施。

8. 在采取避孕节育措施期间，按要求接受乡（镇）、村组织的环孕情服务。不管是任何原因出现的计划外怀孕，要立即采取补救措施，终止妊娠。

9. 妥善保管有关计划生育证明、证件及宣传品。

三　违约责任

（一）甲方违约责任

1. 对党和国家的方针、政策、法律、法规宣传指导不及时，造成后果者，予以通报批评。

2. 玩忽职守，以权谋私，侵犯育龄夫妻实行计划生育合法权益的，按隶属关系对责任人视其情节给予相应处分。

3. 不按《条例》规定兑现晚婚晚育、独生子女、双女户优惠政策，由上级主管部门责成限期落实。

4. 在协议期限内不及时提供避孕知识和节育技术服务，向乙方赔付违约金50元。

（二）乙方违约责任

乙方违约，情节轻微的，由甲方督促限期履行义务。有下列行为的，视其情节给予经济处罚或交纳违约金。

1. 符合生育条件，但未经计划生育行政部门审批怀孕，经说明教育拒不采取补救措施的，根据《条例》第47条规定，处以500元以上2000元以下罚款；计划外生育子女的，根据《条例》第47条规定，征收社会抚养费。同时，超生子女家庭不享受各级优先、优待等优惠政策。

2. 第一个孩子产后90天内，不及时落实避孕节育措施，每延期一天向甲方交纳违约金5元；第二个孩子产后90天内，不及时落实节育措施，每延期一天向甲方交纳违约金5元；乙方妇女在怀孕或采取避孕措施期间，无特殊原因不接受孕情、环情检查，每缺一次交纳违约金5元。

3. 婴儿出生后，不及时申报出生登记，交纳违约金50元；婴儿出生后去向不明、无故死亡或怀孕5个月以上做非医学需要引产手术者，收回《生育保健服务证》，不再安排二孩生育，并落实长效节育措施。

4. 不按时告知甲方租房人情况，交纳违约金50元；户内居住的流动人口出现计划外怀孕或生育,按国家《流动人口计划生育工作管理办法》予以处理。

四 其他事项

1. 本合同自签订之日起生效,有效期至育龄妇女49周岁。
2. 国家今后制定新的计划生育政策,按新政策执行。
3. 本合同未尽事宜,经双方协商解决。
4. 本合同一式两份,甲、乙双方各一份。

甲方(单位盖章):　　　　　　　　　　甲方代表:

乙方(夫妻签名):

　　　　　　　　　　　　　　签订日期:200 年 月 日

附录2 计划生育管理合同

(酒泉市人口和计划生育委员会2004年修订)

甲方:　　　　　　乡(镇)　　　　　　　村
乙方:　　　　　　　　夫妻

为依法管理计划生育,维护群众合法权益,依据《中华人民共和国人口与计划生育法》、《甘肃省人口与计划生育条例》、《甘肃省流动人口计划生育管理办法》和酒泉市有关政策规定,本着平等自愿的原则,甲乙双方签订本合同。

一 甲方（村委会）的权利、义务

1. 协助乡（镇）人民政府落实计划生育实施方案，向育龄群众（包括外来流动人口）宣传计划生育政策法规和避孕节育、优生优育、生殖保健科学知识。

2. 按照政策规定和法定程序，依法审核上报育龄夫妻生育申请和其他相关材料。对领证独生子女家庭和双女家庭申报落实国家奖励扶助政策和省、市、县规定的其他优待奖励和社会保障政策。

3. 掌握育龄夫妻生育和节育情况，配合乡镇技术人员指导育龄夫妻知情选择适宜的避孕节育措施，提供避孕药具发放、环孕情查询、术后与产后随访及生殖保健服务。

4. 协助乡镇政府依法查处违反计划生育政策法规的生育行为。

二 乙方（已婚育龄夫妻）的权利、义务

1. 育龄夫妻有按政策生育的权利。农村居民可以生育两个孩子，少数民族牧民可以生育三个孩子，无子女的有依法收养的权利。

2. 生育子女须事先申请生育登记，办理有关手续。生育第一个子女的，应持《结婚证》在户籍所在地乡镇登记领取《生育保健服务证》。符合条件要求生育第二个和第三个子女应向甲方申请生育登记，经甲方申报乡镇审核，再报县（市、区）计生部门批准后方可生育。育龄夫妻凭《生育保健服务证》享受婚育知识咨询、孕情查询等生殖保健服务。

3. 婴儿出生后一周内应向甲方申报出生登记。

4. 晚婚晚育、领取《独生子女父母光荣证》的家庭和农村生育了两个女孩而一方施行结扎手术的家庭，有享受《甘肃省人口与计划生育条例》及市、县、乡、村规定的优惠政策的权利。

5. 育龄夫妻应当自觉接受计划生育技术指导和服务，生育后三个月内要知情选择适宜的避孕节育措施。非意愿妊娠或者不符合规定妊娠的，应及时采取补救措施。农村实行计划生育的夫妻免费

享受国家规定的基本项目避孕节育技术服务。

6. 不得虐待、遗弃女婴或者非法送养婴幼儿，非医学原因不得进行胎儿性别鉴定和选择性终止妊娠。

7. 离开住所到外地从事务工、经商等活动30天以上的，应到本乡镇办理《流动人口婚育证明》；外出后15天内应到流入地乡镇或者街道办事处交验《流动人口婚育证明》，接受管理和服务，并向甲方报告通讯地址；每季度应在流入地计生服务机构进行一次环孕情检查，并将检查后出具的《报告单》邮寄甲方。

8. 协助政府开展人口与计划生育工作。如有房屋出租，应与租房人签订《计划生育合同》，并向甲方报告租房人的生育、节育情况；外来流动人口无《流动人口婚育证明》的，不得为其出租或出借房屋。

9. 违反政策规定生育、收养或者虽符合政策规定可以再生育，但未批准生育的，应依法缴纳社会抚养费。

三 违约责任

（一）甲方违约责任

违反"七不准"规定，侵犯育龄夫妻实行计划生育合法权益的，赔偿乙方实际经济损失。

（二）乙方违约责任

1. 拒不接受计划生育技术服务、拒不落实避孕节育措施的，给予批评教育，并视情节向甲方支付20~50元违约金。

2. 婴儿出生后不及时向甲方申报出生登记的，向甲方支付10~30元违约金。

3. 外出务工、经商不按要求办理《婚育证明》或外出后不按时向甲方寄送孕情检查《报告单》的，向甲方支付20~50元违约金。

4. 为无《婚育证明》的流动人口出租、出借房屋或者出租、出借房屋时未与租房人签订《计划生育合同》的，向甲方支付20~50元违约金。

5. 发生违约行为的,除缴纳违约金外,不享受本村有关优惠政策。

6. 违反政策规定生育、收养、虐待、遗弃女婴或者非法送养婴幼儿、非医学原因擅自进行胎儿性别鉴定和选择性终止妊娠,由乡镇依法进行处理。

四 其他事项

1. 本合同在乙方登记结婚后签订,自双方签字盖章之日起生效,有效期至乙方妇女49周岁;2. 本合同由乡镇监督执行;3. 本合同未尽事宜依照有关法律法规的规定办理;4. 本合同一式三份,甲乙双方和监督方各执一份。

甲方:(单位名称并盖章)

乙方:(签名)夫:　　　　妻:

签订日期:200　年　　月　　日

参考文献

毕可志:《论对行政合同纠纷的司法救济》,《长白学刊》2004年第5期,第47页。

陈海萍:《行政合同适用范围论略》,《上海大学学报》2004年第11期,第90页。

高其才:《法理学法制史宪法》,九州出版社,2004。

郭百顺:《质疑土地使用权出让合同是行政合同》,《当代法学》2003年第11期,第67页。

姜明安：《行政法与行政诉讼法》，北京大学出版社、高等教育出版社，2003。

李卫华：《行政合同的性质》，《山东师范大学学报》2001年第5期，第108页。

罗豪才：《行政法学》，北京大学出版社，2000。

L. Neville Brown & John S. Bell. *French Administrative Law*, London：Oxford University Press Inc，1993.

马英娟：《行政合同监督机制初探》，《河北大学成人教育学院学报》2002年第3期，第11~22页。

南博方：《日本行政法》，中国人民大学出版社，1988。

皮纯协、张成福：《行政法学》，中国人民大学出版社，2002。

P. P. Craig. Administrative Law，Sweet & Maxwell，1994.

尚曙光：《政府合同，政府职能转变的重要形式》，《中国公务员》2002年第2期，第21页。

沈瞿和：《WTO与我国行政合同运用》，《福建行政学院福建经济管理干部学院学报》，2003（增刊）：第17页。

沈跃东：《试论行政合同的性质与法律救济机制》，《江苏经贸职业技术学院学报》2003年第1期，第43页。

史成礼：《中国计划生育活动史》，新疆人民出版社，1988。

室井力：《日本现代行政法》，吴微译，中国政法大学出版社，1995。

室井力：《现代行政法入门》，中国政法大学出版社，1995。

孙峰：《行政合同与依法行政的冲突》，《河南纺织高等专科学校学报》2004年第1期，第38页。

王泽功：《论行政合同及其分类——一种比较法的研究》，《湖南行政学院学报》2002年第3期，第46页。

吴勤、贺信耀：《行政合同若干问题探讨》，《宁波大学学报》2003年第3期，第132页。

武俊山：《我国行政合同法律救济制度的反思与重构》，《忻州师范学院学报》2004年第2期，第78页。

邢鸿飞、赵联宁：《行政合同的制度分析》，《南京社会科学》2001年第5期，第52页。

杨素云：《行政合同的基本理念》，《学习与探索》2004年第6期，第79页。

叶必丰：《行政法的人文精神》，北京大学出版社，2005。

应松年：《行政法学新论》，中国方正出版社，2004。

余凌云：《行政契约论》，中国人民大学出版社，2000。

张宁：《由民法学者的质疑而引起的对行政合同的再思考》，《河北法学》2004年第6期，第109页。

张庆彬：《行政合同制度立法价值取向及其基本原则问题研究》，《检察实践》2002年第3期，第42页。

张维庆：《中华人民共和国人口与计划生育法释义》，中国人口出版社，2002。

张魑：《农村计划生育行政合同的基本特性和主要内容分析》，甘肃人口（理论研究）网，http://www.gsjsw.gov.cn/html/lyyj/15_13_04_898.htm，2006年4月4日。

张玉芹：《计划生育法制》，中国人口出版社，1998。

中华人民共和国国家人口和计划生育委员会、中华人民共和国民政部、中国计划生育协会：《关于加强和完善村级计划生育民主管理和民主监督的意见》，2004年10月12日。

中华人民共和国国家人口和计划生育委员会政策法规司：《人口和计划生育相关政策文件工作手册》，上海科学普及出版社，2003。

中华人民共和国司法部法制宣传司：《农村基层民主法制建设讲话》，中国青年出版社，2003。

人口和计划生育补偿制度研究[*]

摘　要：从两则案例出发，本文从法理角度分析了人口和计划生育行政补偿及其现状、人口和计划生育行政补偿与行政赔偿的区别、建立人口和计划生育行政补偿制度的理论依据和法律性依据，重点探讨了建立人口和计划生育行政补偿制度的意义，行政补偿的主要范围、标准、程序、方式和立法步骤。

关键词：人口和计划生育行政补偿　补偿依据、意义和范围　补偿制度的立法建议

下列两则案例，引起我们对人口和计划生育行政补偿问题的关注。

第一个案例出现在某产棉县。正值棉花采摘季节，每个棉农家庭都出动了所有能够从事棉花采摘的劳动力，有些棉花种植面积较大的农户还雇用了 10 多个采棉工人，集中时间采摘棉花。若错过采摘最佳时期，棉价有可能下跌，由于天气原因棉花质量可能下降，将会给棉农造成一定的经济损失。但是某乡政府却要求所有符

---

[*] 此文撰写于 2007 年 11 月。

合采取绝育术条件的育龄夫妻去乡政府所在地，对符合采取绝育术条件的育龄夫妻施行结扎术。遵照医嘱施行了结扎术的育龄夫妻一方，术后应休息1个月。否则，依照本村计划生育公约一些条款或签订了的计划生育管理合同，按违约处罚。一些施行了结扎术的棉农，或由于采棉劳动力的减少，或错过棉价最佳时间，或多或少蒙受了经济损失，但未能获得任何补偿。

第二个案例发生在某县出生二孩性别比失调专项治理过程中。某村一农民生一女婴，趁村计生干部一时大意，租用邻居车辆把婴儿当晚送至邻县某亲戚家。接到群众举报后，该县立即着手调查取证，说服车辆出租人和举报村民与执法人员一道去邻县异地取证，调查该女婴下落。后来，虽然该县女婴送养案终见分晓，但协助调查的取证农民耽误了5天生产时间，却因缺乏补偿依据，没有获得行政补偿。

此类案例表明，建立人口和计划生育行政补偿制度很有必要，本文将就如何建立人口和计划生育行政补偿制度从法理角度做一探讨。

一 人口和计划生育行政补偿

1. 人口和计划生育行政补偿

人口和计划生育行政补偿是指人口和计划生育行政部门、村民委员会等行政主体基于人口和计划生育等社会公共利益的需要，在管理人口和计划生育事务的过程中，合法行使公权力的行为以及该行为的附随效果而致使特定相对人（包括公民、法人或者其他社会组织）的合法财产权、人身权等私权利遭受特别损害或损失，以公平原则并通过正当程序对所遭受的损害或损失给予行政补偿的法律制度。

它是由于行政主体合法的人口和计划生育管理服务行为造成特定相对人权益损害或者因特定相对人为人口和计划生育公益而受到的损失所给予的补偿，其并不以人口和计划生育行政违法或过错为条件。

2. 人口和计划生育行政补偿现状

"对于行政补偿,除个别单行法对某些行政管理领域(如土地征用)的补偿做了一些零散的规定外,整体的、规范化的行政补偿制度尚未建立。"[①] 目前,我国行政管理领域的行政补偿仅限于行政许可、土地征用等个别范围。对于人口和计划生育行政补偿而言,除一些地方制定了某些人口和计划生育的行政补偿政策外,目前尚无单行法律法规的规定,致使公民、法人和其他组织因人口和计划生育公益需要而受到的损害,无法得到适当的行政补偿。目前甘肃省出台了一些人口和计划生育行政补偿政策,对因计划生育技术服务需要而造成育龄群众生产、生活等方面损害的,给予一定经济补偿,如规定查环服务一次每人给予2元的补偿,施行结扎等绝育术的每人给予3000元的补偿。

3. 人口和计划生育行政补偿与人口和计划生育行政赔偿的异同

两者都是因行政主体在管理人口和计划生育事务过程中对相对人的合法财产权、人身权等私权利造成的损失、损害所给予的行政救济。

1994年我国制定了《中华人民共和国国家赔偿法》,正式确立了国家赔偿制度,人口和计划生育行政赔偿制度由此建立。但除个别行政管理领域外,由于我国尚未建立整体性的、规范化的行政补偿制度,人口和计划生育行政补偿无法可依。

两者的主要区别在于:①前提不同。人口和计划生育行政补偿的前提具有合法性、正当性,是合法的人口和计划生育行政行为或相对人因人口和计划生育公益而受到损失、损害的补偿;人口和计划生育行政赔偿前提具有违法性,是因人口和计划生育行政违法或不当,使相对人受到的损害所给予的赔偿。②目的不同。人口和计划生育行政补偿是为了保障相对人的合法财产权、人身权等私权利

---

① 姜明安:《行政补偿制度研究》,http://www.Chinalawedu.net,2004年5月10日。

而对相对人损失的合理补偿；人口和计划生育行政赔偿是对行政违法侵权行为的惩戒。③性质不同。人口和计划生育行政补偿是交换性的、替代性的，通过合法行政行为来实现，属于行政义务的范畴；人口和计划生育行政赔偿是惩罚性的，其前提是违法行政行为，属于违法责任的范畴。

二 建立人口和计划生育行政补偿制度的主要理论依据

1. 保护个人自由和财产权利是国家的基本职能

国家是一种社会契约，国家的产生是个人利益让渡的结果，国家存在的基本理由就是要保障个人自由和财产权利不受侵害，不论这种侵害是非法的还是合法的。如果公共权力机关在实施其职能的过程中侵害了个人或者组织的合法财产以及合法权益，就违背了国家的宗旨，国家当然应承担补偿和赔偿的责任。

2. 公平负担理论

在民主、法治社会里，公民既然是公共权力的实际享有者，也应当是社会公共负担的承担者，除享有平等法律权利的同时，人人应平等分担社会负担。如果个别或部分公民为社会承担了特别的义务或受到了特别的损害，国家即应给予其特别的补偿，以将个别或部分人因公共利益受到的损失转由全体公民分担。就行政补偿而言，当政府机关及其公务员在公务活动中损害了公民的合法财产和权益，给公民造成了特定损失的时候，国家与政府就应给予补偿。国家既是公共权力的执行者，又为公共利益服务，公民在共同享有国家活动所带来的优惠和利益的同时，由于公共权力的行使致使某些公民私人财产和权益发生损害时，也应由国家代表全体公民共同负担补偿和赔偿责任。

3. 结果责任理论，即无过错责任理论

根据该理论，行政机关及其工作人员只要其行为或其所管理的人或物造成了给相对人的损害，不管其是否存在违法情形，不管其是否有过错，均应对被害人的损失予以赔偿或补偿。引起行政补偿

的损害虽然是行政主体的合法行为或因公共利益的需要造成的，但对于受损害人来说，其受到的损害与其因违法行政行为受到的损害（引起国家赔偿）是一样的。

4. 人权保障理论

该理论认为保障人权是民主、法制国家的基本目标和重要任务之一，当公民受到国家本身的侵害时，国家有责任对公民所受的损失或损害给予补偿或赔偿。

三 建立人口和计划生育行政补偿的法律性依据

2003年《中华人民共和国行政许可法》确立了信赖保护原则，其第八条规定："公民、法人或者其他组织依法取得的行政许可受法律保护，行政机关不得擅自改变已经生效的行政许可。行政许可所依据的法律、法规、规章修改或者废止，或者准予行政许可所依据的客观情况发生重大变化的，为了公共利益的需要，行政机关可以依法变更或者撤回已经生效的行政许可。由此给公民、法人或其他组织造成财产损失的，行政机关应当依法给予补偿。"

2004年修正的《中华人民共和国宪法〈修正本〉》第十三条规定："公民的合法的私有财产不受侵犯。国家依照法律规定保护公民的私有财产权和继承权。国家为了公共利益的需要，可以依照法律规定对公民的私有财产实行征收或者征用并给予补偿。"

国务院制定的《全面推进依法行政实施纲要》明确提出了依法行政要诚实守信的基本要求，即行政机关公布的信息应当全面、准确、真实。非因法定事由并经法定程序，行政机关不得撤消、变更已经生效的行政决定；因国家为了公共利益或者其他法定事由需要撤回或者变更行政决定的，应当依照法定权限和程序进行，并对行政相对人因此而受到的财产损失依法给予补偿。同时强调："完善并严格执行行政赔偿和补偿制度，建立健全行政补偿制度。"此项规定说明了行政补偿制度的建立和健全已经纳入了建设法治政府的框架体系。

甘肃省政府制定的《全面推进依法行政五年规划（2005～2009年）》提出："健全行政赔偿和补偿的相关制度。进一步完善行政赔偿和补偿标准及程序，建立行政赔偿和补偿的听证、协商、和解制度，依法保证赔偿费用财政支出，保障公民、法人和其他组织依法获得赔偿和补偿。"

四　建立人口和计划生育行政补偿制度的意义

首先，保护相对人的合法生育权、节育措施知情选择权等生存权，依法管理人口和计划生育。"人权最基本的内容是人的生存权，生存权最重要的体现和保障则是公民的人身权和财产权。在现实生活中，公民人身权、财产权不仅可能受到政府违法行为的侵犯，而且更可能受到政府合法行为的损害。"①（如前述两个案例的情形。）政府对于公民依法享有的生育权、节育措施知情选择权等人身权因人口和计划生育行政行为受到损害，人口和计划生育行政部门不仅对其违法行为造成的损害应予以赔偿，更应对其合法行为导致的损失给予补偿，否则其行为显然与"国家尊重和保障人权""实行依法治国，建设社会主义法治国家"的宪法原则不适应。

其次，保护相对人协助人口和计划生育公务的积极性，维护人口和计划生育等社会公益。"行政主体事后如不给予相对人以适当的补偿，就可能挫伤他们协助公务的积极性，最终不利于维护社会公共利益。"② 基层行政主体在人口和计划生育行政管理过程中，为了执行国家人口和计划生育政策法规、维护人口和计划生育等社会公益，有时得损害特定相对人利益，以维护社会公共利益，但事后须对该相对人以适当或对等的补偿。如村委会根据当前某项人口和计划生育政策的需要而单方变更部分计划生育行政合同条款，致

---

① 姜明安：《行政补偿制度研究》，http://www.Chinalawedu.net，2004年5月10日。
② 姜明安：《行政补偿制度研究》，http://www.Chinalawedu.net，2004年5月10日。

使该辖区一些签约村民受到财产损失的，个别公民积极协助人口和计划生育行政机关执行公务而使生产经营活动蒙受损失等。

再次，保护热心于人口和计划生育事业者的权益，维护社会公平和正义。"特定个人、组织为了维护和增进国家、社会公共利益而使自己的利益受到损失。"① 在执行人口和计划生育基本国策过程中，常常会遇到许多乐于为人口和计划生育事业奉献的公民个人，他们义务在宣传动员、说服教育一些公民遵守人口和计划生育法律法规、执行人口和计划生育政策、消除妨碍计划生育人员执行公务、保护计划生育工作人员人身安全等过程中，经常会使他们自己的人身权或财产权等私权利受到不同程度的损害。对这些乐于奉献的热心人及其家属，政府或人口和计划生育行政部门以维护社会公平和正义出发，应给予其适当的经济补偿，否则社会公正就难以体现。

又次，保护因人口和计划生育公益而受害的受害人的权益，化解社会矛盾。"关于行政补偿的具体程序，主要有如下情况：一是规定由补偿单位主动给予补偿……二是规定依申请补偿。"② 对于相对人主动协助执行人口和计划生育公务或主动消除妨碍计划生育人员执行公务而导致损害的，一般由补偿单位主动给予补偿；对于因行政主体的人口和计划生育行政行为而被动受害的，则依申请补偿。如村委会单方变更、解除计划生育行政合同造成签约村民财产损失，计划生育药具管理部门根据政策需要撤消计划生育药具零售经营许可证而给经营业主造成损失的。但是对于被动受害相对人而言，通常会主动要求政府或人口和计划生育行政部门给予补偿，如果得不到补偿或补偿不合理、不对等、不适当，受害相对人将通过信访渠道不断进行申诉，影响社会稳定。

---

① 姜明安：《行政法与行政诉讼法》，北京大学出版社、高等教育出版社，1999。
② 青锋等：《大陆行政补偿制度的历史、现状与发展趋势》，http://www.xslx.com，2004年9月1日。

最后，为适应经济贸易全球化需要，可维护良好的人口和计划生育国际形象。我国加入 WTO 之后，经济贸易活动逐渐融入国际市场，如果没有公平竞争的市场经济环境，没有充分保障公民权利的法治环境，我国因人口和计划生育工作的需要而造成国外投资者私有财产或人身权利的损害，则不仅影响我国在国际市场中的经济贸易成果，而且影响我国人口和计划生育工作的国际形象。

五 人口和计划生育行政补偿的主要范围

在人口和计划生育行政管理领域，人口和计划生育行政机关及其工作人员合法行使人口和计划生育管理服务等职权的行为，或国家因计划生育等社会公益的需要，都不可避免地会损害相对人的合法权益。"国家为了维护公益必须掌握具有强制性的大量权力，进行各种社会管理活动，虽然这些活动常常造成对个人利益的侵犯，也不能停止行政主体执行公务的行为，而只有在造成损失后给予补偿，从而平衡公共利益与个人利益的冲突。"[①]

第一，"行政主体合法的公务行为破坏公民、组织财产以及侵犯公民人身权的补偿。"[②] 人口和计划生育行政机关依法执行人口和计划生育公务导致相对人合法权益受损。例如，在农村普查妇女病的过程中，占用了其生产经营时间而使其蒙受财产损失；在检查计划生育药具零售市场出售商品的药具质量、使用期限等时，可能因不慎损坏相对人的财物。

第二，公民因主动协助执行人口和计划生育公务、消除妨碍计划生育人员执行公务、保护计划生育工作人员人身安全，使自己的人身权或财产权等私权利受到损害。如果公民主动协助执行人口和计划生育公务，受益者是国家和社会，为此受到的损害应当由政府补偿；如果公民主动消除妨碍计划生育人员执行公务、保护计划生

---

① 高景芳：《行政补偿的功能定位》，http://www.lawintsinghua.com，2004。
② 姜明安：《行政法与行政诉讼法》，北京大学出版社、高等教育出版社，1999。

育工作人员人身安全，受益者除了国家和社会外，一般还包括特定的计划生育工作人员。在这种情况下除了政府应对其行为进行奖励和补偿外，受益的特定计划生育人员也应对其受到的损害予以适当补偿。

第三，"对实行某些使国家和社会受益但却使个人、组织自身利益受损的补偿。"① 人口和计划生育行政机关为了计划生育技术服务等而征收或征用相对人私有财产（征收和征用的区别：征收时所有权转移，相应财产由相对人所有转为国家所有；征用不转移财产所有权，行政主体只是对相对人财产强制性"借用"一段时间，用完后归还该相对人），都应对相对人受到的损失予以适当补偿。例如，在建设计划生育中心服务所的过程中，为了扩大技术服务业务用房而征收相对人的私有房产所给予的补偿。

第四，"对某些政策或行政措施的变动所造成的特定、异常损失的补偿。"② 人口和计划生育行政机关根据人口和计划生育政策的需要变更、撤消自己已经做出的行政行为，导致相对人权益受损。例如，人口和计划生育行政机关为了规范计划生育药具零售门点，改善药具零售市场经营布局，决定撤销原发给相对人的经营许可证，相对人停业可能造成的财产损失。

六 建立人口和计划生育行政补偿制度的建议

1. 人口和计划生育行政补偿程序

人口和计划生育行政补偿适用行政程序和司法程序，但行政程序应为司法程序的前置程序。一是行政程序。除主动补偿程序，"行政机关依法主动实施补偿应是行政补偿的基本方式，行政补偿的目的是使行政相对人实现救济权利"。③ 不经相对人申请而由人

---

① 姜明安：《行政法与行政诉讼法》，北京大学出版社、高等教育出版社，1999。
② 姜明安：《行政法与行政诉讼法》，北京大学出版社、高等教育出版社，1999。
③ 姜明安：《行政法与行政诉讼法》，北京大学出版社、高等教育出版社，1999。

口和计划生育行政机关依职责主动给予相对人补偿的情况外，由相对人向人口和计划生育行政机关提出申请的，即应申请补偿程序主要包括：人口和计划生育行政机关受理相对人的申请、书面审查相对人的申请或听取相对人陈述和审查相对人有关证据、做出补偿与否的决定、向相对人送达决定书等补偿程序和告知相对人不服决定的救济途径等。完善行政补偿程序还要健全其公开、告知、回避、听证、时效等制度。二是司法程序。司法程序为非必经程序，是事后救济途径，相对人在行政程序"无效"（相对人不服人口和计划生育行政机关做出的补偿决定时才进入司法程序）的情况下，向法院提起行政补偿诉讼。行政补偿诉讼一般适用行政诉讼程序。

2. 人口和计划生育行政补偿标准

人口和计划生育行政补偿标准可参照国家行政赔偿标准，以补偿相对人实际损害或损失为原则。"关于行政补偿的范围和标准，有的规定包括人身损害补偿……有的规定只补偿直接经济损失，有的没有明确规定"，[1] 由于人口和计划生育工作的特殊性，补偿范围一般应包括人身损害补偿和财产损失补偿，但具体事项的补偿标准，应依据有关的法律、法规。

3. 人口和计划生育行政补偿的方式和救济

人口和计划生育行政补偿方式除应以金钱给付等直接经济补偿为主要方式外，还可从生活、生产经营、就业安置等方面予以补偿。"对行政补偿的救济，行政调解、行政复议、行政诉讼也是重要的救济渠道。"[2] 人口和计划生育行政补偿救济适用行政调解、行政复议、行政诉讼等渠道。

4. 人口和计划生育行政补偿的立法步骤

首先制定有关人口和计划生育行政补偿政策，对补偿范围等进

---

[1] 青锋等：《大陆行政补偿制度的历史、现状与发展趋势》，http://www.xslx.com，2004年9月1日。

[2] 青锋等：《大陆行政补偿制度的历史、现状与发展趋势》，http://www.xslx.com，2004年9月1日。

行可行性尝试,可以规范性文件或政府规章的形式明确人口和计划生育行政补偿的范围、程序和标准等内容;其次,在立法时机较为成熟后,可以进行人口和计划生育行政补偿的地方性立法或制定部门规章;最后,在行政补偿的行政法规或国家立法颁布实施后,人口和计划生育行政补偿制度自然确立。

取消生育间隔控制的
原因及对策研究[*]

——以甘肃省酒泉市取消生育间隔控制实践为例

摘 要：本文以甘肃省酒泉市为例，分析了生育间隔控制的取消对该市人口数量控制、计划生育公共服务和公民收入、消费等诸多指标的作用，剖析了当时酒泉市取消生育间隔控制的主要原因，对取消生育间隔控制的后续政策执行提出了一些对策与建议。

关键词：生育间隔　控制　原因　对策

　　甘肃省酒泉市地处河西走廊西端，总人口98.29万，农村二孩生育政策始于1984年。自2000年被国家人口和计划生育委员会定为全国综合改革试点单位以来，酒泉市在人口和计划生育公共管理领域进行了许多倾向于公民权利扩大的有益探索和尝试，始于2001年7月的生育间隔控制的取消就是其中一项。这项公共政策在酒泉市的执行，没有成为全省稳定低生育水平决策目标下执行过程中的梗阻因素，相反成为甘肃省在全省范围内取消生育间隔控制

---

[*] 此文撰写于2007年10月。

的实践性基础决策信息,因为 2005 年 11 月 25 日修订后的《甘肃省人口与计划生育条例》取消了生育二孩及多孩须四年以上的禁止性规定。

一 生育间隔控制的取消对人口数量控制、计划生育公共服务和公民(主要是乡村人口)收入、消费等诸多指标作用结果的分析

1. 对酒泉市人口数量控制的作用结果分析

表1 酒泉市人口出生率、人口自然增长率、年度人口总数和乡村人口总数及其在总人口中所占比重情况(2002~2006年)

年份	人口出生率(‰)	人口自然增长率(‰)	人口总数(万)	乡村人口总数(万)	乡村人口在总人口中所占比重(%)
2002	12.12	6.41	96.2	47.59	49.47
2003	11.61	5.41	96.62	46.69	48.32
2004	10.47	5.09	97.17	45.9	47.24
2005	11.00	5.10	97.76	43.97	44.98
2006	11.28	5.36	98.29	43.28	44.03

资料来源:《酒泉市国民经济和社会发展统计公报》。

2002~2006 年,自酒泉市取消生育间隔控制后,就时间序列而言人口出生率指标基本呈现下降趋势,人口自然增长率指标随着人口出生率指标的下降也呈逐年下降趋势。伴随人口自然增长率指标的下降,全市人口总数缓慢增长,自 2002 年的 96.2 万增至 2006 年的 98.29 万。乡村人口总数及其在总人口中所占比重均呈下降趋势,究其原因一方面是随着城市化进程的加快,一部分乡村人口转化为城镇人口;另一方面是乡村人口出生率和人口自然增长率逐年下降,乡村人口数量呈现下降趋势。

2. 对计划生育公共服务的作用结果分析

自 2001 年取消生育间隔控制后,酒泉市将所节省的人力等

管理资源，主要运用于提高计划生育公共服务质量和服务能力、拓宽服务范围等方面，计划生育公共服务的重点随之发生了一些变化。自2002年始，该市就将提高出生人口素质纳入服务范围，在有条件的县干预出生缺陷。针对新婚人群、生育人群和流动人口等通过事前优生优育知识的宣传普及、产前产后斯利安及其他干预性药物的推广服用和孕后产前期的超声、检验等设备的优生监测，降低了全市缺陷胎儿每年发生率7%～12%的比例。健全农村育龄期妇女生殖健康信息系统，目的是通过连续不断的妇科疾病普查所提供的个人健康状况信息，政府为避免遭受生殖健康疾病危害而采取的预防行为。事实证明，每2～3年一次的酒泉市农村育龄期妇女疾病的普查，对乳腺疾病、生殖道疾病等危害妇女健康的疾病起到了一定程度的预防作用。"关爱女孩行动"通过宣传等社会心理倾向引导、奖励优惠等激励手段和打击惩处等法律方式的负强化，极大地改善了女孩生存的环境状况。此外，农村部分计划生育家庭奖励扶助政策的施行和计划生育特殊困难家庭救助行为，在一定程度上降低了农村计划生育家庭担负的养老风险及其成员的意外伤害风险，起到了最低程度的社会保障作用。

3. 对公民符合政策生育率的作用结果分析

20世纪90年代以来，酒泉市公民符合政策生育率历年在90%以上，其中乡村人口符合政策生育率也不低于90%。2001年以后，符合政策生育率始终处于95%以上。生育间隔控制的取消，并没有打破这一状态。根据酒泉市人口统计资料显示，在一些年份个别县人口还出现了零增长。全市有2.1万多对子女年满四周岁以上的一孩夫妻，暂不申请生育二孩。根据调查，其原因一方面是节育措施知情选择政策作用的结果，另一方面这些夫妻约有1/3以上的年龄已经超出40周岁，生育意愿微弱。同时，2001年后由于计划生育优惠奖励政策项目多、数额大，吸引了许多乡村公民的注意力，使一部分公民为了取得眼前的经济利益，在一定程度上自我约束了自己的生育行为。

根据酒泉市人口和计划生育统计报表显示，2002年以后农村独生子女领证家庭数量增长速度比以前年份快，2005年达到4721户，其中独生女家庭占1104户。全市实际生育二孩的农村夫妻，平均生育间隔控制在7~8年，远远超出原《甘肃省人口与计划生育条例》规定的生育间隔须达到四年以上的最低规定。

4. 对乡村人口收入、消费等指标的作用结果分析

表2　酒泉市农民人均纯收入、农民人均生活消费支出和农村居民家庭恩格尔系数情况（2001~2006年）

年份	农民人均纯收入（元）	农民人均纯收入比上年增长率（%）	农民人均生活消费支出（元）	农村居民家庭恩格尔系数（%）
2001	3514	—		36.6
2002	3688	4.94	1920	38.2
2003	3924	6.4	2726.9	38.7
2004	4174	2.68（扣除价格因素）	2951	37.1
2005	4465	5.5（扣除价格因素）	3102	38.0
2006	4744	3.96（扣除价格因素）	3644	37.2

资料来源：《酒泉市国民经济和社会发展统计公报》。

在实行生育间隔控制政策过程中，生育间隔无法达到规定的四年以上会导致较大数额的社会抚养费的征收，而按照相关法规规定每个家庭应征收金额一般在1万元以上，个别甚至达到2万余元。社会抚养费的征收，使这些农民家庭往往由于生育间隔问题而致贫。按照甘肃省的扶贫标准，每个农村困难家庭脱贫需要5000余元。生育间隔控制的取消，大幅度缩小了社会抚养费征收的目标人群范围，客观上却扩大了农村扶贫人群范围，在一定程度上促进了扶贫工程的开展。从表2可以看到，作为西部经济欠发达地区的酒泉市，随着农民人均纯收入逐年增长，农民人均生活消费支出随之增加，农村居民家庭恩格尔系数呈下降趋势，农民的生活质量普遍提高。

二 取消生育间隔控制的主要原因

对于取消生育间隔控制政策，2001年酒泉市曾反复调查研究，通过制定可行性方案，实施预测，确保不影响生育总量后，才付诸实施。当时酒泉市取消生育间隔控制主要是基于以下原因。

1. 扩大公民生育权限，体现对育龄期夫妻的人文关怀

虽然2005年11月25日修订前的《甘肃省人口与计划生育条例》明确规定生育间隔须四年以上，但是由于2000年酒泉市被国家确定为综合改革试点单位，所以在2001年7月以后没有执行《甘肃省人口与计划生育条例》的此条款规定，实际上已经开始执行取消生育间隔控制的政策。

刚性的生育间隔控制的取消，体现了人口和计划生育综合改革以人为本、优质服务、构建和谐社会的核心理念。将人口和计划生育公共管理决策的目标定位于扩大公民生育权限，体现对育龄期夫妻的人文关怀。一般而言，生育一孩后夫妻一方或双方在一定时间内需要采取适当的避孕节育措施，以提高节育措施及时率指标。无论从节育时间上，还是从采用空间上来看，约90%的酒泉市一孩夫妻主要采取放环术（含皮下埋植术）达到节育目的。虽然有8%左右的采用避孕套，但是由于避孕套为短效节育器具，不便于生产经营和农忙等特殊生活时期，所以仅作为短期临时性措施。而放环术既需要利于女性身体的适宜时间点，又需要利于施行技术服务的适当时间段，目前的上门服务不具备施行技术服务所需的最低要求的无菌化操作条件，因而在目前现有的设备状况下无法施行。况且在生产劳动过程中脱环现象屡见不鲜，再加上交通不便、距离遥远等因素的约束，给这些人群增添了许多节育成本；更重要的是增添了许多心理、生理负担，与以人为本、优质服务、构建和谐社会理念背道而驰。

2. 生育间隔控制无法发挥"闸门"作用，对人口数量控制作用有限

生育间隔控制取消后，从表1可以看出，自2002年以来的5

年间（即 2002~2006 年），酒泉市的年度人口出生在数量上没有显现出某些公共管理者预期的所谓数量反弹，从而否定了生育间隔控制对人口总量控制发挥着避免"泄洪"的"闸门"作用的长期认识。从立足全国的空间角度来看，截至目前仅有上海市、海南省、广东省、吉林省、江苏省、甘肃省等 6 个省（市）在该省（市）《人口与计划生育条例》中取消了有关"生育间隔"的禁止性规定，即在该省（市）修订后的《人口与计划生育条例》中取消了诸如符合生育二孩或者多孩条件的须经四年以上间隔，或者规定生育二孩的女方最低年龄，以及经审批后始能生育等规定。取消生育间隔控制后，这些省（市）的人口出生数量一般会稍有增大，但均在人口出生数量的预测范围之内，若干年之后一般将恢复到原来的生育数量状态且有可能呈现下降趋势，即人口出生率、自然增长率等主要反映人口增长的指标均没有突破预先设定的预测数量界限，没有触及低生育水平的稳定。自 2001 年取消生育间隔控制后，酒泉市的人口出生率、自然增长率等指标呈现了下降趋势。

从人口总量控制角度来看，生育间隔控制的作用十分有限。即使在具有生育间隔控制法律规定的省（区、市），从多年的行政实践来看，反映在人口统计数据上原来具有两孩或者多孩生育意愿的夫妻，只要符合生育条件的最终结果依然是生育两孩或者多孩（包含事前的宣传教育、优惠奖励等政策共同作用于具有生育意愿的夫妻后产生的结果）。自实行计划生育政策以来，从时间关系来看，酒泉市人口统计数据反映出来的结果同样与上述结论相吻合。

3. 以人为本，关注育龄人群身心健康

在酒泉市，生育一孩后的育龄女性主要采取放环术来节育，但是在实践中不时发现育龄女性因意外脱环而怀孕，或施行放环术后而意外怀孕。如果这些人群无生育意愿，虽然她们会通过人流术而自愿终止妊娠，但是对身体健康必然造成一定的伤害；如果这些人群具有生育意愿，而按照酒泉市二孩生育政策符合生育条件，仅仅因为生育间隔控制的需要而施行流产术，则对其身体健康、心理健康造成的伤害一般会更为严重，这种伤害显然违背了保护妇女、儿童身体健康的基本准则。此外，由于宗教信仰、民族习俗等生活环境因素的影响，有些地域范围内的人群不准人流引产，如果施行了这些手术，则宗教、文化和社会舆论等因素的压力对其心理造成的伤害同样是严重的。

4. 合理配置人力资源，实现基层计划生育公共服务多样化

迫于生育间隔控制的压力，基层计划生育公共服务人力资源的配置主要围绕定期环检和孕检，目标主要是提高节育措施及时率和节育措施落实率等指标；而提供力所能及的生殖健康等乡村人口真正需要的相关计划生育的公共服务，则由于基层人力资源的配置重点一般并不集中于此，关切程度也不高。2002年以前从酒泉市计划生育公共服务的能力、质量、范围等方面来看也极为有限，内容单一。而且，由于计划生育经常性管理服务的需要，对一孩妇女（这部分人群在育龄期女性人口中具有年龄轻、数量庞大、生殖健康知识缺乏等特点）定期环检和孕检避免其因意外怀孕而生育，并且定期检查服务在一定时期（如农忙期）给这些家庭的生产经营、正常生活反倒带来了干扰，所以时间、地点等选择不当极易触发基层政府与公民双方的矛盾、冲突，造成不利于社会稳定的负面状况，增加了公共服务的成本。

5. 社会抚养费征收困难，不利于扶贫工程的实施

由于生育间隔控制而导致的违反政策而生育的数量大约要占总违法生育数量的1/5，尤其在经济欠发达地区，由于被依法征收社会抚养费而返贫的家庭具有一定的数量。因此取消生育间隔控制，能够间接增加甘肃省扶贫工程款，在一定程度上形成与扶贫工程的合力。

三 对策与建议

1. 强化宣传指导，倡导有间隔生育

虽然上海市、海南省、广东省、吉林省、江苏省、甘肃省等省（市）先后取消了生育间隔控制，但绝非倡导无间隔生育行为，而是通过宣传教育和技术指导等方式，大力提倡有间隔生育，让生育

人群掌握怀孕、生育的有关科学知识，在一定科学信息的指导下自我调节生育行为。取消生育间隔控制后，酒泉市与其他取消间隔地区一样，都加强了宣传教育，并利用技术服务的优势加强技术指导，从科学角度反复宣传有间隔生育对妇女身体健康、家庭生产经营、子女抚育等方面的有利因素，引导群众自觉实行间隔生育。

2. 以优惠奖励政策为基础，构筑计划生育社会保障体系

计划生育优惠奖励政策，是计划生育利益导向机制的有机组成部分，自其执行之日起就受到目标人群的欢迎。这些政策既反映了中央政府的宏观战略利益，又显示了地方政府的微观决策价值，虽然系统性有限，但是在实践中发挥了利益激励的正强化作用。应该以这些政策为基础，探索建立由养老保险、医疗保险、奖励扶助、少生快富、困难家庭救助等一系列政策有机组成的农村计划生育家庭社会保障体系，彻底消除计划生育家庭在养老、医疗、伤残、贫困等方面存在的困境。

3. 以生殖健康服务为中心，拓宽公共服务覆盖范围

目前，由于生活习俗、卫生习惯等因素的影响，以及预防保健等科学知识的匮乏，生殖疾病长期侵害着农村育龄期人群的健康。应利用计划生育公共服务优势，围绕生殖道感染防治、计划生育优质服务和艾滋病预防、乳腺疾病防治、不孕症诊治及优生监测等项目，逐步提高质量，拓宽服务范围，将力所能及的计划生育公共服务覆盖到新农村的各个角落。免费提供的宣传材料、避孕药具等计划生育公共产品，也须保证目标人群的安全、便捷、高效。

4. 树立以人为本理念，依法维护公民合法权益

生育间隔控制的取消，客观上扩大了公民的生育权，使生育人群能够根据自身所处的经济、社会环境和个体需要综合决定孕、育等最佳时间，减少了生育行为与其生产经营、生活等因素的冲突，反映了政府对民生的关注，客观上促进了社会和谐。因此，应以生育间隔控制的取消为开端，树立以人为本理念，持续探索以维护公民权利为目标的人口和计划生育公共政策体系的构建。

基于 AHP 方法的平衡出生人口性别结构的研究[*]
——以甘肃省为例

摘　要：本文运用层次分析法对甘肃省当前平衡出生人口性别结构问题定量描述，通过构建其层次体系为 3 个准则 6 项指标，分析、计算各级判断矩阵，将每个方案所得权向量作为数量化的决策依据，供甘肃省平衡当前出生人口性别结构决策借鉴或参考，以期能够科学地指导解决出生人口结构性矛盾。

关键词：层次分析法（AHP 法）　平衡出生人口性别结构　综合评价

一　问题的提出

出生人口性别结构是人口性别结构的重要组成因素，出生人口性别结构的不平衡是人口结构性矛盾的主要表现形式之一。"出生人口性别比过高、持续时间过长，必然影响社会稳定，关系到广大人民群众的切身利益。"[①] 因此，出生人口性别结构的平衡是出生

---

[*] 此文撰写于 2010 年 10 月。
① 中共中央、国务院关于全面加强人口和计划生育工作统筹解决人口问题的决定，中国人口出版社，2006，第 7～8 页。

人口性别结构治理的最终目标,消除性别歧视,消除性别偏好,提高社会性别平等意识;通过健全组织领导等管理机制,从时间、空间和出生孩次等方面达到出生人口性别结构平衡或者趋于平衡;预防、控制破坏出生人口性别结构的违法犯罪行为(主要有非医学需要的胎儿性别鉴定与选择性别的人工终止妊娠、拐卖妇女儿童和溺弃女婴等行为),维护正常的社会经济秩序。"如果出生人口性别比长期偏高,不仅影响社会的稳定,加剧婚姻市场的竞争、增加性犯罪的可能性和可能恶化现今妇女的家庭地位、社会地位,而且阻碍经济的全面发展。"① 目前,甘肃省的人口决策机构多难以权衡:健全包括组织领导、投入保障等方面的管理机制,制定预防、控制包括非医学需要的胎儿性别鉴定与选择性别的人工终止妊娠、拐卖妇女儿童和溺弃女婴等违法犯罪行为在内的破坏出生人口性别结构的专项治理政策法规,强化社会性别平等意识的宣传教育,对终止妊娠手术行为或药物等医学和生物因素的监督管理,对破坏出生人口性别结构的违法犯罪行为的加重惩处和对人为干预出生人口性别结构等违法犯罪行为的公开奖励举报等预防、控制措施,在平衡出生人口性别结构过程中的定量排序。因此,建立一套科学的平衡出生人口性别结构综合分析的指标体系,对甘肃省各级人口决策机构解决出生人口性别结构的矛盾无疑具有指导意义。

二 层次分析法

本文运用层次分析法(The Analytic Hierarchy Process,AHP)对平衡出生人口性别结构进行了综合分析。AHP法是由美国匹兹堡大学教授、运筹学家 T. L. Saaty 于 20 世纪 70 年代末提出的一种新的系统分析方法。作为一种定性和定量相结合的、结构化、

---

① 朱诚、张麒、丁瑞芳:《对酒泉市出生人口性别比治理效果的调查与思考》,中国人口出版社,2006,第 244~248 页。

系统化、层次化的分析方法,它把一个复杂问题分解为若干组成因素,并按支配关系形成层次结构。"这种方法适用于结构较为复杂,决策准则较多且不易量化的决策问题。"① 它把复杂的问题分解成若干个组成因素,并将其按支配关系分组,形成有序的递阶层次结构。"通过两两比较的方式确定层次中诸因素的相对重要性,然后综合人的判断以确定决策诸因素相对重要的总排序。"②(见图1)

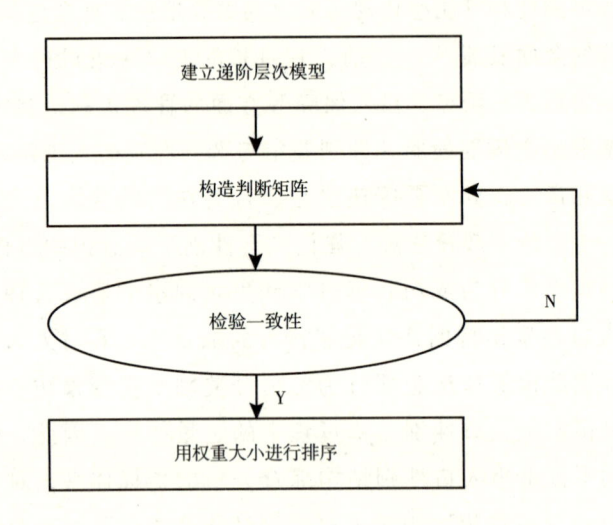

图1 层次分析法选择程序

三 平衡出生人口性别结构的层次结构模型

平衡出生人口性别结构的综合分析是一个多准则的、综合的、多因素的复杂问题。本文把甘肃省平衡出生人口性别结构的主要因

---

① 江朝力、周文芳、冯兰刚:《基于层次分析法消费者购房研究》,《合作经济与科技》2007年第6期,第31~32页。
② 张春梅、梁治安、张露、高飞:《用层次分析法对学生进行综合评价》,《数学的实践与认识》2007年第5期,第26~32页。

素和基本要求表示为3个准则和6项指标（见图2）。其中，目标层（A）确定为通过综合施治，以达到出生人口性别结构平衡。准则层（C）包括三个方面：C_1为消除社会性别偏好，C_2为出生人口的时间、空间和孩次性别结构平衡或趋于平衡，C_3为预防、控制破坏出生人口性别结构的违法犯罪行为。方案层（P）包括6项内容：P_1为健全组织领导等管理机制；P_2为制定预防、控制破坏出生人口性别结构的专项治理政策法规；P_3为通过培训等宣传教育方式，增强社会性别平等意识；P_4为对破坏出生人口性别结构平衡的违法犯罪行为，通过法律、行政、经济等手段加重惩处；P_5为通过社会监督，对破坏出生人口性别结构平衡的相关行为实行公开奖励举报，给予举报者一定数额的物质奖励；P_6为严格监督管理人为破坏出生人口性别结构平衡的相关行为，约束、控制其主观随意性，非经医学需要不得为之。

根据上述分析，遵循层次分析法的基本原则，构建如图2所示的平衡出生人口性别结构层次模型。

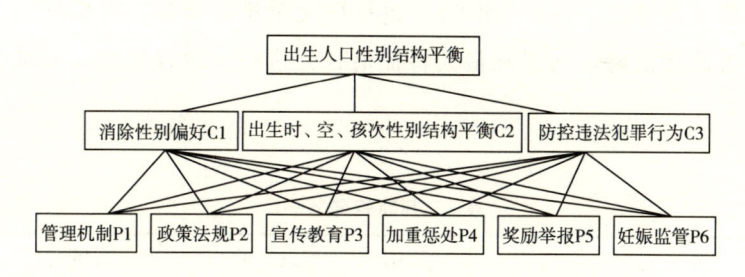

图2 平衡出生人口性别结构的层次模型

四 计算平衡出生人口性别结构指标权值

1. 根据各层次每一元素的相对重要性，进行科学合理判断

根据上述平衡出生人口性别结构的层次模型结构，由富有经验并有判断能力的专家对层次模型中每一层次各元素的相对重要性给出科学合理的判断，其判断的标度方法如表1所示。

表 1 判断矩阵解释表

相对重要程度	定义	解释
1	同等重要	因素 B_i 和因素 B_j 同样重要
3	略微重要	因素 B_i 比因素 B_j 略微重要
5	相当重要	因素 B_i 比因素 B_j 重要
7	明显重要	因素 B_i 比因素 B_j 明显重要
9	绝对重要	因素 B_i 比因素 B_j 绝对重要
2,4,6,8	介于两相邻重要程度间	
倒数	B_i 与 B_j 比较得判断 B_{ij},则 B_j 与 B_i 比较得判断 $B_{ji} = 1/B_{ij}$	

2. 构造平衡出生人口性别结构的判断矩阵进行层次单排序

根据上述标度方法,将层次 C 中各元素相对层次 A 的重要性进行两两比较,构造了 A—C 判断矩阵(见表2);将层次 P 中各元素相对层次 C 的重要性进行两两比较,构造了 C—P 判断矩阵(见表3、表4、表5)。进行层次单排序计算,然后采用方根法计算出特征向量和最大特征值,并进行一致性检验,其结果如下。

表 2 判断矩阵 A—C

A	C_1	C_2	C_3	W_A
C_1	1	1/2	2	0.311
C_2	2	1	2	0.493
C_3	1/2	1/2	1	0.196

$\lambda_{max} = 3.054$　　CI = 0.027
RI = 0.520　　CR = 0.052 < 0.10

因为 CR = 0.052 < 0.10,所以 A—C 判断矩阵指标体系构造合理,层次单排序的一致性检验成立。

表3 判断矩阵 C_1—P

C_1	P_1	P_2	P_3	P_4	P_5	P_6	W_1
P_1	1	6	4	5	2	4	0.417
P_2	1/6	1	4	3	2	3	0.201
P_3	1/4	1/4	1	3	1/2	2	0.100
P_4	1/5	1/3	1/3	1	1/2	2	0.070
P_5	1/2	1/2	2	2	1	2	0.149
P_6	1/4	1/3	1/2	1/2	1/2	1	0.062

$\lambda_{max} = 6.57$　　CI = 0.11
RI = 1.26　　CR = 0.09 < 0.10

表4 判断矩阵 C_2—P

C_2	P_1	P_2	P_3	P_4	P_5	P_6	W_2
P_1	1	5	2	4	3	6	0.393
P_2	1/5	1	3	4	2	6	0.230
P_3	1/2	1/3	1	2	2	3	0.147
P_4	1/4	1/4	1/2	1	2	3	0.099
P_5	1/3	1/2	1/2	1/2	1	2	0.087
P_6	1/6	1/6	1/3	1/3	1/2	1	0.045

$\lambda_{max} = 6.51$　　CI = 0.10
RI = 1.26　　CR = 0.08 < 0.10

表5 判断矩阵 C_3—P

C_3	P_1	P_2	P_3	P_4	P_5	P_6	W_3
P_1	1	6	3	4	2	5	0.395
P_2	1/6	1	2	4	3	5	0.217
P_3	1/3	1/2	1	2	2	3	0.148
P_4	1/4	1/4	1/2	1	1/2	2	0.074
P_5	1/2	1/3	1/2	2	1	3	0.118
P_6	1/5	1/5	1/3	1/2	1/3	1	0.048

$\lambda_{max} = 6.51$　　CI = 0.10
RI = 1.26　　CR = 0.08 < 0.10

因为 CR < 0.10，所以 C—P 判断矩阵指标体系构造均合理，层次单排序的一致性检验成立。

3. 构造平衡出生人口性别结构的层次总排序

根据层次单排序所得结果，进行层次总排序。

因为 CR < 0.10，所以层次总排序的一致性检验成立。

从表 6 中可以看出，P_1 部分权值为 0.4009，方案排序位列第一；P_2 部分权值为 0.2184，方案排序位列第二；P_3 部分权值为 0.1326，方案排序位列第三；P_4 部分权值为 0.0851，方案排序位列第五；P_5 部分权值为 0.1124，方案排序位列第四；P_6 部分权值为 0.0509，方案排序位列第六。

表 6　层次总排序

层次P \ 层次C	C_1	C_2	C_3	层次 P 总排序权值	方案排序
	0.311	0.493	0.196		
P_1	0.417	0.393	0.395	0.4009	1
P_2	0.201	0.230	0.217	0.2184	2
P_3	0.100	0.147	0.148	0.1326	3
P_4	0.070	0.099	0.074	0.0851	5
P_5	0.149	0.087	0.118	0.1124	4
P_6	0.062	0.045	0.048	0.0509	6

CI = 0.103　　RI = 1.26　　CR = 0.082 < 0.10

五　结论与讨论

综合上述分析、计算过程，可以得出如下两点基本结论。

从 C 层的排序结果来看，目前甘肃省平衡出生人口性别结构选择的准则应该表述为，首先考虑通过健全组织领导等管理机制，从时间、空间和出生孩次等方面达到出生人口性别结构平衡或者趋于平衡；其次考虑消除性别歧视，消除性别偏好，提高社会性别平等意识；最后考虑预防、控制破坏出生人口性别结构的违法犯罪行为（主要有非医学需要的胎儿性别鉴定与选择性别的人工终止妊娠、拐卖妇女儿童和溺弃女婴等行为），维护正常的社会经济秩序。

从 P 层总排序的结果来看,目前甘肃省平衡出生人口性别结构综合施治的同时,根据总排序权值,优先选择的施治措施顺序应该表述为:P_1(健全管理机制)、P_2(制定政策法规)、P_3(强化宣传教育)、P_5(公开奖励举报)、P_4(加重违法犯罪惩处)、P_6(终止妊娠监管)。

在诸多管理实践过程中,经常会遇到类似的决策问题。在此,仅以此文对甘肃省人口决策机构如何从管理机制、政策法规、宣传教育、控制监督等各个环节平衡出生人口性别结构提供了建议,对其解决人口结构性矛盾具有一定的参考或借鉴意义,当然其中有些具体指标还有待于进一步研究。

参考文献

江朝力、周文芳、冯兰刚:《基于层次分析法消费者购房研究》,《合作经济与科技》2007 年第 6 期,第 31~32 页。

张春梅、梁治安、张露、高飞:《用层次分析法对学生进行综合评价》,《数学的实践与认识》2007 年第 5 期,第 26~32 页。

中共中央、国务院关于全面加强人口和计划生育工作统筹解决人口问题的决定,中国人口出版社,2006。

朱诚、张鳃、丁瑞芳:《对酒泉市出生人口性别比治理效果的调查与思考》,中国人口出版社,2006。

后 记

对人口和计划生育行政行为、人口和计划生育行政程序、人口和计划生育法制监督及其实例的研究意义非凡。合法、合理的人口行政行为与行政程序及其法制监督蕴含着平等、公平、公正、以人为本、服务等核心价值精神，依法管理、依法行政等意识的树立，能够规范广大公务员的公正文明执法行为，改变他们审视问题、解决问题的传统工作思路，丰富其分析问题、解决问题的方法和手段。简言之，通过了解、掌握相关知识，既可增强行政主体的依法管理意识，提高其法治素质，也可对其合法行使卫生和计划生育行政权起到一定的制约作用，促使其依法行政，维护相对人合法权益，遵循合乎实体规定的同时，合乎程序规定，接受外部的法制监督，推进依法治国方略的实现，促进人口的长期均衡发展，促进人口与资源、环境、经济、社会的协调发展与可持续发展。

本书由北京师范大学教授、博士生导师李红刚和渤海大学副教授韩刚博士担任顾问，由甘肃省卫生和计划生育委员会副主任、甘肃省人口学会副会长尚裕良，和兰州商学院讲师、西北人口信息中心兼职研究员张飖负责全书定稿，甘肃酒泉职业技术学院讲师杨丽负责部分章节的撰写、修改。

　　书稿即将完成，回顾这一重要经历，收获颇丰，感激良多。借此书稿完成之际，对帮助过此书的人致以最诚挚的感谢！甘肃省计划生育协会李元春副会长、兰州大学郭志仪教授、甘肃省政府参事室马正亮参事、甘肃省卫生和计划生育委员会科技教育处益瑞渊处长、家庭发展处麻红雨处长，对本书的撰写给予大力支持和帮助，在此表示衷心的感谢。

　　由于编者在相关理论知识和实践能力等方面具有一定缺陷，可能导致分析研究的偏差，恳请读者批评指正！

编　者

2014 年 2 月 18 日

图书在版编目(CIP)数据

人口行政行为与行政程序监督/尚裕良，张飈，杨丽著.
—北京：社会科学文献出版社，2014.3
 ISBN 978-7-5097-5101-5

Ⅰ.①人… Ⅱ.①尚… ②张… ③杨… Ⅲ.①人口与计划生育法-行政执法-中国 Ⅳ.①D922.16

中国版本图书馆 CIP 数据核字（2013）第 224009 号

人口行政行为与行政程序监督

著　　者／尚裕良　张飈　杨丽

出 版 人／谢寿光
出 版 者／社会科学文献出版社
地　　址／北京市西城区北三环中路甲 29 号院 3 号楼华龙大厦
邮政编码／100029

责任部门／社会政法分社（010）59367156　　责任编辑／郑　嬿
电子信箱／shekebu@ssap.cn　　　　　　　　责任校对／郭聪燕
项目统筹／童根兴　　　　　　　　　　　　　责任印制／岳　阳
经　　销／社会科学文献出版社市场营销中心（010）59367081　59367089
读者服务／读者服务中心（010）59367028

印　　装／三河市尚艺印装有限公司
开　　本／787mm×1092mm　1/20　　　　　印　张／16
版　　次／2014 年 3 月第 1 版　　　　　　　字　数／278 千字
印　　次／2014 年 3 月第 1 次印刷
书　　号／ISBN 978-7-5097-5101-5
定　　价／59.00 元

本书如有破损、缺页、装订错误，请与本社读者服务中心联系更换
▲ 版权所有　翻印必究